명상 수행을 위한 지침서

비어있음에 머물기

비어있음에 머물기

명상 수행을 위한 지침서

초판 1쇄 발행 2025년 8월 29일

지은이 아날라요 스님(Bhikkhu Anālayo)
옮긴이 김수진
펴낸이 장길수
펴낸곳 지식과감성#
출판등록 제2012-000081호

교정 주경민
디자인 정윤솔
편집 정윤솔
검수 김지원, 이현
마케팅 김윤길

주소 서울시 금천구 벚꽃로298 대륭포스트타워6차 1212호
전화 070-4651-3730~4
팩스 070-4325-7006
이메일 ksbookup@naver.com
홈페이지 www.knsbookup.com

ISBN 979-11-392-2765-9(03220)
값 22,000원

〈page iv, copyright〉
Wisdom Publications
199 Elm Street
Somerville, MA 02144 USA
wisdomexperience.org

아날라요 스님은 불교 수행승의 계율을 준수하며 법을 보시하는 마음으로, 저자 인세와 모든 번역권에 대한 대가 없이 이 책을 제공하셨습니다. 역자 또한 이러한 보시의 마음으로 이 책을 번역하였습니다. 이 책의 모든 판매 수익은 역자에 의해 자발적으로 초기 불교의 문헌과 가르침에 대한 연구를 지원하고자 Āgama Research Group에 기부됩니다.

명상 수행을 위한 지침서

비어있음에 머물기

아날라요 스님(Bhikkhu Anālayo) 지음

김수진 옮김

초기불교 경전에 기반한

붓다가 자주 머물렀던 공空 명상 수행법

지식과감성#

Contents 목차

역자 노트 8

감사의 말 9

서론 10

Ⅰ. 일상생활

1. 체화된 마음챙김 16
2. 말하기 19
3. 생각 22
4. 요약 29
5. 수행을 위한 지침 30

Ⅱ. 은둔

1. 붓다의 머무름 37
2. 숲에 대한 인식 40
3. 정신적 은둔 42
4. 방해의 비어있음 45
5. 없음 49
6. 요약 51
7. 수행을 위한 지침 52

Ⅲ. 땅

1. 땅에 대한 인식 56
2. 까시나로서의 땅 57
3. 단단함으로서의 땅 59
4. 요소와 통찰 62
5. 평온과 통찰 64
6. 요약 66
7. 수행을 위한 지침 68

Ⅳ. 무한한 공간

1. 공간에 대한 인식 76
2. 공간과 같은 마음 79
3. 공간을 칠하지 않기 82
4. 확립되지 않은 마음 84
5. 요약 89
6. 수행을 위한 지침 90

V. 무한한 의식

1. 의식의 성질 99
2. 명과 색 101
3. 명색을 가라앉히기 106
4. 요약 109
5. 수행을 위한 지침 110

VI. 자아의 비어있음

1. 통찰과 평온 120
2. 무상(無常) 122
3. 자기화와 자만 124
4. 무아와 조건성 126
5. 요약 129
6. 수행을 위한 지침 130

VII. 표상없음

1. 표상없음으로의 진행 142
2. 표상없음의 개념 143
3. 감각 제어 144
4. 순전한 알아차림 146
5. 표상없음에 머물기 149
6. 요약 153
7. 수행을 위한 지침 155

Ⅷ. 열반

1. 최상의 비어있음 162
2. 사성제 166
3. 연기 168
4. 조건성에 대한 명상 170
5. 조건 지어지지 않은 것 171
6. 깨달음의 요소들 173
7. 요약 175
8. 수행을 위한 지침 177

미주 188
참고문헌 208
색인 219

역자 노트

여기서 무색계 선정과 관련된 몇몇 불교 용어들, '공무변처(空無邊處)', '식무변처(識無邊處)', '무소유처(無所有處)'는 기존에 통용되던 한문 용어를 차용하는 대신, 저자가 쓴 원문의 영어를 그대로 한글로 직역하여 각각 '무한한 공간의 영역', '무한한 의식의 영역', '아무것도 없음의 영역'으로 번역했다.

이유는 저자가 인도어(팔리어와 산스크리트어) 전문 용어들을 영어로 직역한 것을 그대로 한국어로 번역하는 것이 실제 수행을 위해 이 개념들을 인식하는 데 더 풍부하고 정확한 정보를 줄 것으로 보이기 때문이다. 그러나 독자들의 이해를 돕기 위해, 무색계 선정이 처음 언급되는 부분에서는 통용되는 한문 용어를 괄호 안에 덧붙였다.

예외적으로 '비상비비상처(非想非非想)'는 한문 용어를 그대로 사용했는데, 이것이 '인식이 있는 것도, 인식이 없는 것도 아닌 영역'으로 풀어 쓰기에는 너무 길기도 하고 이 수행법에서 직접적으로 다뤄지는 인식이 아니기 때문이다.

감사의 말

이 책의 초고에 조언을 해 준 크리스 버크*Chris Burke*, 비구니 담마딘나*Bhikkhunī Dhammadinnā*, 린다 그레이스*Linda Grace*, 사라 커치버거*Sarah Kirchberger*, 유카 나카무라*Yuka Nakamura*, 그리고 저의 수행과 집필에 필요한 시설을 제공해 준 배리 불교연구센터*Barre Center for Buddhist Studies*의 직원, 이사회 멤버, 후원자들에게 감사함을 전합니다.

서론

이 책은 우리의 일상과 정규 명상 수행에 깃들어 있는 비어있음(공, 空)을 어떻게 실제로 수행하는지를 탐구하고자 한다. 이 탐구는 『비어있음에 대한 긴 경』과 『비어있음에 대한 짧은 경』에 들어 있는 가르침에 근거하고 있다. 이 책은 여덟 장으로 구성되어 있는데, 각 장은 관련 문헌들에 대한 번역과 이에 대한 설명, 그리고 핵심 내용에 대한 요약과 실제 수행을 위한 지침을 포함하고 있다.

비어있음에 머무르는 나의 수행은 삼십여 년 전 선승이신 쉥이 *Shengyi*(중국의 대선승인 쉬윤*Xuyun*의 제자)의 가르침과 툴쿠 우르겐 린포체*Tulku Urgyen Rinpoche*의 가르침에 큰 도움을 받았다. 특히 툴쿠 우르겐 린포체의 '가리켜 보이는' 가르침을 받은 후 내 수행에 큰 전환점이 왔다. 게다가 최근에는 비어있음에 대한 수행을 한 번은 쉥이안 *Shengyan* 선사의 제자인 구오구*Guogu* 스님과, 또 한 번은 욘게이 밍규르 린포체*Yongey Mingyur Rinpoche*(툴쿠 우르겐 린포체의 아들)와 함께 가르치는 기쁨과 영광을 가졌다. 이 문장을 쓰면서 나는 이 경험들로부터 배운 것들에 대한 깊은 감사의 마음이 벅차오르는 것을 느낀다.

그러나 이 책에서 제시하는 것들은 초기 불교의 사상에 확고히 자리하고 있다. 다시 말해, 비록 나의 비어있음에 대한 명상 수행은 분명 위에 말한 스승들과의 만남에 영향을 받았지만, 나는 애초부터 이 수행을 초기 경전들이 말하는 교리 체계의 맥락에서 다루고자 했다. 이는 초기 불교의 교리 체계가 어떤 점에서는 선 전통이나 마하무드라 또는 족첸 전통과 다르다는 것을 분명히 알기 때문이다.

『비어있음에 대한 긴 경』과 『비어있음에 대한 짧은 경』들은 팔리어, 중국어 그리고 티베트 버전으로 존재하고 있다. 그러나 테라와다 전통은 비어있음에 대한 명상과 관련된 다양한 방법들에 대해서는 중국이나 티베트 불교 수행자들만큼 관심을 갖지 않았다. 이 책에서 나는 팔리어 경전의 구절들만 번역하였는데, 그 이유는 이런 전통들 간에 다리를 놓고자 함과 더불어 테라와다 사상 체계를 따르는 현대 수행자들도 비어있음에 대한 수행을 하도록 돕기 위함이다. 나는 또한 이러한 접근법이 다른 전통의 불교 수행자들에게도 서로 공통점이 얼마나 많을 수 있는지를 알려 주어 상호 영감과 감사의 원천이 될 수 있기를 희망한다.

그리고 팔리어 경전이 이 책의 주요 자료가 되기는 했지만, 나는 주석에서 해당 인용구에 비교가 되는 관점들도 제시하였다. 또한 『비어있음에 대한 짧은 경』에 있는 명백한 전달상의 오류에 대해서는 중국어와 티베트어의 대응 경전들에 의거해서 팔리어 버전의 내용을 명확히 하였다. 이러한 점에서 이 책은 여전히 초기 불교의 자료에 근거해서 접근하고 있다. 이는 초기의 불교 사상이 오늘날에도 여전히 접근 가능하며 모든 불교 전통들에 공통되는 유산이라는 것을 보여 준다고 할 수 있다.[1] 이 책에서 나는 초기의 불교 사상을 재건하는 데 사용 가능한 다양한 자료들 중 팔리어 버전에 우선권을 둔다. 이는 내가 보통은 중국어 버전을 우선적으로 번역했던 것과 다르다. 이렇게 한 주된 이유는 대부분의 중국어 버전은 아직 영어로 번역되어 있지 않은 반면, 대응되는 팔리어 버전에는 이미 사용 가능한 믿을 만한 번역들이 존재하기 때문이다.

한편, 나는 『비어있음에 대한 긴 경』과 『비어있음에 대한 짧은 경』의 경우, 「초기 불교 명상의 자비와 공」이라는 연구의 일환으로 이미 중국어 버전을 번역해 두었다.[2] 이 연구의 마지막 부분에서 나는 "브라흐마위하라*brahmavihāra*(신성한 거주처, 사무량심, 이는 또한 '무한한', '경계가 없는' 상태, 아빠마나*appamāṇa*라고도 알려져 있다)" 명상과 비어있음에 대한 명상의 실제 수행법에 대해 살펴보았다. 그런데 이 연구를 출판하고서 받은 피드백에 의하면, 브라흐마위하라에 대한 부분은 문제가 없어 보이나 비어있음에 대한 명상 지침은 너무 짧고 불충분해서 실제 수행으로 이어 가기가 쉽지 않은 것으로 보였다. 그래서 비어있음에 대해서는 실제 적용방법을 더 세세하게 설명하는 것이 꼭 필요하다고 느끼던 터에, 나는 또한 표상없음(signless)의 중요성을 더 온전히 탐구하게 되었다. 이는 내가 「표상없음과 불멸: 열반의 깨달음*The Signless and the Deathless: On the Realization of Nirvana*」[3]이라는 제목의 연구를 하게 된 부분적인 이유가 되었으니, 여기서 나는 초기 불교 문헌의 열반에 대한 설명을 경험의 구성이라는 관점에서 풀어내려는 시도를 하였다. 이 책의 마지막 두 장에서 탐구한 수행들은 이 연구에 바탕을 두고 있다.

한 가지 독자들에게 주의를 주고자 하는 부분이 있다. 이 책에 나오는 수행들, 특히 마지막 장에 나오는 수행들은 잘못 수행되면 정신적인 불균형을 불러일으킬 수도 있다는 사실이다. 특히 트라우마와 관련된 개인적인 경험이 있는 경우라면 더 그렇다.[4] 그래서 나는 명상을 직접 가르칠 때는, 수행자들이 비어있음에 대한 명상을 시작하기에 **앞서** 체화된 마음챙김과 브라흐마위하라에 확고한 기반을 마련했는지를 확실히 하고자 한다. 지금 나는 책이라는 형식으로 이 수행법들을 나누기 때문에 정신적인 균형을 마련하는 것이 굉장히 중요하다는 사실을 단지 글로 강조하는 수밖에 없다. 왜냐하면 비어있음의 숙고를 점진적으로 진행시켜 역효과 없이 이 명상의 잠재성이 온전히 발현되게 하는 것은 궁극적으로 독자들의 책임이 되기 때문이다.

이 책의 각 장의 주요 내용은 비어있음에 대한 팔리어 버전의 긴 경 *Mahāsuññatasutta*과 짧은 경*Cūḷasuññatasutta*에서 인용한 구절들의 실제 수행을 탐구한 것이다. 각 장의 마지막 부분에는 다른 팔리어 문헌의 게송들을 번역해서 제시했는데, 이는 각 탐구와 관련해서 기억할 만한 주요 논점들을 시적으로 요약해서 담고 있다. 이렇게 요약한 후에는 각 장의 내용과 관련된 실제 수행의 시사점을 더 자세히 다루었다. 이로써 각 장을 한 번 읽고 나서 마지막 부분인 "수행을 위한 지침"을 통해 독자들이 실제 명상 수행과 관련된 문제들을 참고할 수 있도록 하였다. 더불어 요약이나 게송들을 읽음으로써 앞서 다룬 토론의 주안점들이 떠오르도록 하였다.

첫 번째 장에 나오는 구절의 첫 부분은 일상 속에서 비어있음을 수행하는 것이 깊이 있는 정규 명상에 필수적인 근간이 된다는 사실을 오롯이 반영하고 있다. 이는 또한 이 책 전체의 주요 주제를 담고 있다.[5]

언제나 마음챙김하며,
세상이 비어있음을 숙고하라.

I.
일상생활

이 [비어있음에(空)] 머무는 방식으로 머무는 동안, 아난다여, 수행자의 마음이 걷는 것으로 기울면 그는 [이러한 결단과 함께] 걷는다. "이렇게 걸으면서, 어떤 갈애나 낙담, 나쁘거나 해로운 상태도 나에게 넘쳐 나지 않을 것이다." 이렇게 하여 수행자는 그것에 대한 분명한 앎을 가진다.[6]

위 구절은 『비어있음에 대한 긴 경(마하순냐타숫따*Mahāsuññatasutta*)』의 발췌문이다. 이 경전의 앞부분은 안으로 밖으로 비어있음에 머무는 것을 언급하는데, 위 발췌문에서 나는 그 명상적 머무름이 '[비어있음에]'에 머무름이라고 보완했다.[7] 비어있음에 머무름을 안과 밖의 차원으로 구분한 것은 초기 불교 사상에서 비어있음에 대한 가르침이 바깥뿐만 아니라 안으로도 적용된다는 사실을 반영한다. 다시 말해서, 어떤 후대의 불교 전통에서 비어있음의 특성이 사람들에게만 적용되고 그 외 다른 현상들에는 적용되지 않는다고 하는 것은 이 초기의 불교 사상과는 어긋난다. 초기 불교적 관점에서 보면, 모든 현상은 예외 없이 절대적으로 비어있다.

여기서 말하는 "비어있음"의 특성은 없음을 말한다. 실제로 같은 용어가 고대 인도의 수학에서는 "0"을 가리킨다.[8] 그러나 초기 불교의 용법으로는, 무언가가 "비었다"라고 하는 것은 그것에 "~이 없다"라고 하는 것을 의미한다. 이 없음은 여러 가지에 적용될 수 있지만, 여기서의 주안점은 모든 현상에는 자아가 없다는 것, 즉 어떤 종류의 영원한 실체도 비어있다는 것을 말한다. 이를 통찰하면 에고와 자만뿐만 아니라 소유욕이나 이기성도 약화된다. 이러한 의미에서의 비어있음은 이번 장에서 탐구한 일상생활의 수행에서 주된 기준이 될 수 있는데, 이는 결국 나-만들기(에고)와 내 것-만들기(이기성)를 약화하는 것이다.

위의 번역된 발췌문의 가르침에서, 『비어있음에 대한 긴 경』은 비어있음에 머물기를 좌선으로부터 여타 상황들로 확장시킨다. 이는 단지 좌선에서 걷기명상으로의 전환으로 볼 수도 있지만, 이 수행을 그 외 어떤 자세에도 다 적용시키는 것이 얼마든지 가능할 수 있다. 사실 『비어있음에 대한 긴 경』은 똑같은 지침을 서거나 앉거나(여기서 앉음은 단지 정규 명상 외에도 다른 목적으로 앉는 것들을 포함한다), 눕는 것에도 제시한다. 그러나 이 『비어있음에 대한 긴 경』에 대응되는 중국어나 티베트 경전들은 걷기와 좌선만을 언급한다.[9]

『비어있음에 대한 긴 경』의 해당 가르침은 "이 [비어있음에] 머무는 방식으로 머무는 동안"이라는 말과 함께 시작된다. 이는 앞서 정규 명상에서 안과 밖으로 비어있음에 머문다고 한 것을 지칭한다. 이를 문자 그대로 해석하면 반드시 정규 좌선을 먼저 하고서 이 지시대로 실행해야 한다는 결론에 빠질 수도 있다. 하지만 실제 수행적 관점에서 보면 정규 명상과 일상생활에서의 적용은 상호적이며 연결되어 있다. 그러므로 항상 정규 좌선이 먼저고 그다음에 일상에 적용해야 한다고 볼 것은 아니다. 이 둘은 서로 지지하고 보완한다.

그럼에도 불구하고 『비어있음에 대한 긴 경』의 순서는 분명 중요하다. 비어있음에 대한 정규 명상을 온전히 이해하는 것이 같은 원리를 좌선 외의 상황들에 적용하는 방법을 마련하는 데 편리한 기반이 되기 때문이다. 『비어있음에 대한 짧은 경』에 의하면, 이 원칙은 비어있음에 대한 정규 명상에서 계발하는 다양한 인식들에 있어서도 마찬가지이다. 다양한 일상 속에서 비어있음의 수행이 가진 잠재력을 온전히 경험하기 위해서는 우선적으로 그 인식들 자체를 알아야 한다. 따라서 이 장의 주제가 일상생활로의 적용이긴 하지만, 나는 이후의 장들에서도 이 주제로 반복해서 돌아올 것이다. 사실 어떤 자세든 활동이든 비어있음과 연관 짓는 것이 매우 중요하므로, 그 잠재력을 제대로 인식하기 위해 몇 번이고 반복해서 다룰 필요가 있다.

1. 체화된 마음챙김

이 [비어있음에] 머무는 방식으로 머무는 동안, 아난다여, 수행자의 마음이 서 있는 것으로 기울면, 그는 [이 결단과 함께] 서 있는다. "이렇게 서 있으면서, 어떤 갈애나 낙담, 나쁘거나 해로운 상태들도 나에게 넘쳐 나지 않을 것이다." 이렇게 하여 수행자는 그것에 대해 분명한 앎을 가진다.

이 [비어있음에] 머무는 방식으로 머무는 동안, 아난다여, 수행자의 마음이 앉아 있는 것으로 기울면, 그는 [이 결단과 함께] 앉아 있는다. "이렇게 앉아 있으면서, 어떤 갈애나 낙담, 나쁘거나 해로운 상태들도 나에게 넘쳐 나지 않을 것이다." 이렇게 하여 수행자는 그것에 대해 분명한 앎을 가진다.

이 [비어있음에] 머무는 방식으로 머무는 동안, 아난다여, 수행자의 마음이 누워있는 것으로 기울면, 그는 [이 결단과 함께] 누워 있는다. "이렇게 누워 있으면서, 어떤 갈애나 낙담, 나쁘거나 해로운 상태들도 나에게 넘쳐 나지 않을 것이다." 이렇게 하여 수행자는 그것에 대해 분명한 앎을 가진다.[10]

앞서 번역된 발췌문과 더불어 『비어있음에 대한 긴 경』에 있는 지침들은, 『마음챙김 확립의 경(사띠파타나숫따)』에서도 말하고 있는 네 가지 자세들을 똑같이 포함한다. 이 네 가지 자세들에 대해 명상이 할 일은 현재의 자세를 마음챙김하고 분명하게 아는 것이다. 이렇게 하려면 몸 차원에서 어떤 일이 일어나든 꾸준히 마음챙김을 지속할 필요가 있다. 실제로 이 경의 가르침은 네 가지 자세에 대해 말한 뒤, 몸이 어떻게 놓여 있든 똑같은 방법으로 수행하라고 덧붙인다.[11]

네 가지 마음챙김의 확립과 비어있음에 대한 가르침과의 연관성은 갈애와 낙담(아빗짜도마낫사)과 관련해서도 엿보이는데, 갈애와 낙담은 마음챙김 수행의 목적을 짧게 정의한 구절에서 반복적인 특징이 된다. 이 짧은 마음챙김 수행의 정의 부분은 분명한 앎(삼빠자냐)이 또한 이러한 마음챙김 확립 수행에 동반되는 특성이라 말한다.[12] 이처럼 위에 번역된 발췌문은 마음챙김에 대한 기본 가르침과 마찬가지로, 갈애와 낙담을 피하는 것뿐만 아니라 분명한 앎을 지속하는 것이 필요하다는 사실을 공통적으로 인식한다.

위의 가르침을 실행하는 데 있어, 우리는 어떤 자세든 몸의 현존에 마음챙김을 확립하는 것을 자신의 정신 상태를 분명히 아는 것과 결합할 수 있다. 이때 분명한 앎이 할 일은 마음챙김이 마음 상태를 점검하는 것을 도와서 해로운 것으로부터 벗어난 상태를 유지하게 하는 것이다.

이는 구체적인 갈애나 낙담뿐만 아니라 그 외 나쁘거나 해로운 마음 상태들을 모두 포함한다. 즉, 어떤 경우에도 평정함을 유지하기 위해 마음챙김과 분명한 앎에 의지하는 것이 비어있음의 계발에 핵심이라고 할 수 있다.

이 가르침에서 '**넘쳐 난다**'라는 말은 감각들을 통해 지각된 것이 잠재적으로 마음에 미칠 수 있는 **영향력**을 의미한다고 볼 수 있다. 그러나 수행자의 현존이 비어있음에 확립되어 있기 때문에, 더 중요하게는 수행자의 현존이 비어있음에 확립된 채로 머무르기 때문에 그것들은 마음에 영향을 줄 수 없을 것이다. 이처럼 몸의 자세라는 상대적으로 평범한 주제를 가지고도 이미 이 가르침은 초기 불교 사상에서 비어있음의 절정에 해당하는 '번뇌가 없는 마음'을 가리키고 있다.

이 비어있음의 절정에 성공적으로 도달하게 하는 핵심 요소는 무아에 대한 깨달음이다. 무아에 대해서는 뒤에서 더 자세히 다룰 것이다(p.119 참고). 대신, 정규 명상에서 무아를 수행하기 위한 준비로서 해볼 수 있는 것은, 자아가 비어있다는 기본 인식을 네 가지 자세들 모두에 적용시키는 것이다. 한 팔리어 경은 오온들 중 어떤 것으로도 '나의 것-만들기'나 '나-만들기'로 자기화*selfing*를 하거나 자아를 상정하는 것이 어떻게 네 가지 자세들에 영향을 미치는지를 설명한다. 여기서, 걷거나 서거나 앉거나 누워있을 때 이러한 자기화를 하는 사람은 튼튼한 기둥에 묶인 개와 같은 고통에 처한 것과 같다고 말한다.[13] 묶여 있는 그 기둥 때문에 개는 그 기둥 가까이에서만 걷고, 서고, 앉고, 누워야 한다. 이 설명은 자기화가 모든 활동에서 지속적인 기준점이 될 때, 결국 우리가 어떻게 지속적으로 속박당하는지를 훨씬 더 자유롭게 돌아다닐 수 있었을 불쌍한 개에 비교하고 있다. 이 역경을 인식하게 되면, 우리는 이 네 가지 자세들로 있을 때 어떻게 하면 묶여 있지 않은 개처럼 자유로울 수 있을까 하는 생각을 하게 된다. 예를 들면, '걸을 때 자기화의 느낌 없이 걷는 것이 가능할까?'와 같은 생각이다. 소유권을 내려놓는 것은 무아에 대한 가르침의 매우 직접적인 적용이 될 수 있다. 그리고 자기화로부터 자유로움을 경험하는 것은 단지 걸으면서 걷는 자가 '나'라는 생각이나, 이것이 '나의' 걷기라는 생각을 두지 않는 것으로도 가능할 수 있다. 즉, 걷는 자 없이 걷는 것이다. 이는 나머지 다른 자세들에도 마찬가지이다.

물론 비어있음을 일상에 통합하는 데에는, 이 네 가지 자세들을 다룬 것과 비슷한 수많은 방법들이 있을 수 있다. 그러나 무엇을 할 때 내가 그것을 행하는 자라는 느낌이나, 그것에 대한 소유권 또는 담당자라는 느낌 없이 하려는 시도만으로도 이미 엄청난 변형의 가능성이 생길 수 있다. 단지 이렇게만 수행을 하더라도 자기화와 에고의 속박을 잘라 내는 데 상당한 도움을 받을 수 있다.

2. 말하기

이 [비어있음에] 머무는 방식으로 머무는 동안, 아난다여, 수행자의 마음이 말하는 것으로 기울면, 무슨 말이건 하찮고, 저속하고, 저급하고, 무시할 만하고, 이롭지 않고, 각성이나, 탐욕의 여읨, 소멸, 평화, 직접적인 앎, 깨달음, 열반에 이르게 하지 않는 말에 대해 [그는 결심한다]. "나는 그런 말을 하지 않을 것이다, 왕에 관한 말, 도둑들에 관한 말, 대신들에 관한 말, 군대에 관한 말, 위험에 관한 말, 전투에 관한 말, 음식에 관한 말, 음료수에 관한 말, 옷에 관한 말, 침대에 관한 말, 화환에 관한 말, 향수에 관한 말, 친척들에 관한 말, 탈

것에 관한 말, 마을들에 관한 말, 도심지에 관한 말, 도시에 관한 말, 나라에 관한 말, 여자에 관한 말, 영웅들에 관한 말, 길거리에 관한 말, 우물에 관한 말, 고인에 관한 말, 다양한 말들, 이 세상에 대한 이야기들, 바다에 대한 이야기들, 그리고 적절하거나 적절하지 않은 그렇고 그런 말들을." 이렇게 하여 수행자는 그것에 대한 분명한 앎을 가진다.

그러나 아난다여, 금욕적인 말, 장애들로부터 마음을 해방시키는데 도움이 되는 말, 완전한 각성과 탐욕의 여읨, 소멸, 평화, 직접적인 앎, 깨달음 그리고 열반에 이르게 하는 말에 대해서는 [그는 결심한다]. "나는 이러한 말을 할 것이다, 바라는 것이 적은 것에 관한 말, 만족에 관한 말, 은둔에 관한 말, 사교하지 않는 것에 관한 말, 노력함에 관한 말, 미덕에 관한 말, 집중에 관한 말, 지혜에 관한 말, 해방에 관한 말, 열반에 대한 앎과 목표에 관한 말들을." 이렇게 하여 수행자는 그것에 대한 분명한 앎을 가진다.[14]

피해야 할 말들에 대한 긴 목록은 대략 정치, 물질적 재화들, 지역적인 것들, 그리고 이런저런 소문들이라는 주요 주제들로 요약될 수 있다.[15] 그러나 여기서의 요점은 이 주제들과 관련된 모든 대화가 꼭 "하찮고, 저속하고, 저급하고, 무시할 만하고, 이롭지 않다"라고 하는 것이 아니다. 다른 팔리어 경전들이나 대응 경전들을 보면, 담마에 대한 가르침에 전투에 관한 언급이 나오기도 한다.[16] 마찬가지로 한 비유에서는 예쁜 젊은이가 꽃다발 받고 매우 기뻐하는 것을 묘사하는 비유가 있다.[17] 이런 것들이 언급되었다고 해서 바로 해당 가르침이 비난받을 만한 것이 되지는 않는다.

그러므로 이 목록을 문자 그대로 이해하여 원칙적으로 어떤 주제들은 금기시된다고 보기보다는, 우리가 하찮고, 저속하고, 저급하고, 무시할 만하고, 이롭지 않은 대화를 할 때 보통 말하게 되는 것들의 예를 제공한 것이라고 보는 것이 더 알맞을 것이다. 이것이 핵심이다. 사실 이 목록에 없는 다른 주제들이나 격려할 만한 주제라고 한 것조차 하찮거나 이롭지 않은 방식으로 말하는 것이 가능하기 때문이다. 예를 들어, 우리는 내가 얼마나 적은 것들을 바라면서 만족스러워하는지를 타인들 앞에서 자랑하며 말할 수도 있고, 은둔하고 살면서 나만큼 은둔하지 않는 사람들을 폄하할 수도 있다. 그렇게 되면 이것은 이롭지 않고 무시할 만한 대화의 범주에 속하게 된다.

따라서 말하기에 있어서 비어있음은 선택된 주제도 문제지만, 그보다도 그 대화를 하게 만드는 동기가 더 중요하다고 볼 수 있다. 즉, 우리가 이 대화를 하는 이유가 "각성과 탐욕의 여읨, 소멸, 평화, 직접적인 앎, 깨달음 그리고 열반"에 이르기 위함인가가 중요하다. 이렇게 보면, 비어있음에 머묾에는 대화라는 활동을 또 다른 마음챙김의 훈련으로 전환시키는 것이 포함된다. 일단 여기서의 과업이 단지 특정 주제들을 금기시하는 것이 아니라면, 위에서 말하는 실질적인 비어있음의 훈련은 대화가 하찮거나 등등의 상태로 빠지게 되는 순간을 알아차리기 위해 지속적인 마음챙김으로 모든 대화를 감시하는 것이 된다. 이 훈련은 또한 의사소통의 전반적인 태도를 바꿔 준다. 이 훈련을 통해 더 이상 온갖 세세한 정보들을 축적하는 것이나 우리의 주체성을 찬양하는 것이 우선적인 관심사가 되지 않는다. 이런 것들은 현대 사회에서 인터넷이나 소셜 네트워크 등을 통해 너무나 많은 시간과 에너지를 뺏고 있다. 그보다 여기서 가장 중요한 문제이자 방향성은, 특정 대화가 얼마나 마음의 번뇌를 비우는 데 도움을 주느냐이다.

3. 생각

이 [비어있음에] 머무는 방식으로 머무는 동안, 아난다여, 수행자의 마음이 생각하는 것으로 기울면, 무슨 생각이건 하찮고, 저속하고, 저급하고, 무시할 만하고, 이롭지 않고, 각성이나, 탐욕의 여읨, 소멸, 평화, 직접적인 앎, 깨달음, 열반에 이르게 하지 않는 생각에 대해 [그는 결심한다]. "나는 그런 생각을 하지 않을 것이다, 감각적 탐닉에 관한 생각, 적의에 관한 생각, 해를 끼치는 것에 관한 생각 같은 것들을." 이렇게 하여 수행자는 그것에 대한 분명한 앎을 가진다.

그러나 아난다여, 고귀하고, 앞으로 나아가게 하고, 이를 생각하는 사람으로 하여금 둑카(苦, *duḥkha*)를 완전히 끝내게 하는 생각들에 대해서는 [그는 결심한다]. "나는 이러한 생각들을 할 것이다, 포기에 관한 생각, 적의 없음에 관한 생각, 해를 끼치지 않음에 관한 생각 같은 것들을." 이렇게 하여 수행자는 그것에 대한 분명한 앎을 가진다.[18]

『비어있음에 대한 긴 경』은 위의 발췌문에 이어 다양한 다른 주제들을 다룬다. 그러나 이들 중 어느 것도 "이 [비어있음에] 머무는 방식으로 머문다"라는 언급과 함께 시작하지 않으므로, 위에 번역된 부분들만큼 비어있음에 대한 명상이라는 주제와 직접적으로 연관되어 보이지 않는다. 이 언급과 함께 시작하는 지시문들은 모든 자세와 말하기, 생각하기와 관련하여 위에서 말한 방식으로 비어있음에 머물도록 구성되어 있다. 여기서 생각을 명시적으로 다루는 점은, 비어있음의 수행에 반드시 생각이 비어있는 마음이 필요하지는 않다는 것을 보여 준다. 비록 정신적 평온이 다음 장에서 탐구할 수행들에 큰 기여를 하지만, 거기서도 다음의 기본 원칙은 마찬가지로 적용된다. 생각 자체가 문제는 아니다. 다만, 중요한 질문은 어떤 유형의 생각들이 마음속에 있느냐는 것이다.

이와 관련해서 위 발췌문에서 기본적으로 구분 짓는 것은 감각적 탐닉, 적의 그리고 해 끼침의 있고 없음이다. 이들은 팔정도의 두 번째 요소인 바른 의도에 들어 있는 중요한 측면인데, 이는 초기 불교 사상에서 비어있음에 대한 명상을 위한 적절한 맥락이 된다. 그러므로 여기에 대해서는 좀 더 탐구할 필요가 있다.

팔정도를 이끄는 원리는 첫 번째 요소인 바른 견해(正見)인데, 이는 명상 수행을 위한 관점에서는 쉽게 말해 사성제라고 할 수 있다.[19] 고대 인도의 의료 진단 체계로부터 영감을 받은 사성제는[20] 둑카(苦)가 존재한다는 사실을 인식하게 한다. 또한 우리의 갈애가 이 둑카의 현상에 상당한 영향을 끼친다는 사실을 인정하게 한다. 그러고 나서 세 번째와 네 번째 성스러운 진리는 각각 둑카로부터 해방된 상태가 있음을 알리고, 그 목적지에 도달하게 해 주는 수행의 길인 팔정도에 대해 언급한다. 이렇게 해서, 바른 견해는 이 도정을 안내하는 요소이면서 동시에 도정의 전반적인 맥락이 된다. 이 구조는 연속적인 피드백 고리가 되는데, 처음에는 단지 이론적으로만 이해되었던 사성제가 훨씬 더 체화되고 체험적이게 되며 실현 가능해진다. 이는 다시 바른 견해가 이끌던 방향성을 강화시키고, 이 도정이 진행되는 맥락을 내면에서 더 분명하게 이해하게 해 준다.

바른 견해가 생기면 팔정도의 두 번째 요소인 바른 의도(正思惟)라는 방향성이 생긴다. 이는 감각적 탐닉이나 적의, 그리고 해를 끼치려는 의도가 없는 것으로서, 위의 『비어있음에 대한 긴 경』의 발췌문에도 나온다. 이에 대해 더 자세히 살펴보기 전에, 남아 있는 팔정도의 요소들에 대해 간단히 살펴보도록 하겠다. 이다음에 나오는 팔정도의 세 가지 요소들은 바른 견해에 해당하는 관점들을 말(正語)이나 행동(正業), 생계(正命)와 같이 다양한 활동으로 확장시킨 것이다. 이 구성이 현재 맥락에서 의미하는 바는, 특히 비어있음에 대한 통찰을 키우는 이 바른 태도가 우리 삶의 모든 면에 스며들 필요가 있다는 뜻이 된다.

팔정도의 그 외 나머지 요소들은 정신적 훈련과 더 관련이 있다. 바른 노력(正精進)에는 해로운 정신 상태들을 극복하고 그에 반대되는 이로운 상태들을 키울 것이 요구된다. 바른 노력을 비어있음과 연관해서 실행하는 방법들에 대해서는 뒤 장에서 다루도록 하겠다. 그리고 바른 마음챙김(正念)은 이 책에서 설명하는 비어있음에 대한 명상을 성공적으로 계발하는 데 있어 아마도 가장 중요한 정신적 성품이라고 할 수 있다. 마지막 요소인 바른 집중(正定)은 정신적 침착함과 평온을 통해서 여덟 가지 정도의 요소들 중에 정신적인 훈련과 관련된 부분을 마무리한다. 이 마지막 요소는 선정을 꼭 얻어야 한다는 의미로 종종 여겨졌지만, 초기 경전들을 면밀히 비교 연구한 결과 이 견해는 수정이 필요한 것으로 보인다. 그 정도가 어떻든 간에, 집중이 **바른** 종류가 되기 위해 필요한 것은 무엇보다도 바른 견해의 지침이 있는 것, 그리고 나머지 일곱 요소들과 함께 작동해야 하는 것이다.[21] 그러므로 선정의 가치를 부정하려는 것은 전혀 아니지만, 깊은 집중으로 몰입된 상태는 팔정도를 실행하거나 이 책에서 말하는 비어있음에 대한 명상을 계발하는 데 있어 필수적인 것은 아니다.

팔정도의 맥락에서 발생하는 바른 의도의 세 가지 양상인 감각적 탐닉, 적의, 해 끼침의 부재는 비어있음에 머무는 데 굉장히 중요한 주제들을 불러온다. 이 중 첫 번째는 감각적 탐닉을 대신하는 탐욕의 포기이다. 『비어있음에 대한 긴 경』에서 명시했듯이, 이러한 탐욕의 포기는 고귀하며 해탈에 이르게 하는 반면, 감각적 탐닉은 무시할 만하고 깨달음으로부터 멀어지게 한다. 이는 독신생활이 필수라는 뜻은 아니지만, 소비지향적인 태도나 감각적 탐닉이 우선시되지 않도록 삶을 재정립할 것을 요구한다. 다음 장에서 언급하는, '비어있음으로의 점진적 명상'의 몇 단계들은 이러한 재정립을 많이 도와줄 수 있다. 일상에서 탐욕의 포기를 계발할 수 있는 기회들은 음식, 편안함을 위한 욕망, 다른 사람들과 함께하고 싶어 하는 마음 등 어떤 것이든 가능하다. 이런 것들이 우리의 기대에 못 미치는 바로 그때가 비어있음의 수행이 가진 해방의 잠재력이 발휘될 수 있는 순간이다.

바른 의도의 다른 두 가지 측면은 적의와 해 끼침이 없는 것이다. 긍정적인 측면에서 이것은 자애롭거나 '애정 어린 친절함*loving kindness*'으로 여겨지는 자애(메따*mettā*)와 자비(카루나*karuṇā*)의 태도에 해당한다. 여기서 자애를 적의 없음과 연결 짓고 자비를 해 끼침이 없음과 연결 지은 것은, 초기 경전에서 사무량심(브라흐마위하라)을 각각 그것에 반대되는 정신적 상태가 없는 것이라 한 일반적인 설명을 따른 것이다. 예를 들어, 자애를 완전히 계발한 사람은 더 이상 적의에 완전히 압도되지 않는다.[22] 자비와 해를 끼치려는 의도 또한 같은 관계에 있다. 여기서 잠시 자비와 관련해서 주목할 것은, 초기 불교에서 자비란 타인들의 고통을 대신 지는 것을 포함하지 않는다는 점이다.[23] 오히려 자비는 그것이 어떤 고통이든 그것으로부터 해방되는 것, 해가 없는 것에 대한 간절한 소망이다. 고통에 들어 있는 괴로운 성품에 주의를 두기보다 이러한 해방에 마음을 둠으로써 자비는 기쁨과도 함께할 수 있는데, 이 기쁨은 해를 줄이고 예방하는 데 일조할 수 있는 기쁨이다.

위 발췌문에서 적의나 해를 끼치는 생각들을 하지 않는다고 하는 것은 단지 이들이 없도록 자제하는 것만을 의미하지 않는다. 사실 생각은 의도적인 숙고 없이도 자주 일어난다. 그러므로 적의나 해를 끼치려는 생각에서 해방되는 것은 단지 이들을 통제하려는 노력만으로 이뤄질 수 없다. 따라서 탐욕의 포기와 사무량심으로 마음을 훈련해서, 애초에 그에 반대되는 해로운 생각들이 일어날 기회를 줄이는 것이 필요하다. 여기에는 기본적으로 생각이 마음의 성향과 밀접하게 연관되어 있다는 원리가 자리하고 있다.[24] 어떤 마음 상태에 머물면 그에 해당하는 생각들이 떠오르고 그에 반대되는 생각들은 자주 떠오르지 않게 된다. 바른 노력이라는 차원에서 보면, 해로운 것의 극복에는 이로운 것을 계발하는 보완이 필요하다.

이런 면에서 위의 가르침은 쉽게 말해, 브라흐마위하라(신성한 거주처 또는 사무량심) 중 두 가지를 계발하도록 장려하는 경우라고 볼 수 있겠다. 이들을 계발하는 것은 '비어있음으로의 점진적 명상'을 매우 잘 보완할 수 있는데, 특히 이 브라흐마위하라의 명상이 초기 경전의 표준 방식을 따를 때 그렇다. 이 초기 경전의 방식은 현대의 널리 알려진 브라흐마위하라의 명상법과 다른데, 널리 알려진 방식에서는 특정 개인들을 떠올린 후에 각각의 사무량심을 보낸다.[25] 그렇게 개인들을 향한 방법이 주는 수행의 이득을 부정하려는 의도는 전혀 없지만, 초기 경전으로부터 영감을 받은 이 방식은 국한된 특정 대상들에 의존할 필요 없이 브라흐마위하라를 불러일으키게 한다. 그러고 나서는 이 브라흐마위하라를 모든 방향으로 무한히 방사한다. 이러한 명상적 방사를 어떻게 실행하는지에 대한 자세한 설명은 다른 곳에서 다뤘는데,[26] 이러한 방식이 "경계 없는" 또는 "무한한*appamāṇa*" 상태라고도 일컬어지는 '브라흐마위하라'라는 명칭에 더 적합한 방식이라고 볼 수 있다. 이 방식은 또한 '비어있음으로의 점진적 명상' 과정에서 계발되는 몇몇 인식들과도 잘 부합하는데, 이 인식들은 국한된 특정 대상에 집중하는 것에 의존적이지 않은 명상적 머무름을 하도록 되어 있다.

이처럼 명상적 계발이라는 측면에서 이 브라흐마위하라와 비어있음으로의 점진적인 진입은 매우 비슷한 점이 있다. 그래서 이 책에서는 다루지 않았지만, 우리가 이들을 수행할 수 있는 또 다른 대안적인 방식으로는 네 가지 브라흐마위하라을 진행한 후 마지막 머무름인 평정에서 바로 '무한한 공간'에 대한 인식으로 전환하는 방법이 있다. '무한한 공간'에 대한 인식은 '비어있음으로의 점진적 명상'에서 세 번째 인식에 해당된다. 이 방법은 '비어있음으로의 점진적 명상'의 앞부분인 숲과 땅과 관련된 두 가지 인식들을 건너뛴다.

이 방법이 가진 장점은 네 번째 브라흐마위하라인 무한한 평정에 머무름에서 무한한 공간에 머무름으로의 명상적 전환이 쉽다는 것이다. 이때는 단지 관점의 미세한 전환만이 필요하다. 이 밖에도 좀 더 중요한 이점은 브라흐마위하라를 계발하는 것이 비어있음의 수행에 확고한 기반을 마련해 준다는 것이다. 이는 서론에서 간략히 언급했듯이, 비어있음에 대한 명상으로 발생할 수도 있는 위험이나 문제들을 피할 수 있게 도와준다는 것이다(p.12 참고). 이런 점에서 브라흐마위하라는 비어있음에 대한 명상에 아주 중요한 기여를 하기 때문에 나는 브라흐마위하라를 필수적으로 수행할 것을 분명히 추천한다. 적어도 브라흐마위하라의 처음 두 가지는 특히 필수적인데, 이들은 위에 번역된 발췌문에도 내포되어 있다.

미리 브라흐마위하라를 계발해 두면, 기본적인 내적 통합과 타인들과의 건강한 관계성이 마련되어 비어있음에 대한 명상에 도움이 된다. 이것은 이 책의 뒷부분에서 설명할 해체적인 전략들을 성공적으로 이행해 나가는 데 매우 중요하다. 이 전략들이 너무 도전적일 때면 언제든지 안정화하기 위해서 되돌아갈 다른 수행이 필요하기 때문이다. 브라흐마위하라에 있는 무한한 머무름이 바로 이를 제공해 줄 수 있다.

브라흐마위하라는 매우 실질적이고 구체적으로, 비어있음이 결국 무엇인지를 보여 준다. 이 책 후반부에 나오는 명상법을 수행할 때는 비어있음의 경험을 잘못 처리할 위험 소지가 있다. 즉, 비어있음이 냉담하고 무관심하거나, 더 나아가서는 거만하고 무모해지는 방식으로 드러날 수가 있다. 그러나 브라흐마위하라를 규칙적으로 수행하면 이러한 위험을 극복할 수가 있다. 사실 비어있음의 진정한 수행과 깨달음은 마음을 닫는 쪽이 아니라 여는 것으로 드러난다. 자애와 자비는 비어있음이라는 동전의 뒷면이라고도 볼 수 있다. 양면이 저마다 풍요롭게 되려면 반대면이 필요하다. 자애와 자비는 비어있음이 없이는 우리를 지치게 만들 수 있는데, 특히 다양하고 압도적인 고통들을 목도할 때 그렇다. 하지만 자애와 자비가 없는 비어있음은 오히려 마음을 황량하게 만들거나 독이 될 수 있기 때문에 더 안 좋다. 그러므로 나는 비어있음을 정규적으로 명상할 때 브라흐마위하라를 필수적으로 수행할 것을 강력하게 권장한다. 이 브라흐마위하라가 일상에서 자연스럽게 발현되는 것은 비어있음에 대한 깨달음이 얼마나 진전했는지를 보여 주는 잣대라고 할 수 있다. 한마디로 말하자면, 이 비어있음은 번뇌로부터 해방이라는 의미의 비어있음이다. 이러한 해방이 긍정적으로 반영된 것이 바로 몸과 말과 마음을 통해 적극적으로 표현되는 브라흐마위하라이다.

비어있음의 일상적 차원에 대한 설명을 마무리하는 방법으로, 나는 초반에 언급했던 주제인 초기 불교 사상의 비어있음의 성질로 되돌아가고자 한다. 초기 불교 사상의 비어있음은 안과 밖을 포함하는 온 세상에, 그 모든 것에 스며들어 있는 비어있는 성질을 말한다. 경전의 한 구절에서 이 비어있음은 마음챙김과 합쳐져서 이번 장에서 설명한 수행에 방향성을 제시한다. 이 구절에 의하면, 세상이 비어있다고 마음챙겨 숙고하는 것은 우리를 '죽음의 왕'의 시야로부터 벗어나게 해 준다. 다시 말해, 많은 사람의 삶에서 가장 큰 위협, 즉 죽음이라는 고통을 넘어서게 하는 것이다.[27]

이 세상이 비어있다고 숙고하라,
언제나 마음챙김하며…
죽음의 왕은
이렇게 세상을 숙고하는 자를 볼 수 없나니.

4. 요약

『비어있음에 대한 긴 경』은 비어있음에 머무름을 일상과 연결 지을 수 있는 지침을 제공한다. 『비어있음에 대한 짧은 경』에서 제시한 정규 명상법을 보완하는 이 가르침은 몸의 네 가지 자세들로 시작한다. 그리고 이 가르침은 체화된 마음챙김과 번뇌들을 비워 낸 마음 상태를 유지하게 하는 분명한 앎을 또한 결합시킨다. 이와 더불어 우리는 번뇌들을 못 박는 핵심적인 역할을 하는 '자기화*selfing*'를 조사의 대상으로 삼을 수 있게 된다. 어떤 자세로 있든 자기와 연관 짓는 것을 내려놓는 것은 비어있음을 강력히 실행하는 것이 될 수 있으며, 이는 상당한 변형의 잠재력을 가진다. 우리는 단지 '걷는 자 없이 걷기'와 같은 방식을 통해서도 비어있음을 실현할 수 있다. 이는 걷는 사람이 '나'라는 느낌을 만들어 내거나, 걷는 것과 어떤 식으로든 자기 동일시를 하지 않는 것이다.

대화도 비어있음과 연결할 수 있는데, 이는 대화가 저속하거나 속박하는 성품이 아닌 고상하고 해방적이게 되게 함으로써 가능하다. 생각과 관련한 비어있음은 팔정도의 두 번째 요소인 바른 의도와 밀접한 연관성이 있다. 이 요소에 위배되는 생각들이 일어나는 것을 방지하려면 탐욕을 포기하는 태도를 마련하고 자애와 자비의 브라흐마위하라를 계발하는 것이 도움이 될 수 있다. 자애와 자비는 모든 방향으로 무한하게 방사하는 방식으로 계발될 수 있는데, 이는 '비어있음으로의 점진적 명상'에도 들어 있는 무한한 인식들을 자연스럽게 뒷받침하고 보완한다.

브라흐마위하라는 비어있음의 수행에 중대한 기여를 한다. 이것은 비어있음의 인식이 위협적인 것이 되어 우리를 불안정하게 만들 때 되돌아갈 수 있는 기반이 된다. 브라흐마위하라는 또한 비어있음을 잘못 이해하여 이 책의 뒷부분에서 설명하는 인식들을 냉담하고 무관심해지는 것으로 남용할 수 있는 위험을 예방한다. 진정한 비어있음은 닫힌 가슴이 아닌 열린 가슴으로 발현된다. 이를 위해서는 번뇌의 마음을 비워 내야 하는데, 이것은 우리에게 브라흐마위하라가 넘쳐 나는 것으로 자연스럽게 드러난다.

5. 수행을 위한 지침

나는 수행을 위한 지침이라는 부제를 통해 각 장에서 다룬 내용들을 수행적 차원에서 좀 더 자세히 다루고자 한다. 그런데 이미 몇몇 주제들은 연관된 경전의 발췌문을 살펴보는 과정에서 다뤄졌기 때문에 이 부분은 때로 반복적일 수 있다.

위의 가르침을 수행으로 옮기는 데 있어 가장 중요한 것은 체화된 마음챙김을 갖는 것이다. 여기서 요점은, 정규 명상 외 여러 상황에 자리한 도전들을 다루기 위해서는 대부분의 명상가들에게 마음챙김이 지속될 수 있게 돕는 무언가가 필요하다는 것이다. 그런데 현대 명상가들이 자주 추천하는 것과는 달리, 초기 경전들은 이러한 목적으로 호흡을 추천하지 않는다. 오히려 호흡 마음챙김 수행의 표준적인 가르침은 은둔과 앉은 자세를 명시적으로 언급하는데, 이로써 호흡 마음챙김 수행이 정규 좌선을 위한 것임이 분명해진다.[28] 특히 경전에서 설명하는 호흡 마음챙김 16단계는 더 그렇다고 볼 수 있다.

사실 일상에서는 단지 호흡을 알아차리기만 하는 것도 쉽지 않을 수 있다. 호흡의 과정이라는 것이 미세한 현상일 뿐만 아니라, 정상적인 호흡은 일단 쉽게 알아차리기도 어렵기 때문이다. 그래서 호흡을 알아차리려면 약간의 노력과 어느 정도 집중이 필요하다. 그러나 이런 집중을 유지하는 것은 우리의 일상적인 다른 업무들을 쉽게 방해할 수 있기에, 일상에서 마음챙김을 유지하기 위해 호흡에 주의를 두는 것은 쉽게 해볼 만한 선택이 아니다. 그래서 정규 명상 이외의 상황에서 호흡에 알아차림을 유지하고자 할 때 더 나은 방법이 될 수 있는 것은, 호흡에만 주의를 집중시키기는 것이 아니라 호흡에 대한 마음챙김을 몸 전체의 알아차림 안에 포함시키는 것이다. 이렇게 하면 호흡에 주의를 두는 것이 단지 몸 전체에 대한 알아차림의 일부가 되므로, 호흡에만 집중하는 배타적인 주의를 피할 수 있어 일상에서 좀 더 수월하게 할 수 있다.

사실 어떤 상황에서든 마음챙김을 유지하는 데 있어서는 몸 전체가 훨씬 더 좋은 기반이 된다. 몸 전체는 단지 호흡만 떼 내었을 때보다 더 쉽게 알아차려진다. 게다가 우리가 일상에서 해야 하는 대부분의 일들은 어떤 식으로든 몸을 포함한다. 따라서 몸 전체에 일반적인 알아차림을 두며 활동하는 것은 특별히 어려운 일이 안 된다. 그뿐만 아니라 해야 할 일을 하는 동안 몸 전체에 대한 마음챙김을 지속하면, 그 일은 보통 더 잘 수행되고 더 좋은 결과를 낳는다. 다시 말해서, 이런 방식으로 수행하면 주의라는 정신적 요소를 더 써야 하는 스트레스 없이 조화롭게 할 일을 할 수 있으며 더 좋은 성과도 얻을 수 있다.

이것은 대화를 할 때에도 마찬가지이므로, 이때도 위의 예시를 그대로 따르면 된다. 원탁 토론이나 회의에 앉아 있을 때, 몸의 자세에 알아차림을 두면 마음에 중심이 서고 침착함이 생겨 우리가 하는 말에 힘과 지지를 얻을 수 있다. 다른 사람의 말을 들을 때에도 몸에 약간의 주의를 두면, 상대가 상관없는 말을 장황하게 늘어놓더라도 지루해하거나 짜증이 나서 빨리 끊어 버리지 않고 상대가 말할 수 있게 하는 여유와 차분함이 생기게 된다. 어쨌든 몸 전체에 대한 알아차림과 함께한다면 타인의 말을 듣는 시간은 절대 낭비되지 않는다.

또 다른 부가적인 이점으로는, 몸 전체에 대한 알아차림이 신체적 행동을 통해 드러나는 신호들과 의식화된 마음에서 일어나는 것들을 조화롭게 만드는 경향이 있다는 것이다. 예를 들어, 짜증이 무의식적으로 자세나 팔다리의 움직임 또는 얼굴 표정으로 신체 차원에서 표현되는 때를 우리가 좀 더 빨리 알아차릴 것이기 때문이다. 타인들은 자주 이러한 신호들을 알아채고 거기에 반응을 한다. 그러나 우리가 이를 알아차리지 못하면 그 대화는 옆길로 새 버릴 수 있다. 몸 전체에 대한 알아차림을 훈련하면 보통은 남들이 자신보다 더 잘 알아차리는 이러한 차원의 의사소통에도 깨어있을 수 있게 된다.

위의 모든 예는 몸 전체의 알아차림에 기반해서 비어있음을 명상하는 실제적인 방법들을 보여 준다. 그러나 이 수행은 당연히 몸에만 국한되지 않는다. 사실 가르침들은 마음에서 일어나는 것을 분명히 아는 것이 여기서 주요 과제라는 사실을 분명히 하고 있다. 실로 마음을 알아차리는 것이 가장 중요하다. 그러므로 몸 전체에 대한 알아차림에 관해서는, 단지 이것이 마음에 주의를 두고 마음을 알아차리는 상태로 머무는 데 특별히 편리한 안정감과 기반을 제공한다는 것을 말하려는 취지라고 이해하면 되겠다.

그러나 이 수행은 몸 전체에 대한 알아차림이라는 기반을 마련하는 이점 외에도, 현재 생각과 연상들의 흐름을 꿰뚫어 봄으로써 그 바탕에 자리한 정신적 흐름을 분명히 인식하고 알 수 있는 능력을 계발하게 만든다. 이런 맥락에서, 모든 자세들에 마음챙김을 계발하게 하는 지시에는 "갈애와 낙담", 그리고 "나쁘거나 해로운"같이 비슷한 말처럼 보이는 두 자질이 언급된다. 실제 수행을 위해 요약해 보자면, 우리는 좋음과 싫음(=갈애와 낙담)을 경계하고, 보통 초반에는 좋음과 싫음의 형태로 시작하는 전반적인 번뇌들의 발현(=나쁘고 해로운 상태들)에 주의를 기울이도록 할 수 있다. 좋음과 싫음을 통해서 그러한 번뇌 반응들의 시초를 감지하는 능력은, 우리가 반응에 사로잡히려 할 때와 해로운 반응들을 막 시작하려 할 때 나타나는 징후들에 얼마나 익숙한가에 달려 있다. 말할 것도 없이, 더 빨리 알아차릴수록 그 번뇌는 초기 단계라 아직 힘이 커지지 않았기 때문에 더 쉽게 처리된다. 이런 점에서 몸의 자세들에 마음챙김을 하는 것은 어떤 상황에서든 비어있음을 통해 직접적인 이득을 보게 하는 강력한 방편이 될 수 있다.

이 수행의 넓은 적용 범위는 대화의 장에까지 확장될 수 있는데, 현대 사회에서는 인터넷, SNS, 이메일 등과 같은 것들이 이에 포함된다. 그러한 활동들로 비어있음에 머무르는 것이 방해받지 않고 지속되게 하려면 우리가 줄곧 방향성을 잘 잡아야 한다. 여기에는 체화된 마음챙김이 지속되어야 하고 말하거나 메시지를 쓰기 전에 잠시 멈추려는 노력이 필요하다. 우리의 궁극적인 열망을 되돌아보고, 우리가 말하려는 것이나 쓰려는 것들이 그 열망과 일치하는지 확인하기 위해 잠시 멈추도록 한다.

비어있음을 생각에 적용하면 새로운 관점이 열리는데, 이는 체화된 마음챙김만큼이나 이 책의 후반에서 설명하는 비어있음에 대한 명상에 있어 중요한 부분이다. 이것은 브라흐마위하라를 계발하는 것인데, 특히 자애나 자비의 계발에 해당된다. 여기서 자애와 자비는 탐욕의 포기를 위한 기반을 확고히 해 주는데, 단지 감각적 탐닉을 최대화하는 데에만 맞춰져 있는 쾌락적 태도에 대비되는 더 높은 목표와 열망을 향해 우리 삶을 전반적으로 재설정하게 해 준다. 적의가 없고 해를 끼침이 없는 생각들을 명상적으로 지지하기 위해, 그리고 더 중요하게는 이 책의 후반에 나오는 비어있음으로의 명상을 명상적으로도 지지하기 위해서 자애과 자비를 정규적으로 계발할 것을 권장한다.

자애와 자비의 수행은 각각의 정신적 태도를 불러일으키면서 시작할 수 있다. 우리는 모두를 향해 분노나 적의에 정반대가 되는 자애를, 그리고 해를 끼치는 마음과 잔인함에 정반대가 되는 자비를 불러일으키도록 한다. 필요하면 특정 구절을 떠올리며 할 수도 있지만, 그렇더라도 곧 그 구절로부터 실제 마음태도로 전향하는 것이 좋다. 이렇게 전향하는 것은 함*doing*으로부터 존재함*being*으로 이동하는 것을 뜻한다. 브라흐마위하라라는 목적에 도움이 될 만한 목발에 의지해서 그 머무름을 불러일으키던 것으로부터, 거기에 단지 머무르면서 우리의 온 존재에 그 마음들이 스며들게 하는 것으로 이동해 나간다는 점에서 그렇다. 이처럼 특정한 정신적 태도를 적극적으로 불러일으키다가 그것을 온전히 체화하는 것으로 변경하는 방식은 뒤에서 다룰 비어있음의 수행과 계속해서 연결이 된다. 이 수행은 전반적으로, 좀 더 적극적으로 어떤 태도나 통찰을 불러일으키던 것으로부터 그것을 애씀없이 온전히 체화하는 것으로 바뀌면서 진행된다.

이제 우리는 그러한 브라흐마위하라에 머무름에 기반을 둔 채로, 무한함을 확보하기 위해 모든 방향을 향해 연다. 이때 연다는 것은 강압적인 행위가 아니라, 빛을 둘러싸던 사방의 커튼이 부드럽게 걷히는 것과 같다. 브라흐마위하라라는 내면의 빛은 그것이 비추고 싶은 만큼 얼마든지 멀리 비출 수 있으므로, 우리가 힘을 쓰거나 밀어붙일 필요가 없다. 여기서 주안점은 그 브라흐마위하라가 최대한 멀리 비추도록 힘쓰는 게 아니라, 이 비춤에 아무런 제약이 없도록 하는 것이다. 그러므로 어떤 사람들을 제외한 나머지 사람들에게만 브라흐마위하라를 계발하는 식의 예외가 없도록 해야 한다. 이렇게 배제만 하지 않는다면 무한함이라는 조건이 달성된다. 이것이 바로 커튼을 걷어서 불빛이 막힘없이 비출 수 있게 된 것과 같다.

이 상태의 마음에 머무르는 데에는 체화된 알아차림을 지속하고 호흡의 과정에 주의를 두는 것이 도움이 될 수 있다. 그런데 이때 호흡에 주의를 두는 것은 모든 것을 배제하고 호흡에만 주의를 두는 집중이 아니어야 한다. 오히려 몸 전체에 대한 알아차림의 일부로서 들숨과 날숨의 교체를 경험하는 것이 이 지속성을 유지하는 데 도움을 될 수 있다. 들숨과 함께 우리는 브라흐마위하라의 실제 속성에 좀 더 강조를 둘 수 있다. 날숨과 함께 우리는 끝이 없는 마음의 무한한 상태에 좀 더 강조를 둘 수 있다. 이것은 양자택일의 방식을 취하라는 것이 아니다. 다만 어떤 것을 강조하는가에 약간의 차이를 두기만 한다. 그리고 호흡 자체는 아무런 영향을 받지 않도록 자연스럽게 내버려둔다. 이는 마음챙김의 관점에만 살짝 다른 변화를 줘서 경험이 좀 더 다양해지게 함으로써, 지루함 때문에 산만해지는 것을 예방하고자 하는 것뿐이다. 그리고 나서 명상이 자연스럽게 끝이 나면 각자 익숙한 방법으로 수행의 공로를 나누도록 한다.

Ⅱ.
은둔

아난다여, 예전이나 지금이나 나는 자주 비어있음에 머무는 방식으로 머문다. 아난다여, 이것은 여기 미가라의 어머니의 장소와 같다. 여기에는 코끼리, 소, 말과 암말이 없고, 금과 은이 없으며, 여자들과 남자들의 모임이 없지만, 수행승들의 집단이라는 것에 의지한 [인식의] 합일이라는 비어있지 않음이 있다. 아난다여, 이와 마찬가지로 수행자는 마을에 대한 인식에 주의를 두지 않고, 사람들에 대한 인식에 주의를 두지 않고, 숲에 대한 인식에 의존한 합일에 주의를 기울인다. 그의 마음은 숲에 대한 인식으로 진입하여, 기뻐하고, 안착하며, 이에 전념한다.

그는 이렇게 안다. "마을에 대한 인식에 의존한 어떤 방해가 있다 한들, 그것은 여기 없다. 사람에 대한 인식에 의존한 어떤 방해가 있다 한들, 그것은 여기 없다. 단지 숲에 대한 인식에 의존한 합일, 이 방해만 남아 있다."

그는 안다. "이 인식에는 마을에 대한 인식이 비어있다." 그리고 그는 안다, "이 인식에는 사람들에 대한 인식이 비어있다. 단지 비어있지 않은 것은 숲에 대한 인식에 의지해 있는 합일, 이것뿐이다."

그렇게 그는 실제로 거기 없는 것을 두고 없다고 숙고한다. 그리고 그는 거기 남아 있는 것을 두고 여전히 '그것이 있다'고 안다. 아난다여, 이와 같이 그에게는 비어있음으로의 순전하고 왜곡되지 않은, 청정한 진입이 또한 생긴다.[29]

1. 붓다의 머무름

이번 장에서 나는 『비어있음에 대한 긴 경』으로부터 『비어있음에 대한 짧은 경』으로 비어있음에 대한 탐구를 옮겨 가는데, 이 긴 가르침은 특히 정규 명상과 관련이 있다. 앞 장에서는 일상에서 하는 비어있음의 수행에 대해 소개했는데, 이는 『비어있음에 대한 긴 경』 중에 비어있음에 머무는 명상을 좌선 외의 활동들에 명시적으로 연관시키는 부분에 근거해서 제시했다. 그러나 이번 장에서부터 다룰 정규 좌선을 위해서는 『비어있음에 대한 짧은 경』을 참고한다. 이 경의 도입부에서 붓다의 수행원인 아난다는 붓다가 이전에 비어있음에 자주 머무른다고 했던 말을 자신이 제대로 기억하는지를 확인한다. 위에 번역된 구절은 아난다의 기억이 맞음을 붓다가 승인한 후 나오는 부분이다. 따라서 이 경의 설명대로 수행을 실천하는 것은 붓다가 했던 비어있음에 머무름을 본보기 삼아 따라 하는 것이라고 볼 수 있을 것이다.

붓다를 따라 하며 시작하는 이 초입은 우리에게 동기를 부여하는 부분이 될 수 있다. 비록 아라한이 되는 길과 붓다가 되는 길에는 몇 가지 차이점이 있으나, 붓다가 보여 준 심오한 영감의 본보기는 두 도정에 있어 공통적인 방향성이 된다. 붓다의 발자취를 따라갈 수 있다는 사실은 불교 수행을 하는 모든 이들에게 비슷한 영감을 줄 것이다. 물론 여기에는 우리가 이번 생에 얼마나 열반을 얻고 싶어 하는지에 따라 차이가 있을 수 있다는 간과할 수 없는 사실이 하나 있다. 그래서 이 차이를 십분 인정하는 입장에서 나는, 비어있음에 점진적으로 진입하는 명상의 마무리 단계에서 가서는 열반으로 뛰어들고자 하는 마음이 없는 사람들이 어디서 수행을 멈춰야 하는지를 분명하게 알리고자 할 것이다.

그러나 이 마지막 단계를 제외한 '비어있음으로의 점진적 명상'의 행로는 다양한 동기를 가진 다양한 전통에서 온 불교 수행자들 모두에게 제공해 줄 수 있는 것들이 많다. 이 행로는 숲에 대한 인식으로부터 시작하여 땅, 무한한 공간(空無邊, *infiinite space*), 무한한 의식(識無邊, *infinite consciousness*), 아무것도 없음(無所有, *nothingness*), 그리고 표상 없음(無相, *signlessness*)에 대한 인식들로 나아간다. 이 각각의 인식들은 우리가 비어있음을 깊이 이해하고 체득하게 해 줄 상당한 잠재력을 가지고 있다.

초기 불교의 가르침은 모든 불교 전통들의 역사적인 시작이므로 모든 전통에 공통분모로 작용할 수 있다. 이 수행의 경우 서론에서 이미 언급했듯이, 다행히도 논의되는 경전이 팔리어뿐만 아니라 중국어와 티베트어의 대응 버전들로도 현존하고 있다. 그런 점에서 이 가르침은 전통이라는 관점에서 볼 때, 남아시아와 동남아시아, 동아시아, 그리고 히말라야 불교 전통들의 표준적 경전의 일부인 셈이다.

붓다가 했던 비어있음에 머무름을 모방하는 첫 단계는, 현재 처한 상황을 있는 그대로 취하는 것으로 시작한다. 붓다와 아난다의 대화에서 이것은 미가라*Migāra*의 어머니라고 알려진 위삭카*Visākhā*[30]가 보시한 수행처였다. 이 수행처는 사왓띠*Sāvatthī*의 동쪽 문밖에 있는 공원에 자리하고 있었다. 아마도 그날 일찌감치 사왓띠 도시에 공양을 다녀와 그 장소에 있었던 붓다와 아난다가 보기에는, 도시의 바쁜 삶과 이 숲속 공원에 은둔한 그들의 삶이 자연스럽게 대조가 되었을 것이다. 이러한 그들의 은둔에는 "코끼리, 소, 말과 암말"이 없는 것이 포함되는데, 이들은 고대 인도의 도시에서 마주칠 수 있는 운송수단을 반영한다. 마찬가지로 "금과 은"이 없는데, 이는 수행승들에게는 금지된 소유물로, 재가자들의 상업에 해당된다. 또 여기에는 "여자들과 남자들의 모임"이 없는데, 당시 그 장소에 있던 사람들이라고는 수행승들뿐이었기 때문이다. 그들이 똑같이 머리를 밀고 가사를 입은 동일한 모습은 앞서 말한 항목들에 아주 적절하게 대조되는 인식적 합일을 경험하게 한다.

이 첫 부분의 가르침에 들어 있는 취지는 부재라는 비어있음의 기본 감각을 실제 장소에 바로 적용시키는 것이다. 뒤따르는 명상 행로는 우리를 심오한 명상 상태로 유도함에도 불구하고, 각 단계들은 여전히 지금 여기와의 직접적인 연관성을 갖는다. 우리는 위 구절을 통해 이러한 연관성이 가르침의 초반부터 그 기저에 자리하고 있음을 엿볼 수 있다. 여기서 붓다는 비어있음이 어떻게 지금 여기와 직접 연결될 수 있는지를 보여 주기 위해, 자신의 고매한 비어있음의 머무름을 실제 장소로 즉각적으로 전환한다.

이 예시는 우리가 어떤 환경에 처해 있든 그것을 실용적으로 이용하기를 격려한다고 볼 수 있다. 여기서 주안점은 단지 부재하는 것에 주의를 두는 것이다. 우리가 어디에 있든, 지금 없는 것이 무엇인가? 이러한 질문을 하면 경전에 나오는 항목들에 매이지 않고도 이 수행을 현재의 경험들과 쉽게 연결 지을 수 있다. 이 가르침은 단지 그 당시 배경 상황을 반영할 뿐, 부재를 알아차릴 대상의 범위를 이들로 제한할 필요는 없다. 즉, 원칙적으로는, 무엇이든 거기 있지 않은 것은 부재하는 것으로 알아차릴 수 있으며, 따라서 이는 정규 명상에 적합한 은둔의 현존으로 여겨질 수 있다.

2. 숲에 대한 인식

『비어있음에 대한 짧은 경』의 경우, 대응 경전들 간의 차이점은 이 첫 번째 단계에서부터 나타난다. 팔리어 버전에서는 수행승들에 대한 인식과 숲에 대한 인식이 하나의 지침에 합쳐져 있는 반면, 현존하는 중국어와 티베트어의 대응 경전들에서는 이 둘이 구별되는 두 단계인 것처럼 나온다.[31] 두 가지 다 일리가 있다. 그러나 확실치는 않아도, 중국어와 티베트어 버전들에서 보이는 방식은, 구전 과정에서 그들의 공통 조상이 그 뒤에 나오는 단계들에 있는 반복된 지침을 수행승들에 대한 인식에도 적용시켜 원문을 확장시켰을 가능성이 있다. 어쨌든 팔리어의 방식이 가진 장점은, 이렇게 진행하면 숲에 대한 인식이 가진 함축적 의미인 은둔의 개념에 더 직접적으로 도달하게 된다는 점이다.[32] 그런 점에서, 위에 번역된 가르침을 수행할 때는 무엇이든 우리가 처한 상황에서 방해물들이 없는 것에 주의를 두면 된다.

숲에 대한 인식을 마음의 합일을 얻는 수단으로 언급한 것은, 이 경과는 전혀 관련이 없는 또 다른 두 개의 팔리어 경전에서도 볼 수 있다.[33] 관련 구절에서 붓다는 숲에 앉아 졸고 있는 수행승을 언급한다. 붓다는 이 수행승이 숲에 대한 인식에 주의를 기울임으로써 졸음을 떨쳐 버리고 (마음의) 합일을 얻을 것이라고 예상한다. 이는 이 두 경전에서 이보다 앞서 언급된, 분주한 마을에서 집중된 좌선 상태에 있던 다른 수행승과 명확히 대조가 된다. 붓다는 그 수행승이 곧 누군가에 의해 방해를 받아 집중을 놓치게 될 것이라 예상한다. 이 두 경전은 졸고 있던 수행승에 이어, 숲속에서 집중된 상태로 좌선을 하고 있는 또 다른 수행승을 언급하는데, 붓다는 이 수행승이 진전하여 마음의 해탈을 얻을 것이며 그 해탈된 마음을 또한 보호할 것이라고 예상한다. 여기서의 요점은 숲에 은둔하지 않은 채 집중된 사람은 그것을 잃게 될 우려가 있다는 것이다. 반대로, 집중되지 않았지만 숲에 은둔한 사람은 그것을 얻을 것이고, 은둔하여 집중된 사람은 더 진보할 것이라는 것이다. 이 설명은 숲속에 은둔하는 것이 정규적인 좌선에 좋은 도움이 된다는 것을 분명하게 밝힌다.

이 구절은 또한 우리가 정규 명상과 주기적인 안거에 적합한 조건들을 갖춘 삶을 살도록 장려한다고도 볼 수 있다. 다시 말해, 은둔을 보호하고자 우리는 정규 수행이나 안거수행에 방해가 될 만한 행동이나 일을 피하도록 할 수 있다. 이러한 마음가짐을 위해서는 앞서 말과 관련해 비어있음을 계발하게 하는 가르침(p.20 참고)을 참고할 수 있다. 여기에는 은둔과 더불어 바라는 것이 적은 것, 만족함, 그리고 사람들과 어울리지 않는 것이 포함된다.

붓다는 은둔한 삶의 중요성을 깨달음을 추구하던 시절부터 이미 스스로 분명히 인지했던 것 같다. 팔리어 경전과 대응 경전들은 당시 그가 얼마나 숲속에 은둔한 삶에 전적으로 헌신했고, 거기서 오는 도전들을 집중과 해탈을 얻는 과정의 일부로 직면했는지 잘 보여 주고 있다.[34]

이러한 가르침이 보여 주듯, 숲은 좌선을 위한 은둔을 상징하는 것으로 자주 나온다.[35] 숲 외에도 은둔을 언급할 때는 나무뿌리나 빈집이 나오는데, 빈집은 말 그대로 '없다'라고 하는 비어있음의 가장 기본적인 의미를 내포한다. 빈집에는 다른 사람들이나 방해가 될 만한 것들이 없기 때문에, 숲으로 가는 것과 같은 은둔을 제공할 수 있다.

은둔에는 내적인 차원과 외적인 차원이 있을 수 있다. 이 관점은 마음이라는 내적 세계와 바깥의 외부 세계가 서로 밀접하게 연관되어 있다고 보는 초기불교 사상의 전반적인 특성과 일치한다. 초기불교 사상에서는 명상적으로 다양한 경지들을 거쳐 가는 것이 해당 우주 영역들을 거쳐 가는 것을 반영한다고(또는 그 반대로) 볼 정도로 내부와 외부 세계를 밀접하게 연관시킨다.[36] 더불어, 도정에 대한 일반적인 설명에는 숲이나 나무뿌리, 빈집과 같은 외적인 은둔이 오장애의 부재와 같은 내적인 은둔과 서로 자주 결부되어 나온다.[37] 따라서, 비록 이러한 연관성이 이번 장의 가르침 초반에는 분명하지 않지만, 숲에 대한 인식을 좀 더 확장해서, 명상을 위해 은둔하는 사람에게 있어 주요 정복 과제인 오장애의 극복을 이 단계에 포함시키는 것이 의미가 있을 것으로 보인다. 명상이 잘 진척되려면 정신적 은둔을 향유하기 위해 오장애를 극복하는 것이 필수적이다.

3. 정신적 은둔

감각적 욕망, 분노 또는 적의, 해태와 혼침, 산란함과 걱정, 그리고 의심이라는 오장애를 극복하는 것은, 이것이 성공적인 명상에 중요한 조건이라는 점에서 정신적 차원의 은둔에 해당한다고 볼 수 있다. 이 오장애는 초기 불교에서 다양한 해로운 상태들을, 마음의 온전한 기능을 **방해하는** 경향성들로 분석했을 때 추려진 것이다.[38] 이렇게 추려진 마음 상태들 중에 세 번째와 네 번째 장애들에는 각각 문제시되는 두 개의 마음들이 함께 있기 때문에 총 일곱 가지가 된다. 그 두 장애가 쌍으로 된 것은 아마도 그들이 마음에 비슷한 영향을 주기 때문일 것이다. 게으르고 지루한 마음 상태인 해태가 신체적인 피로인 혼침과 함께 묶여 있고, 동요된 마음 상태인 산란함이 종종 어떤 문제로 인해 근심스러운 상태인 걱정과 함께 묶여 있다.

이 수행의 맥락에서는, 신체적인 은둔 상태를 먼저 살펴본 후, 마음이 오장애들 중 어떤 것에 묶여 있는지 확인하기 위해 현재 마음 상태를 체크해 보는 것이 좋다. 만약 마음이 오장애의 영향 아래에 있다면, 과거 경험에서 특히 효과적이었던 수단을 써서 해결하도록 한다. 그리고 오장애가 일시적으로나마 부재하게 되었다면, 그때는 마음에 남아 있는 아주 사소한 찌꺼기들을 신경 쓸 게 아니라, 그 부재가 곧 마음이 장애의 영향으로부터 벗어나 있음을 말한다고 아는 것이 중요하다. 그러면 이렇게 생겨난 정신적 은둔으로 완전히 주의를 기울일 수 있다.

정신적 은둔이라는 개념에 걸맞은 또 다른 마음 상태로는 만족이 있다. 이는 가르침에 나와 있는 승가라는 인식을 떠올리는 것이 될 수도 있다. 왜냐하면 출가를 한다는 것은 원칙적으로는 만족함과 소박한 삶을 쉼 없이 훈련한다는 뜻이기 때문이다. 그뿐만 아니라 만족함의 계발은 탐욕의 포기라는 원칙과도 연관이 되는데, 이는 이전 장에서 비어있음에 머무는 사람들이 떠올리기에 좋은 세 가지 생각이라고 했던 것 중 하나에 해당된다(p.21 참고).

만족함의 태도는 현재 있는 것과 없는 것에 똑같이 편한 마음으로 있게 해 준다. 또한 승가를 떠나서도 얼마든지 일반적으로 적용될 수 있는 만족함의 태도는 문제들을 외면하게 만들지 않는다. 오히려 만족함은 할 수 있는 것들을 하고 나서 내려놓고 순리에 맡기게 한다.[39] 이 가르침의 주된 주제인 신체적 은둔과 관련해서는, 좌선을 시작하기 전에 방해가 될 수 있는 모든 것들로부터 최대한 은둔을 마련하는 것이 중요하다. 그러나 이때도 여전히 남아 있을 수 있는 방해들을 대할 때는 편안한 마음과 균형 잡힌 마음으로 대할 수 있도록 만족하는 태도가 동반되어야 한다. 적절한 외적 조건들을 마련하는 것이 도움은 되지만, 훨씬 더 중요한 것은 내적으로 적절한 조건을 마련하는 일이다. 그러면 우리는 외적인 것들에 의지하지 않고 수행을 할 수 있다. 외적인 것들에 대해 미리 신경을 쓸 수는 있지만, 그러고 나서 직면하는 문제들은 배움의 기회로 보는 관점의 전환이 필요하다. 특히, 문제들을 인내와 만족함을 키우는 기회, 그리고 모든 경험에 들어 있는 궁극적으로 불만족스러운 성질을 통찰하는 기회로 대하는 것이 필요하다.

피할 수 없는 문제들을 대할 때 유용한 마음가짐은, 문제가 이보다 더 나빴을 수도 있음을 상기하는 것이다. 이러한 방식으로 만족함과 인내를 키우는 데 영감을 주는 한 수행승의 이야기가 있다. 이 수행승은 험악한 주민들이 있는 지역에 머물기로 계획한다. 그리고 이 수행승은 사람들이 함부로 대하면 어떻게 할 것이냐는 붓다의 질문에 주먹으로 맞지 않은 것을 다행이라 여길 것이라고 대답한다.[40] 붓다는 그 수행승에게 주먹으로 맞게 된다면 어떻게 할 것인지를 재차 묻는다. 그러자 수행승은 돌로 맞지 않아 다행이라 여길 것이라고 말한다. 이렇게 계속해서 더 나쁜 상황으로 유도될 때마다 수행승은 그보다 더 나쁠 수 있는 상황을 떠올린다. 붓다는 이 대답에 만족해했고, 그 수행승은 이러한 태도로 어떤 도전이든 인내심을 가지고 대할 수 있었다.

이러한 방법으로 다룰 수 있는 문제들은 외적인 것에 국한되지 않는다. 이처럼 더 나쁠 수도 있는 것이 지금은 없다는 사실에 주의를 두면, 우리가 병이나 통증을 겪을 때도 도움이 된다. 몸 어딘가가 아프다고 가정해 보자. 이 통증은 마치 그 아픈 부분이 우리 몸의 전부가 된 것처럼 우리를 거기에 완전히 몰입하게 만든다. 이때는 아프지 않은 부위로 주의를 두는 것이 매우 도움이 되는데, 이렇게 하면 우리의 관점이 넓어져서 그 통증으로 인한 정신적 고통이 덜어지기 때문이다. 몸 전체에 통증이 있을 때에도 마찬가지이다. 이때의 차이점은, 몸의 어떤 부분들에 주의를 주는 것이 아니라, 지금은 없지만 있었을 수도 있는 다른 고통들이나 질병들에 주의를 두도록 하는 것이다. 약간의 창의성을 가미한다면,

없는 것에 주의를 두는 이 같은 방식으로 관점을 넓힘으로써 우리는 정신적인 고통들도 줄일 수 있다.

통증을 다루는 이 같은 방법으로 우리는 명상 중에 나는 소리도 다룰 수 있다. 어떤 소리가 방해가 될 때 우리는 지금 없는 수많은 소음들을 떠올려 볼 수 있다. 또는 최근에 일어난 어떤 일이 마음에 계속 떠오른다면, 지금은 그 사람 또는 그 문제가 없음을 잠깐 떠올려 보는 것이 마음을 고요하게 해 줄 수 있다. 이렇게 비어있는 것에 주의를 두는 방법을 활용하면, 명상 중에 만나는 문제들을 큰 동요 없이 균형 잡힌 태도로 효율적으로 다룰 수 있다.

4. 방해의 비어있음

무언가가 없음을 뜻하는 비어있음의 기본 의미는, 점진적으로 비어있음에 진입하는 모든 단계들의 가르침에 반복적으로 나온다. 즉, 초월되고 없어진 것이 무엇인지를 인식하는 것이 모든 단계의 일관된 패턴이다. 이때 없음의 인식에는 두 차원이 있다. 하나는 방해가 될 수 있는 것이 없다는 사실이고, 다른 하나는 이렇게 없는 것이 비어있음의 상태라는 것을 이해하는 것이다. 없음의 이 두 가지 차원을 인정한 뒤에, 가르침은 아직 남아 있는 것을 또한 인정한다. 여전히 있기 때문에 이것은 잠재적인 방해 요소가 되며, 또한 비어있지 않음의 상태라고 할 수 있다. 예를 들어, 숲에 대한 인식의 경우 비어있는 것은 마을과 사람들에 대한 인식이다. 따라서 숲에 대한 인식에는 이들이 비어있다. 그러나 아직 남아 있는 것은 숲에 대한 인식 그 자체이다. 그러므로, '비어있음으로의 점진적 명상'에서 현 단계에는 숲에 대한 인식이 비어있지 않다.

이 없음과 있음에 대한 문제는 비어있음에 들어 있는 매우 실용적인 면을 보여 준다. 비어있음은 추상적인 개념 같은 것이 아니라, 어떤 것이 '비어있는' 상태인 성질을 말한다. 실제로, 가르침도 명사형인 '비어있음'보다는 '비어있는'이라는 형용사를 더 자주 쓴다. 그러므로 형용사와 그 성질을 더 강조하는 것이 이 '비어있다'는 의미를 제대로 이해하는 데 도움이 될 수 있다. 다시 말해, 가르침은 비어있는 성질을 말할 뿐, 어떤 형이상학적이거나 존재론적인 것도 담고 있지 않다. 이렇게 함으로써, 비어있음을 두고 이는 그것이 지칭하는 어떤 것이냐 아니면 그것을 제외한 어떤 것이냐 하는 문제를 우아하게 지나칠 수 있다. 젖어있다는 것이 물로부터 떨어져 있지 않고, 따뜻하다는 것이 불로부터 떨어져 있지 않듯이, 비어있다는 것도 현상으로부터 떨어져 있지 않다. 『비어있음에 대한 긴 경』에서 이미 짚었듯이, 초기 불교 사상에서는 비어있는 성질을 사람에게만 적용하는 것과 같은 제한이 없다. 이후의 명상 단계들이 확실히 보여 주듯이, 비어있는 성질은 모든 현상에 예외 없이 적용된다.

대응 경전들에는 비어있는 성질이 다소 다른 위치에 들어 있다.[41] 팔리어 버전에서는 잠재적인 방해들을 먼저 다루고서 비어있음의 주제로 넘어가는 반면, 중국어와 티베트어 대응 경전에서는 이 순서가 반대로 되어 있다. 수행적인 관점에서 보면 중국어와 티베트어 버전의 순서가 더 와닿는데, 여기서는 먼저 비어있음이라는 중심 주제를 다루고 나서, 모든 조건 지어진 것들에 내재한 세 가지 특성 중 하나인 둑카의 개념을 들여오면서 비어있음에 대한 숙고를 마무리한다.

위에서 '방해'라고 번역된 팔리어는 다라타*daratha*이다. 이와 관련해서 티베트어 버전에서는 "nyon mongs pa'i gna"라는 구절이 나오는데, Skilling(1997, 352)은 이것이 산스크리트어 다라타에 대한 해석이라 여기며 이에 대한 번역으로 '불편함'을 제안한다. 중국어 버전에서는 필라오*píláo*[42]라는 단어를 쓰는데, 이는 '지침', '피곤함' 또는 '피로'를 뜻한다.

수행적 관점에서 보면, 마을 생활은 피로의 원인으로 여겨지거나 숲에 은둔한 삶에 대조되는 방해나 불편함들을 가진 것으로 여겨질 수 있다. 하지만 이러한 속성들을 문자 그대로 해석하는 것은 뒤에서 탐구할 인식들과 그다지 잘 부합하지 않아 보인다. 그 이유는 방해나 피로 등등에는 거친 느낌이 있는데, 이는 비어있음으로 진입하는 궤도의 후반에 있는 다소 미세한 경험들과 잘 맞지 않기 때문이다.

다라타라는 용어에는 뜨거워진다는 뉘앙스가 또한 들어 있다. 몇몇 팔리어 문서에서 다라타는 이런 의미로서, 경전에서 종종 시원함과 연관 짓던 열반[43]에 정반대되는 개념으로 나온다. 비록 내가 이 뉘앙스[44]에 꼭 맞는 다라타의 번역을 제시하지는 못했더라도, 실제 수행을 위해 수행자들이 이 개념을 여전히 기억할 수는 있을 것이다. 이 개념을 이해했을 때 요점은, 이 경에 나오는 모든 명상적인 인식들이 사실 최종 목적지인 열반에 못 미친다는 사실이다. 열반이 아닌 모든 인식들은 여전히 조건 지어짐의 **뜨거움**을 안고 있으며 조건 지어지지 않음의 **시원함**에 이르지 못했다. 다시 말해서, '여전히 있는 방해'라는 말은 '아직은 아닌'을 뜻한다고 이해할 수 있다. 이것은 훨씬 더 평화롭고 해방적인 것으로 더 나아가라는 지침이기도 하다.

영원하지 않음, 만족이 없음(둑카), 자아가 없음이라는 세 가지 특성의 관점에서 보면, 『비어있음에 대한 짧은 경』은 이 중 특히 마지막 특성에 중점을 둔다. 무상은 이 경의 마지막에 드러나며, 우리가 통찰의 성숙을 완성시켜 조건 지어지지 않은 것으로 돌파해 나갈 수 있게 한다. 지속되는 만족을 주지 못한다는 특성인 둑카는, 이 명상적 행로의 매 단계에 배경이 된다. 이는 어떠어떠한 다라타들은 떨어져 나갔지만, 지금 이룬 것 또한 다라타에 지나지 않는다는 사실을 반복적으로 상기시키는 것으로 나타난다.

어떤 형태로든 계속해서 존재하고 있는 다라타로 주의를 돌리게 하는 것은, 그 시작에서부터 합일과 고요한 머무름을 강조하는 이 명상법의 중요한 측면이다. 왜냐하면 이 명상 행로의 후반부의 인식들은 상당히 숭고하고 심오한 경험들로 이끄는데, 그로 인해 우리가 이 경험들을 앞으로 나아갈 방편으로 삼지 못하고 오히려 거기 달라붙게 될 위험이 크기 때문이다. 그러므로 우리는 이 경험들의 목적이 해탈에 있지, 우리를 속박하는 밧줄을 만드는 게 아님을 분명히 할 필요가 있다.

이러한 상황을 음식으로 설명해 보겠다. 음식에서 우리가 주의를 기울이게 되는 것은 대체로 맛이지만, 그것의 진짜 기능은 몸에 영양을 공급하는 것이다. 음식에서는 이 기능이 우선시되어야 한다. 만약 그렇지 않고 모든 주의가 맛으로만 간다면, 우리는 몸에 영양분을 공급하지 못하고 해를 끼치는 방식으로 먹게 될 것이다. 명상의 기능 또한 정신적 양분을 제공하는 것이다. 여기서 언급된 몇몇의 인식들은 실제로 꽤 맛이 있을 수 있다. 하지만 우리의 전체 목적은 양분을 제공하는 것이어야 한다. 비록 특별한 명상적 체험이 이 명상법에서는 거의 불가피하지만, 이 인식들의 가장 중요한 의의는 특별한 체험에 있지 않고, **모든** 경험들이 비어있다는 사실을 드러나게 하는 데 있다. 이 수행의 목적은 이런 저런 경지에 드는 것이 아니라, 가능한 한 가장 철저한 내려놓음을 계발하는 것이다.

이 수행이 비어있음의 가장 숭고하고 심오한 경험조차 방해나 피로인 다라타로 숙고할 것을 강조한 이유는, 아마도 우리가 이 명상적 인식들의 내용물에 취해서 이들을 꿰뚫어 보지 못할 가능성을 인식했기 때문일 것이다. 그리고 이 문제점을 해결하기 위해서는 다소 거친 의미의 다라타가 적절할 수도 있을 것이다. 다시 말해, 다라타라는 용어가 뒤에 나오는 미세한 명상 단계들에 있어 많이 거칠긴 하지만, 의도적으로 이렇게 강한 특성을 부여하는 것이 필요했을 수도 있겠다. 이는 특정한 경험의 내용에 집착하고 매달리는 것이 아니라, 경험의 본질을 통찰할 수 있도록 돕는 것이 이 수행의 궁극적인 목적임을 간과하지 않도록 해 준다.

5. 없음

비어있다는 특성은 없음으로 우리의 주의를 가져가게 하는데, 무엇이 없는지를 알아차리는 것은 이 가르침의 지속적인 주제가 된다. 이 가르침은 종국에는 최상의 비어있음으로 이끄는데, 이는 깨달음을 통해 번뇌가 완전히 없어진 마음이다. 이 고매한 목표를 향한 시작점은 다만 지금 여기에 드러난 실질적인 의미에서의 없음이다. 미가라의 어머니의 장소에 있던 붓다와 아난다의 경우, 다양한 동물들이나 재산, 모여 있는 사람들이 없다는 것이 둘 다 직접 볼 수 있는 없음이었다.

없는 것에 주의를 두는 것은 초기 불교 명상 수행에 반복적으로 나온다.[45] 하나의 예로, 『마음챙김 확립의 경』과 그 대응 경전들에 있는 마음에 대한 숙고가 있다. 이 가르침은 탐욕, 분노, 무지와 같은 정신적 번뇌들이 있는 것을 알아차리게 할 뿐만 아니라 그 각각이 없음을 또한 알아차리게 한다.[46]

그리고 이전 장에서 다뤘듯이, 번뇌가 없다는 것에는 확연히 긍정적인 의미가 들어 있다. 이와 관련해, 한 경전에서 지웨카라는 의사는 붓다가 메따(자애)에 머무르고 있다고 선언한다. 그러자 붓다는 자신에게서 적의가 자라날 수 있는 모든 근원적인 번뇌가 완전히 제거되었다고 말하면서 이를 승인한다.[47] 이는 이전 장에서 말했듯이, 자애와 자비의 계발에 기초를 두고 비어있음에 대한 명상을 해야 함을 보여 준다. 지웨카의 이러한 선언은 자애와 자비 수행이 주는 또 다른 영감이 될 수 있는데, 이들이 붓다의 발자국을 걷는 또 다른 방식이 될 수 있기 때문이다.

이러한 예들은 없음의 긍정적 뉘앙스를 보여 줌으로써, 없다는 것을 결핍이나 부족함과 자연스레 동일시하는 경향성을 극복하게 해 준다. 마음은 아마도 이러한 부정적 연상들로 인해 없는 것을 무시하고 있는 것에만 주의를 두려고 할 것이다. 그러나 여기서 다루는 명상적 행로는 없음으로도 주의를 두게 하여, 결핍으로만 보던 한쪽으로 치우쳐진 없음의 의미를 제거하고 이를 재평가하게 만들어 준다. 결핍은 분명 초기 불교 사상에서 없음이 갖는 유일한 의미가 아니다. 무엇이 없다는 뜻 외에도 없음은 긍정적인 의미를 띨 수 있다.

비어있음에 점진적으로 접근하는 첫 단계인, 숲에 대한 인식이 의미하는 없음에도 분명 이러한 긍정성이 들어 있다. 이 긍정성은 은둔인데, 이는 정규 명상을 위해 적절한 상황을 마련해 주는 역할을 한다. 은둔에 자리한 이 없음의 긍정적 성품은 현존하는 다양한 대응 경전들의 구절에 나오는데, 이 구절들은 감각적 탐닉을 추구하지 않는 이들에게 숲이 기쁨의 원천이 된다는 점을 강조한다. 다음은 숲에 대한 인식을 계발할 때 염두에 두어야 할 것들 중 적어도 일부가 전달되기를 바라는 마음에서 나누는 팔리어 버전의 게송이다.[48]

보통 사람들은 즐기지 않는
숲의 야생은 즐겁다,
감각적 쾌락을 추구하지 않는,
감각적 열정이 없는 사람들은 이를 기뻐할 것이다.

6. 요약

'비어있음으로의 점진적 명상'은 붓다의 발자국을 따라 걸을 수 있는 기회를 주는데, 그 시작점은 지금 여기 있는 그대로의 현 상황이다. 이 수행의 전반적인 행로는 어떤 것의 없음을 통해 비어있음의 속성을 숙고하는 것이다. 이번 단계에서는 은둔을 의미하는 숲에 대한 인식에 이 속성이 자리하고 있다. 신체적 은둔은 잠재적인 방해 요소들을 없앤다는 의미인데, 이는 정신적 은둔으로 보완될 수 있다. 전반적으로 이 명상의 행로는 없음이 항상 부정적인 것이 아님을 밝히며 없음을 재평가하게 한다. 없음이 있다는 것은 실로 무언가 긍정적이고 반길 만한 것이 있다는 것이 될 수 있다.

특히나 반가운 형태의 없음은 감각적 탐욕, 분노나 적의, 해태와 혼침, 산란함과 걱정, 그리고 의심이라는 오장애를 극복함으로써 생긴다. 이러한 종류의 없음은 성공적인 명상 수행의 기반이 되는 매우 창조적인 힘을 가지고 있다. 수행에 도움이 되는 또 다른 성품으로는 만족함이 있는데, 이것은 없음과 있음 둘 다에 똑같이 편안해지는 것이다. 없음을 알아차리는 것은 또한 다양한 도전들을 직면하는 데 유용한 방법이 될 수 있다. 예를 들어, 몸의 한 부분이 아플 때 몸의 다른 부분들에는 아픔이 없다는 사실에 주의를 기울이면, 이것은 우리의 관점을 넓혀서 마음이 오직 아픈 부위로만 좁아지고 그 통증과 완전히 동일시되는 경향을 극복하게 도울 수 있다. 이 전략은 이보다 상황이 더 안 좋았을 수 있다는 인식을 통해 다양한 상황들로 응용될 수 있다. 이렇게 지혜롭고 창의적으로 없음에 주의를 기울이면 수행에 큰 힘을 얻게 된다.

이 명상적 숙고의 기본 방식은, 이후에도 계속적으로 무엇이 없고 무엇이 있는지를 인식하게 한다. 그리고 현재 경험에서 비어있지 않은 것,

여전히 남아 있는 것을 방해나 피로로서 인식한다. 남아 있는 것에 방해나 피로의 속성을 부여하는 것은, 이것이 아직 최종 목표인 최상의 시원함이 아니라는 것을 전달하려는 것이라 할 수 있다. 또한 방해나 피로의 존재에 주의를 두는 것은 명상적 경험의 내용에 집착하는 것을 예방하여, 이 수행의 전체 목표인 모든 경험들의 본질을 꿰뚫어 보는 것으로부터 벗어나지 않게 해 준다. 비어있음에 대한 명상이 가진 변형적인 차원은 다양한 명상적 인식들을 그저 잘 확립하는 데에만 있지 않다. 어떤 경험이든 그에 대한 애착을 제거하는 데 있다.

7. 수행을 위한 지침

정규 좌선을 위해서는 등을 바로 펴고 나머지 몸은 이완된 자세로 앉는 것이 좋다. 이를 위해서 약간의 마사지로 몸을 이완시키고 몸 에너지의 균형을 잡는 것도 좋은 준비가 된다. 먼저 손을 비벼 손바닥의 에너지를 자극하고 손바닥을 눈꺼풀에 올려놓아 눈을 이완시킨 다음, 앞이마, 두피, 얼굴, 목을 마사지 하고, 어깨로부터 팔, 손 그리고 몸통과 다리, 발의 순서로 마사지를 한다. 이렇게 하는 동안 모든 긴장들을 내려놓고 이완하는 것에 마음을 둔다. 또 다른 준비 작업으로는 몸의 균형을 좀 더 맞추기 위해 의도적으로 콧구멍을 번갈아 가며 호흡하는 방법이 있다. 이때는 손가락으로 한쪽 콧구멍을 막고 다른 쪽 콧구멍으로 숨을 들이쉬고 나서, 이번에는 그 콧구멍을 막고 아까 닫았던 콧구멍으로 숨을 내쉰다. 다시 그 콧구멍으로 숨을 들이쉬고서 그 콧구멍을 닫은 다음, 다른 쪽으로 숨을 내쉰다. 이렇게 몇 번 번갈아 숨쉬기를 하면 특히 좌뇌와 우뇌, 그리고 몸 전체의 에너지를 정렬하여 더 이완할 수 있게 된다.

좌선 중에 눈을 뜰 것인지 감을 것인지는 개인의 선호이다. 둘 다 각기 장점들이 있으므로 자신의 명상 수행에 잘 맞는 것을 선택하면 된다. 명상을 시작하면서는 이 수행이 붓다의 발자국을 따라 걷는 기회라는 사실을 상기할 것을 추천한다. '비어있음으로의 점진적 명상'의 단계들은, 붓다가 했던 비어있음의 머무름을 타인들도 따라 할 수 있게 하고자 하는 목적을 분명히 반영한다. 따라서 우리는 이를 떠올리면서 자연히 발생되는 기쁨과 함께 자신의 동기를 세우는 시간을 가져 보도록 한다. 우리의 동기에는 비어있음을 깨닫는 것 외에도, 이 명상으로 타인들에게 도움이 되고자 하는 자비로운 바람을 간절히 담은 이타적 차원 또한 분명히 있어야 한다. 이렇게 하면 이기성이 없다는 점에서, 없음의 주요 주제가 이미 다뤄진다. 붓다의 자비는 이러한 없음이 가진 창조적 잠재력의 영감적인 예가 될 수 있다.

이러한 동기와 함께, 우리는 현재 없는 것이 무엇인지를 인지함으로써 숲에 대한 인식을 계발할 수 있는데, 이는 명상적 은둔을 마련해 준다. 마음이 좀 산만할 때는 마음이 떠돌아다니지 않도록 지금 없는 것들에 주의를 기울여서 없음을 좀 더 면밀히 조사할 수도 있다. 그러나 마음이 이미 고요하면, 없는 것에 대해 짧게만 주의를 두는 것도 충분하다. 그러고 나서는 정신적 은둔을 다루도록 하는데, 이를 위해 지금 오장애 중 어떤 것의 영향을 받고 있는지 실제 마음의 상태를 점검하도록 한다. 장애가 있다면 적절한 해결책을 쓰도록 한다. 적어도 거친 오장애가 없어졌다면, 어떤 오장애로부터도 방해받지 않은 그 마음 상태에 머무를 수 있게 된다. 이 없음의 유쾌한 정신 상태에 주의를 기울이면 미세한 희열이 발생할 수 있다.

수행은 이제 더 이상 정확히 무엇이 없는지를 살피는 대신, 내적이거나 외적인 방해가 없음을 알아차리는 것으로부터 전반적인 없음의 느낌에 자리하여 머물게 된다. 이는 『비어있음에 대한 짧은 경』에서 말하는 합일로 수행이 진척되도록 돕는다. 이번 단계의 주안점은 없는 것으로 주의를 기울이는 기본 방식을 소개하는 것이다. 뒤에서 다룰 명상적 행로에 있어, 이 첫 단계는 이후의 단계들에 밑바탕을 제공하는 꽤 간단한 시작점이 된다.

여기서든 이후의 단계들에서든, 명상을 마무리할 시점에 오게 되면 자리에서 일어나 바로 다음 할 일을 하기 전에 수행의 공덕을 나누도록 한다. 이는 수행의 동기를 세웠던 것의 대응이 된다. 다른 일을 할 때나 나머지 일상에서는 가능할 때마다 지금 없는 것에 주의를 기울이는 것이 유익하다. 즉, 없음의 주제를 어떤 방식으로든 일상적 활동으로 가져오면 좌선이 잘 보완된다. 여기에는 무수한 방법들이 있을 수 있다. 예컨대, 눈과 보이는 것 사이에 시각적 장애물이 없는 방식으로 빈 공간이 있다는 것을 알아차릴 수 있다. 또 고요해진 순간에는 없음을 듣는 것이 가능한데, 단어와 단어 사이 짧은 고요함도 이에 포함된다. 물리적 방해물이 없어서 몸을 움직이거나 걷는 것이 가능해지는 공간 또한 없음의 또 다른 형태이다. 그러나 비어있음과 접속하는 무엇보다도 강력한 방법은, 어떤 활동을 하든 어떤 자세로 있든 마음에 번뇌가 없게 하는 것이다.

Ⅲ.
땅

다시, 아난다여, 사람에 대한 인식에 주의를 두지 않고, 숲에 대한 인식에 주의를 두지 않고, 수행승은 땅에 대한 인식에 의존한 합일로 주의를 둔다. 그의 마음은 땅에 대한 인식으로 진입하여, 기뻐하고, 안착하며, 이에 전념한다.

아난다여, 이것은 마치 백 개의 못으로 잘 펴져서 접힌 부분이 없는 황소 가죽과 같다. 아난다여, 마찬가지로 땅의 높거나 낮은 곳, 강과 건너기 어려운 [곳], 그루터기와 가시덤불이 있는 곳, 산과 울퉁불퉁한 [곳]에 주의를 두지 않고, 수행승은 땅에 대한 인식에 의지해 있는 합일로 주의를 둔다. 그의 마음은 땅에 대한 인식으로 진입하여, 기뻐하고, 안착하며, 이에 전념한다.

그는 이렇게 안다. "사람에 대한 인식에 의지해 있는 어떤 방해가 있다 한들, 그것은 여기 없다. 숲에 대한 인식에 의지해 있는 어떤 방해가 있다 한들, 그것은 여기 없다. 오직 땅에 대한 인식에 의지해 있는 합일, 이 방해만 남아 있다."

그는 안다. "이 인식에는 사람들에 대한 인식이 비어있다." 그리고 그는 안다. "이 인식에는 숲에 대한 인식이 비어있다. 오직 비어있지 않은 것은 땅에 대한 인식에 의지해 있는 합일, 이것뿐이다."

그렇게 그는 실제로 거기 없는 것을 두고 없다고 숙고한다, 그리고 그는 거기 남아 있는 것을 두고 여전히 '그것이 있다'고 안다. 아난다여, 이와 같이 그에게는 비어있음으로의 순전하고 왜곡되지 않은, 청정한 진입이 또한 생긴다.[49]

1. 땅에 대한 인식

'비어있음으로의 점진적 명상'에서 두 번째 단계는 은둔을 상징하는 숲에 대한 인식으로부터 땅에 대한 인식으로 나아간다. 여기서 가르침은, 땅이라는 추상적인 개념에 닿으려면 어떤 땅의 표면이든 고르지 못한 부위에는 주의를 기울이지 않아야 한다고 분명히 말한다.[50] 잘 펴져서 주름이 하나도 없는 황소 가죽이라는 이미지는 고르지 않은 부위에 주의를 기울이지 않아서 생긴 땅이라는 추상적인 개념을 의미한다.

팔리어 주석은 이번 인식을 땅의 까시나*kasiṇa*를 계발하는 것과 연결 짓고,[51] 이번 단계의 수행이 땅을 시각적으로 인식하는 것을 포함한다고 이해한다. 그런데 이것이 실제로 『비어있음에 대한 짧은 경』의 가르침에 얼마나 부합되는지는 조사를 해 볼 필요가 있다. 이 주제의 세부적인 내용들에 관심이 없는 독자들은 다음 내용들을 건너뛰고 "4. 요소와 통찰"이라는 부제목으로 넘어가도 좋다(p.62 참고).

팔리어 용어인 까시나*kasiṇa*는 인식의 '전체성'을 의미한다. 이것은 열 개의 대상들 중 하나에 집중을 계발해 얻는 것인데, 그중 하나가 땅이다. 이 수행에 사용되는 열 개의 대상은 네 가지 요소(땅, 물, 불, 바람), 네 가지 색깔(파랑, 노랑, 빨강, 흰색), 그리고 공간과 의식이다.[52] 팔리어 경전은 명상적으로 경험되는 이들 각각의 전체성을 두고 '무한하다 *appamāṇa*'는 표현을 쓰며, 이것은 위, 아래, 그리고 가로지르는 모든 방향들로 계발된다고 설명한다. 이 경전은 이 전체성이 또한 '비이원적 *advaya*'이라고 덧붙인다.

'무한하다'라는 특성은 브라흐마위하라(신성한 머무름)와 관련해서 자주 등장한다. 그런데 '비이원적'이라는 표현은 팔리어 경전에서만 아주 드물게 볼 수 있다. 이 표현은 열 가지 까시나의 목록에 나온 경우를 제외하면, 다른 곳에서는 한 번만 발견되는데, 이때도 '무한한'이라는 용어와 함께 나온다. 관련 구절에서 붓다의 수행원인 아난다는 붓다를 향해 몸, 말, 마음을 통해 계발한 자애를 설명하고 있다. 아마도 이때 사용된 '분리되지 않은' 또는 '온 마음으로'라는 번역들이 '비이원적'이라는 표현에 내포된 의미를 담고 있는 것으로 보인다.[53]

위의 가르침에 나오는 '합일'은, 땅에 대한 인식을 계발할 때 인식의 전체가 땅을 경험하는 방식으로 계발되어야 한다는 것을 의미한다. 이 점에서, 비록 '비이원적'이라는 용어가 직접 쓰이지는 않았지만 합일이 비이원적 경험을 의미한다고 볼 수 있다. 그러나 여기서 주의할 점은, 숲에 대한 인식도 마찬가지로 합일로 이르게 한다고 되어 있는데, 숲은 이 까시나의 목록에 나오지 않는다는 사실이다. 그러므로 유사성이 엿보이기는 하지만, 이 구절이 바로 까시나 수행을 말한다고 보는 것은 그리 설득력 있어 보이지 않는다.

2. 까시나로서의 땅

전통적으로 테라와다 주석서의 주요 매뉴얼에서 전체적 인식으로서 땅 까시나를 계발하는 방법은 시각적 인식에 집중하는 것이다. 이를 위해서는 흙으로 덮인 원반을 만들어야 하는데, 이 원반이 다른 네 가지 색의 까시나와 비슷해지지 않도록 유의해야 한다. 그러고 나서는 더 이상 눈을 떠서 직접 보지 않아도 마음에서 이 땅 원반의 모양이 보일 수 있을 때까지 응시하며 집중을 한다. 그렇게 해서 생긴 내면의 이미지가 집중의 대상이 된다. 이러한 방식으로 계속해서 수행하다 보면 선정에 들 수가 있다. 이처럼 테라와다 주석이 시각적인 차원을 강조한 결과, 까시나라는 팔리어 용어는 땅 등의 초기 이미지를 불러일으키기 위해 만들어진 눈에 보이는 장치를 의미하게 되었다.[54]

같은 방식을 불이나 바람 같은 두 요소나 공간과 의식이라는 나머지 항목들에도 적용하기는 쉽지 않다. 집중의 대상은 안정적이어야 하므로 움직이는 불길은 대상으로 좋지가 않다. 비록 구멍을 뚫은 가림막을 통해 보도록 해서, 움직임이 적은 불길의 중앙으로만 집중을 하게 하는 방법으로 보완할 수는 있더라도 말이다. 바람의 경우도 이는 단지 움직임일 뿐, 보이는 대상에 영향을 줄 때만 눈으로 감지가 되지 그 자체는 눈에 보이지 않는다. 실제로 해당 테라와다 주석서의 주요 매뉴얼도 바람의 요소는 시각 또는 촉각을 통해 감지된다고 언급한다.[55] 반면, 공간은 보이지도 않는다. 공간은 다른 대상들에 시각적 영향을 주지도 않을뿐더러, 직접 만져질 수도 없다. 다만 접촉할 때 방해되는 것이 없는 것을 통해서만 나타난다. 따라서 공간을 시각적 대상으로 바꾸려면 시각적인 것이 없는 것으로 주의를 돌려야만 한다. 그러나 보이지도 만져지지도 않는 의식의 경우에는 이 방법조차 통하지 않는다.

더군다나 의식에는 주관적인 앎이 알아지는 대상으로 전환되어야 하는 어려움이 있다. 이러한 어려움들 때문에 아마도 테라와다 주석서는 의식을 목록에서 빼내고, 대신 구멍으로 들어오는 햇빛이나 달빛으로 계발되는 빛 까시나[56]로 이를 대체했을 수 있다. 아니면 빛 까시나를 선택한 것은, 마음을 내면에서 경험되는 밝음과 연관시키는 일부 문헌들의 경향성[57]에 영향받은 것일 수도 있다. 그러면서 자연적인 빛인 외부의 밝음에 집중하는 것이 의식을 적절하게 대신한다고 여겼을 수 있다.

여기서 짚어 볼 것은, 사르바스티바다*Sarvāstivāda* 주석서의 주요 매뉴얼은 빛 까시나를 포함하지 않고, 대신 경전과 동일하게 의식이 포함된 열 개의 목록을 제시한다는 점이다. 이 매뉴얼에는 열 가지 전체성을 계발하는 데 어떤 종류의 대상들을 사용해야 하는지에 대해 다양한 의견들이 있다. 그중 몇 스승들은 이 목록의 처음 네 개는 네 개의 요소들로서 만져질 수 있는 대상들이며, 이후 네 가지인 네 색깔들만이 시각적 대상과 관련된다는 의견을 제시한다.[58]

실제로 우리는 눈으로 보기에는 딱딱하거나 젖어 보이는 것도 때론 확실치 않아 만져서 확인해 보기도 한다. 이런 점에서 땅과 물을 시각적이라기보다 촉각적 대상이라고 보는 것이 합당해진다. 불 요소는 넓은 범위의 온도로 나타나는데, 이 중 극단적으로 온도가 높은 열만 불길로 볼 수 있지, 좀 더 낮은 따뜻함은 대개 볼 수가 없고 만져서만 감지가 된다. 마찬가지로 너무 약한 바람은 촉감으로는 느껴져도 시각적으로는 잘 안 보이기도 한다. 따라서 단단함, 젖음과 응집력, 온도, 움직임의 성질을 대표하는 네 가지 요소들은 시각적 대상이라기보다 촉각적 대상이라 보는 것이 무리가 없어 보인다.

3. 단단함으로서의 땅

이 다소 기술적인 토론은 위 번역에서, "땅의 높거나 낮은 곳, 강과 건너기 어려운 [곳], 그루터기와 가시덤불이 있는 곳, 산과 울퉁불퉁한 [곳]"이라는 구절을 다시 생각해 보게 만든다. 이것을 시각적인 묘사라고 보아도 무리는 없어 보이지만, 우리가 또한 눈여겨볼 점은 여기에 그 어떤 것도 색깔처럼 단지 시각적이기만 한 것은 없다는 사실이다. 이 점은 위에서 언급한 테라와다 매뉴얼에서 땅 '까시나'라는 장치를 적절한 색깔로 규정하여 설명한 부분과 다르다. 오히려 팔리어 경전에서는 이 부분이 여행자가 맞닥뜨릴 만한 상황들을 설명한 것으로 보이는데, 예를 들면 이들은 높고 낮은 곳을 올라야 하고, 강이나 건너기 어려운 곳들을 건너야 하고, 그루터기나 가시밭길에 비틀거리거나 가시에 찔리지 않도록 해야 하고, 산이나 울퉁불퉁한 곳을 넘어가거나 돌아가야 하는 것들이다. 그런 면에서 이들은 전반적으로 단지 시각적이라기보다는 체감적인 것들이라고 볼 수 있다.

이렇게 시각적으로만 보지 않는 관점은 구김 없이 잘 펴진 소가죽의 예에도 적용될 수 있다. 이 가죽은 시각 외에도, 잘 펴진 부드러운 표면을 손으로 문질러 만져 보는 것으로도 경험할 수 있다. 당시 고대에 바닥에 앉던 관습을 고려하면 그런 소가죽은 아마도 깔고 앉기 위해 쓰였을 것이고, 주름이 없다는 이미지는 청중들에게 자연스럽게 촉감의 뉘앙스를 가져왔을 수 있다. 중국어나 티베트어 대응 경전들은 부가적으로 땅을 손바닥처럼 보라는 설명을 덧붙인다.[59] 이 부가적인 이미지 또한 원칙적으로 두 관점 모두에 열려 있는데, 손바닥의 편평함은 시각뿐만 아니라 촉감으로도 경험될 수 있기 때문이다.

이렇게 단지 시각적으로만 보던 것에 촉각적 차원을 포함시키는 것은 땅을 단단함이라는 속성으로 보는 기본적인 생각과도 잘 부합한다. 단단함은 우리가 볼 수 있는 것이긴 하지만, 단단함을 떠올릴 때 보통 가장 먼저 연상되는 것은 저항의 개념이고 이것은 만져지는 경험이다. 실제로, 우리 몸에 있는 땅 요소에 대한 항목에는 머리카락, 손톱, 치아나 피부처럼 잘 보이는 것들뿐만 아니라 다양한 내부 기관들도 포함된다. 팔리어와 중국어 버전은 땅 요소의 항목에 열거된 신체 부분들을 요약하면 무엇이든 우리 몸에서 찾아지는 단단함이라는 사실에 동의한다.[60] 실제로 이 항목에 나오는 신체 부분들의 공통점은 만졌을 때 저항감으로 다가오는 단단함이다.

그러나 이 신체 항목들과 연관해서 덧붙일 것은, 손톱이나 치아와 같은 해부적 부분들이 단지 땅의 요소로만 구성되어 있다고 하는 게 아니라는 점이다. 한 다른 경전은 나무 조각 하나에도 네 가지 요소들이 다 들어 있다고 분명히 말한다.[61] 즉, 나무 조각이나 손톱, 치아와 같은 인간의 몸은 단단함을 잘 보여 주는 예이긴 하지만, 이들 모두 적게나마 나머지 세 가지 요소들을 또한 포함하고 있다. 어떤 것이든 단단한 것은 약간의 응집력(=물)과 온도(=불)를 가질 뿐만 아니라 내적인 움직임(=공기)도 함유하고 있다.

이 장의 시작에 나오는 가르침은 비록 땅 요소만을 언급하지만, 네 가지 요소들에 내재한 상호관계성으로 인해 여기에는 나머지 세 가지 요소들도 암묵적으로 포함된다. 여기서는 단단함을 대표하여 땅의 요소가 강조되었지만, 이 단단함을 경험하려면 나머지 세 요소들이 필요하다고 보는 것이 합당할 수 있다. 이에 대해서는 이후에 땅으로부터 무한한 공간으로 이동해 가는 명상적 진보를 다룰 때 수행적 관점에서 다시 이야기하도록 하겠다.

4. 요소와 통찰

네 가지 요소는 집중의 계발을 위한 대상이라는 특징 외에도, 통찰과 관련된 중요한 역할을 한다. 『사띠파타나숫따』와 대응 경전들에 있는 마음챙김에 대한 자세한 가르침은, 몸에 대한 숙고 중 하나를 인간 몸에 있는 요소들에 대한 알아차림에 온전히 할애한다. 경전은 이 수행의 요지를 도축업자가 소를 잘라 놓은 것에 비유하는데,[62] 팔리어 주석은 이 비유의 요지가 '소'로부터 다양한 부위의 '고기'로 관점이 바뀌는 것이라고 설명한다.[63] 이와 마찬가지로, 명상가는 요소들에 대한 숙고를 통해, 몸을 실재하는 독립체로 착각하던 것으로부터 단지 네 가지 속성들을 대표하는 네 가지 요소들의 조합으로 여기는 것으로 관점을 전환할 수 있다.

도축업자의 비유는 이 수행의 요지가 물질적인 현상에 자리한 비어있는 속성을 통찰하는 것이라는 사실을 보여 준다. 이것은 최종적인 해탈에 이른 아라한이 물질적 요소를 대하는 태도와 일치하는데, 아라한은 땅의 요소나 그 밖의 어떤 요소들과도 연관해서 갖는 자기개념이나 자기 동일시로부터 완전히 벗어나 있다.[64] 땅이나 그 밖의 요소들을 궁극적 실체로 대하는 것은 후대에 발전된 것이다. 초기 경전에서 땅이나 그 외 요소들은 단지 속성을 의미한다. 이들은 단지 조건의 산물일 뿐, 여기에 내재하는 어떤 본질 같은 것은 철저히 비어있다.

요소들이 조건적이라는 것은, 요소들이 개별적으로 발생하는 것이 아니라 함께 발생한다는 사실에 이미 어느 정도 암시되어 있다. 이러한 관점은 고대 인도의 우주론에서조차 반영되어 있는데, 이것은 지진이 발생하는 원인 중 하나가 무엇인지를 설명하는 데서 분명하게 드러난다. 이 설명에 따르면, 땅은 물에 기초해 있고, 물은 바람에 기초해 있고, 바람은 공간에 기초해 있다.[65] 그러므로 공간에서 바람이 불면 물이 동요되어 이것이 지진에 이르게 한다. 여기에는 불 요소가 분명하게 제시되지는 않았지만, 현존하는 다양한 대응 경전들에 나오는 또 다른 경은 미래에 태양열이 증가하면서 일곱 개의 태양이 차례로 떠오른다고 묘사한다. 그리고 그 결과 땅에서 가장 높은 산까지도 완전히 다 타 버릴 것이라고 말한다.[66] 이 시나리오가 암시하는 것은, 지금의 태양이 가진 제한된 태양열 덕분에 현재 많은 산들을 가진 지구가 한동안 지속된다는 것이다.

같은 관점을 인간의 몸에도 적용시킬 수 있다. 몸의 단단함은 응집의 원리에 의존한다. 몸에 물이 전혀 없으면, 몸은 바싹 말라 부서져서 더 이상 기능을 할 수 없게 될 것이다. 몸은 또한 적정한 온도가 필요하다. 미래에 산까지 다 태워 버릴 정도로 증가한 태양열이라면 인간의 몸이 생존하는 것은 확실히 불가능할 것이다. 사실 이보다 덜한 열에도 마찬가지이다. 인간의 몸은 상대적으로 좁은 대역의 온도 인에서만 생존이 가능하다. 이보다 높거나 낮은 온도에 한동안 직접적으로 노출되면 몸은 기능을 못 하거나 죽게 될 것이다. 몸에는 움직임도 필요하다. 사실 몸 안에 지속적인 작은 움직임들이나 공기가 들어오고 나가는 움직임 없이는 몸은 살아 있지 못한다. 마지막 숨이 멈추면 몸은 분해되기 시작하면서 단단함이 붕괴된다. 인간의 몸은 땅의 요소를 제외한 나머지 세 요소들의 적절한 기여가 있기 때문에 부서지지 않고 견고한 상태로 살아 있는 것이다. 이렇게 내적, 외적인 땅의 요소는 모두 그것이 있기 위해 다른 요소들을 필요로 한다. 결론적으로 땅의 요소는 비어있다고 할 수 있다. 그것은 조건들의 조합으로 인한 산물 그 이상 아무것도 아니다.

5. 평온과 통찰

위에서 다룬 땅의 요소에 들어 있는 두 가지 차원은 평온과 통찰이라는 주제와도 관련되는데, 이는 비어있음에 접근하는 이 명상법 전체와 연관된 주제이다. 초기 불교 사상에서 평온과 통찰은 명상 수행의 엄격히 분리된 영역들로 지정된다기보다, 네 가지 요소들과 마찬가지로 속성에 가깝게 간주된다. 게다가 초기불교 사상에는 이들을 계발하는 데 정해진 순서가 없다. 우리는 평온을 먼저 계발하고 나서 통찰을 계발할 수도 있고, 통찰을 먼저 계발하고 나서 평온을 계발할 수도 있으며, 이 둘을 함께 계발할 수도 있다.[67]

비어있음에 대한 이 경은 평온과 통찰 간의 이러한 유연한 상호 관계성을 잘 보여 주는 예가 될 수 있다. 이 관계성은 특히 땅에 대한 인식 이후에 나오는 무한한 공간, 무한한 의식, 그리고 아무것도 없음에 대한 인식들에서 분명해진다. 이 세 가지 인식들은 평온의 영역에 있는 것으로, 무색계천의 처음 세 가지를 특징짓는 주제이다. 그러나 이 수행에서는 비어있음에 대한 통찰의 계발을 돕기 위해 이 인식들을 사용한다. 반대로, 팔리어, 중국어, 티베트어로도 존재하는 또 다른 경전에서는 평온의 증득을 위해 통찰의 숙고를 활용한다. 여기에 대해서는 뒤 장에서 다시 다루도록 하겠다(p.120 참고).[68]

위의 번역된 가르침을 충분히 이해하려면 이 평온과 통찰 간의 유연한 상호관계성을 고려하는 것이 중요하다. 왜냐하면 이 가르침은 합일을 반복적으로 언급하고, 또 방해와 비어있음의 차원에서 무엇이 있고 없는지를 반복적으로 알아차리게 하는데, 평온과 통찰 간의 유연한 상호관계성이 이 두 지시를 통합하는 데 도움이 되기 때문이다. 이러한 지시들에서 유래하는 수행 방식을 두고 평온과 통찰의 결합이라고 할 수 있다. 수행의 관점에서 보면, 각 수행자는 두 가지 성품을 동시에 계발한다는 주목적 아래, 현 상황에서 이 둘 중 어느 것에 더 중점을 둘지를 결정할 수 있다. 때로는 깊은 평온을 위해 각 인식의 통일적인 성품에 머무름을 강조할 수 있다. 또 어떤 때에는 특정 인식이 의미하는 바를 이해하는 데 더 중점을 두어 그 인식이 가진 통찰의 잠재력을 실현할 수도 있다.

지금 이 수행에서는 평온을 계발하기 위해 적절할 때마다 땅이라는 통일된 경험에 휴식하도록 할 수 있다. 하지만 만약 마음이 좀 더 수행에 참여하기를 원하는 상태라면, 자연스러운 대안으로 통찰의 계발을 택할 수도 있다. 이는 땅에 대한 인식의 함의가 마음 깊이 스며들게 하여 우리의 내적 태도와 인지적 평가들에 변화를 일으키도록 하는 것이다. 여기서 숲에 대한 인식을 통해 이미 떨쳐 버린 방해를 포함해 땅에 대한 인식으로 벗어나게 된 방해 모두, 현대 서구사회에서 특히 두드러진 과도한 개인주의적 경향의 산물, 즉 소외와 분열의 현상으로 볼 수 있다. 땅에 대한 인식은 이러한 경향에 맞서, 개인과 이 행성의 다른 생명들이 갖는 상호연관성에 초점을 두게 하여, 현실에 기반을 둔 전반적인 소속감을 갖게 한다.

그러나 이러한 관점을 취하는 것에는 어떤 규범을 부과하거나 개인적 권리를 무시하려는 의도가 전혀 없다는 점을 분명히 하고자 한다. 이번 장의 시작에 있는 가르침에서 분명히 볼 수 있듯이, 강과 산, 그루터기와 가시덤불은 그들 개개의 모습 그대로 다만 알아차려진다. 이 가르침은 강을 마르게 하거나 산을 평평하게 하거나 그루터기를 파 버리거나 가시덤불을 잘라 내는 것이 아니다. 이들을 모두 있는 그대로 둔다. 하지만 우리가 계발하고자 하는 인식은 이들을 더 큰 무언가의 부분으로 보는 것이다. 이러한 인식은 우리가 어떤 것 하나에만 몰두하느라 나머지 것들을 놓치는 경향으로부터 뒤로 물러나 전체 그림을 보도록 유도한다. 그 결과, 저변에 흐르는 통일감이 우리의 경험에 스며들 수 있게 된다.

땅에 대한 인식은 이전에 숲에 대한 인식이 은둔의 마련을 과도하게 강조했던 것에 균형을 가져올 수 있다. 명상을 하기 위해 어느 정도 가능한 은둔을 마련하는 것은 합당하다. 하지만 명상에 적절한 조건들을 마련하는 데 강박적이지 않은 것이 더 중요할 것이다. 은둔에 불균형이 있을 때마다 우리는 땅에 대한 인식에 들어 있는 타인들과의 기본적인 상호연관성을 인식하여 균형을 회복할 수 있다. 그리고 내적, 외적으로 방해물들을 직면할 때마다, 명상가는 땅에 확고히 자리한 산처럼 굳건하게 머무를 수 있다. 이렇게 하는 것은 비어있음의 수행의 중요한 차원이면서 동시에 이번 인식에 들어 있는 중요한 면모를 보여 준다. 이는 바로 삶의 우여곡절들에 흔들리지 않을 수 있는 능력을 말한다. 아래의 게송은 이러한 수행의 요지를 바람에 흔들리지 않는 견고한 바위의 이미지로 담아낸다.[69]

바람에 흔들리지 않는
견고한 바위처럼,
현명한 자는 비난과 칭찬에
흔들림이 없다.

6. 요약

『비어있음에 대한 짧은 경』의 가르침에서 언급된 땅에 대한 인식은 땅의 추상적인 개념을 다룬다. 이 추상적인 개념을 계발하는 것은 인식의 전체성이라는 방식으로 합일을 경험하게 한다. 이 가르침이 주석서의 추론대로 땅 까시나를 의미하는지에 대해서는 까시나와의 유사점에도 불구하고 의심의 여지가 있다. 특히, 이 가르침이 땅을 시각적으로 인식하는 것이라고 한정해야 할 이유를 찾을 수가 없다. 오히려 신체적 접촉 기능을 통해 땅을 단단함으로 감지하는 대안적인 접근을 허용하는 것이 합리적이다.

네 가지 요소 중 첫 번째 요소인 땅은 암묵적으로 나머지 셋을 포함한다. 이 가르침은 숲에 대한 이전 인식으로부터 무한한 공간에 대한 후속 인식으로 이어 가는 역할을 하는 땅에 대해서만 언급하지만, 암묵적으로는 나머지 세 요소들이 부차적인 역할을 한다고 볼 수 있다. 그것이 밖에 있건 몸 안에서 발현되었건, 이 땅의 요소의 모든 발현은 다른 요소들에 의존해 있다. 땅 요소의 단단함은 응집력에 의존한다. 물의 응집력은 온기에 의존한다. 불의 따뜻함은 움직임에 의존한다. 이렇게 숙고하면, 몸뿐만 아니라 밖으로 발현된 모든 땅의 요소가 비어있고, 실체가 없는 성질이라는 것이 선명하고 직접적인 주관적 경험이 될 수 있다.

종합해 보면, 네 가지 요소는 평온이라는 명상적 자질을 계발하는 잠재력 외에도 통찰의 계발과 연관된 상당한 잠재력을 가지고 있다는 것을 알 수 있다. 통찰은 모든 물질적인 것에 들어 있는 비어있는 성질을 알아차리는 것과 특히 연관된다. 그리고 이 평온과 통찰 간의 밀접한 상호관계는 '비어있음으로의 점진적 명상'의 지속적인 특징이 된다. 여기서는 어떤 것이 없다는 비어있음이 여전히 남아 있는 비어있지 않음에 대한 인식과 더불어 제시되는데, 이로써 합일의 명상 상태에 머무르도록 하는 것이 각각의 방해나 피로를 보도록 강조하는 것과 합쳐진다. 이렇게 떠오르는 두 가지 차원을 통해서 우리는 평온과 통찰을 모두 균형적으로 계발한다는 주요 목표 아래, 현재 순간과 개인적인 상태의 요구에 따라 각자의 수행을 유연하게 조절하도록 유도된다.

7. 수행을 위한 지침

이번 단계를 실행하는 것은 앞 장에서 설명한 숲에 대한 인식에서부터 시작된다. 먼저 동기를 구체화한 뒤에, 외적, 내적으로 없는 것들에 주의를 기울이는 것으로부터, 이 장애들이 없는 마음에 기반한 추상적인 없음의 개념으로 나아간다.

그러고 나서는 바디스캔을 통해 단단함이라는 땅에 대한 인식을 편리하게 계발할 수 있다. 비록 초기 경전에 명시되어 있지는 않지만,[70] 바디스캔은 알아차림을 몸 전체에 확립시킴과 동시에 단단함이라는 개념을 더 쉽게 경험하게 해 주는 편리한 수단이 된다.

이렇게 바디스캔을 권장하는 지점에서 나의 전반적인 입장을 분명히 하는 것이 좋을 것 같은 생각이 든다. 이 책에서 제시하는 나의 수행 지침들은 이것이 유일하게 옳은 방법이라든가 붓다 당시의 비어있음에 대한 명상법을 그대로 반영한 것이라는 인상을 남길 의도를 전혀 가지고 있지 않다. 다만 나는 나의 이해와 능력이라는 한계 내에서, 각 장의 초반에 나오는 번역된 가르침에 합당한 접근법을 제시하고자 한다. 이는 또한 중국어와 티베트어 대응 경전들의 비교 연구가 제시하는 것들과 맥락을 같이한다. 그러므로 나는 단지 독자들이 내가 제시한 것들을 시도해 보고 이것이 효과가 있는지를 가늠해 보기 바란다.

이와 더불어 분명히 할 점은, 바디스캔으로 땅 요소를 느껴서 경험하게 하는 목적이, 몸의 모든 부분의 단단함을 다 감지하는 민감성을 키우기 위한 것이 아니라는 점이다. 여기서의 요지는, 이 알아차림이 얼마나 개념적인지 아니면 직접적인 체감의 경험인지에 대해 너무 신경 쓰지 말고, 다만 몸에 있는 단단함을 의식하게 하는 방법으로써 바디스캔을 이용하라는 것이다. 사실 개념적인 입력과 직접적 경험은 두 개의 대립되는 명상이라기보다, 이 둘이 다양하게 섞일 수 있는 연속체의 부분들로 여겨질 수 있다. 가장 직접적인 땅의 경험조차 여전히 최소한의 개념을 포함한다. 그렇지 않다면 우리가 무엇을 경험하는지 알 수 없을 것이다. 마찬가지로 가장 개념적인 땅의 개념조차 여전히 우리가 현재 경험하는 것의 일부가 된다. 이 둘을 구별하는 것이 평온과 통찰을 분명히 구별하는 명상 전통에서는 중요할 수 있다. 하지만 초기 불교에서 비어있음을 숙고하는 방식은 이 둘을 통합하기 때문에, 개념을 신중하게 사용해야 하는 문젯거리나 개념의 매개가 전혀 없는 직접적인 형태의 경험을 이뤄 내야만 하는 문제로부터 자유로울 수 있다. 다만 악기를 연주할 때처럼, 어떤 것을 배울 때는 개념이 좀 더 필요한 초기 견습 기간이 있기 마련이다. 하지만 익숙해지고 전문성이 늘면 개념이 줄어들어, 음악을 연주할 때만이 아니라 명상에 머무를 때에도 종국에는 흐름을 타는 경험이 가능해질 것이다.

우리의 실제 수행은 머리 위쪽에서부터, 여기 단단함이 있다는 앎과 함께 이 부위를 알아차리는 것으로 시작할 수 있다. 주의를 머리 위쪽에서부터 머리 전체로 이동하고, 다시 목으로, 양쪽 어깨로 동시에, 팔로, 손으로 이동하면서, 여기에 단단함이 있다는 것을 알면서 이 부위들을 단지 알아차린다. 같은 방식으로 계속해서 주의를 몸통으로 보내고, 골반 전체와 다리, 그리고 발로 보낸다. 어떤 이유에서든 이러한 신체적 순서가 잘 맞지 않으면 각자 더 잘 되는 순서대로 바꿀 수 있다.

이 스캔은 명상 자세로 있는 몸 전체에 땅 요소, 단단함이 스며들어

있다는 것을 알아차리는 것으로 마무리될 수 있다. 이것은 몸을 아래로 살짝 잡아당기는 중력의 느낌을 경험함으로써 알아차릴 수 있다. 이렇게 중력의 당기는 느낌을 통해서 몸 전체의 단단한 경험을 강화하며, 동시에 긴장이나 산만한 생각들이 다만 땅으로 가라앉고 사라지도록 내려놓을 수 있다.

다음으로, 우리는 바닥에 몸이 닿는 부분들로 주의를 보내서, 거기서 외부의 땅 요소를 탐구하는 알아차림을 할 수 있다. 땅 요소가 직접 느껴지는 부위에서부터 땅에 대한 인식을 확장하여(줌-아웃하듯이), 그 위치에서 가까운 환경으로, 지역으로, 국가로, 대륙으로, 그리고 종국에는 지구 전체로 확장해 나가는 수행을 할 수 있다. 이는 몸이 지구와 밀접하게 연결된 채로 지구 위에 앉아 있는 듯한 느낌을 느낄 수 있게 하고, 안과 밖의 땅의 요소가 합일된 느낌에 이르게 할 수 있다. 몸은 중력 덕분에 안정되게 자리할 수 있다는 사실이 보여 주듯이, 몸은 지구가 공급하는 음식, 물, 그리고 무엇보다도 지속적인 식물들의 산소 공급을 통해 숨을 쉬고 살아 있을 수 있게 된다.

지구에 소속되고 안정되게 자리하는 느낌을 강화하기 위해서는, 몸 전체에 대한 알아차림에 호흡의 과정을 부드럽게 알아차리는 것을 겸하는 방법이 있다. 이때는 전에 언급했듯이, 다른 것들을 다 배제하고 호흡에만 집중하지 않도록 하는 것이 좋다. 여기서 권장하는 방식은 집중 대신에 명상 자세의 몸 전체에 대한 마음챙김을 전면에 두고서, 들숨과 날숨이 교차하는 호흡 과정을 몸 전체에 대한 알아차림의 중요한 일부로 여기면서 경험하는 것이다. 몸 전체는 땅에 연결되어 있고, 이를 통해서 지구 전체와도 연결이 되어 있다. 중력의 느낌을 통해 연결되며, 들숨과 날숨으로 끊임없이 외부환경과 교류함으로써도 연결되어 있다. 다시 말해, 호흡 과정은 주의의 중심이라기보다는 가장자리에서 경험된다. 이때 호흡의 과정은 중력의 느낌과 마찬가지로, 그리고 중력의 느낌과 함께 몸 전체에 대한 알아차림의 또 다른 특징적 차원이 된다.

호흡 과정에 대한 그 부드러운 알아차림을 주변에 확립하는 것이 가능해졌으면, 이제 들숨과 날숨이 교차하는 자연스러운 리듬은 현재 순간에 머무름을 돕는 방편이 될 수 있다. 이는 앞서 브라흐마위하라를 위해 제안했던 수행 방식과 유사하다(p.35 참고). 우리는 매 들숨과 함께, 명상 자세로 있는 몸이라는 내적 땅의 요소의 단단함을 경험하는 것을 좀 더 강조할 수 있다. 매 날숨과 함께, 우리는 몸을 지지해 주는 외적 땅의 요소인 지구의 단단함에 좀 더 강조를 둘 수 있다.

이렇게 확립된 땅에 대한 인식은 불필요한 이중적 대조들을 만들어내는 것으로부터 벗어나는 데 상당한 도움이 될 수 있다. 예를 들어, 아름다움과 추함이라는 구별에 완전히 매몰되는 대신, 이러한 평가들을 같은 연속상의 일부로 대할 수 있다. 아름다움이라는 개념은 추함이라는 개념을 필요로 한다. 전자는 후자 없이 존재할 수 없다. 여기서 말하고자 하는 것은 이 모든 개념들을 버려야 한다는 것이 아니다. 다만 개념들의 경계를 부드럽게 하고 물질적 현상들에서 명백하게 보이는 대조들 이면에 공통적으로 자리한 것을 알아차림으로써 이원적 대조로부터 이완하는 것을 말한다. 우리는 어떤 물질적 발현과 다른 물질적 발현의 차이에 보통 과도한 중요성을 둔다. 그러나 이렇게 수행하면, 땅에 대한 인식은 자신의 몸이 가진 매력이나 능력으로 자신을 타인과 비교해서 평가하는 경향인 자만의 뿌리를 공략하도록 도울 수 있다. 이는 건강한 균형감을 가져다줄 수 있으며, 모든 몸이 외형적으로 어떻게 보이든 단지 땅 요소의 발현일 뿐이며, 내 몸과 마찬가지로 지구로부터 끊임없이 지원받아 지탱되고 있다는 이해를 가져다줄 수 있다.

땅의 요소에 적절한 시간 동안 휴식하는 경험을 한 후에는, 다음 장에서 다룰 무한한 공간에 대한 인식을 위한 준비로서 나머지 세 가지 요소들을 다룬다. 땅에 대한 인식의 관점에서 보면, 나머지 세 요소들을 다루는 것은 땅 요소의 성질을 있는 그대로 완전히 이해하도록 보장한다. 바디스캔이 또한 이를 도울 수 있다. 발이 바닥을 접촉하는 지점을 응집성의 예로 시작하여, 알아차림을 발에서부터 다리와 골반, 몸통, 손, 팔, 어깨, 목, 그리고 머리로 이동시킨다. 이때, 이 몸의 모든 부분들에 이들을 응집시키는 물 요소가 어느 정도 배어 있다고 알면서 한다. 다시 말하지만, 이를 직접적으로 느끼려고 애쓸 필요는 없다. 단지 이 부분들을 훑어 가면서 여기 있는 축축함이나 응집력에는 반드시 물 요소가 어느 정도 있기 마련이라고 개념적으로만 알아도 전혀 문제가 되지 않는다. 그러고 나서 우리는 몸의 단단함이 이 물 요소의 응집력에 의존한다는 이해와 함께, 물 요소가 스며들어 있는 몸 전체를 알아차린다.

다음의 불 요소는 이어서 머리에서부터 편리하게 탐구할 수 있다. 이렇게 하면 이전 요소가 끝난 지점에서부터 각 요소의 바디스캔을 이어갈 수 있다. 아니면 아마도 얼굴 부위가 밖과 몸 안의 온도 차이를 느낄 수 있는 좋은 시작점이 될 것이다. 또 다른 대안으로는 들숨과 날숨의 온도 차에 주목할 수도 있다. 들숨은 보통 날숨보다 약간 더 차갑다. 그것도 아니면, 불은 따듯함이나 온도로 있다는 개념적 이해에 의존해서, 머리에서부터 바디스캔을 시작하여 아래쪽으로 이동하며 목, 어깨, 팔, 손, 몸통, 골반, 다리, 발로 훑어갈 수 있다. 그러고 나서 우리는 불 요소가 적절한 온도를 만들어 줘서 물 요소가 몸을 견고하게 만들어 줄 수 있다는 이해와 함께, 불 요소가 스며들어 있는 몸 전체를 알아차리도록 한다.

몸과 바닥의 접촉면에서는 자연스럽게 압력과 같은 감각들이 유발된다. 그러나 자세히 살펴보면 때로는 다른 감각들도 알아차려지는데, 약간의 찌릿찌릿함이나 욱신거림, 피의 맥동, 가려움, 또는 여타의 변화가 감지될 수 있다. 이 모든 것들은 움직임의 발현이자 바람의 요소이다. 우리는 이러한 움직임이 몸 전체에서 일어난다는 이해와 함께, 발에서부터 위쪽으로 다리, 골반, 몸통, 손, 팔, 어깨, 목, 머리로 스캔하며 각 부위에 어느 정도 바람 요소가 있음을 알아차린다. 그러나 이를 몸의 모든 부분에서 일일이 다 구별해서 느낄 필요는 없다. 이렇게 하다가 바람의 요소라는 관점에서 명상 자세로 있는 몸 전체를 알아차리는 것으로 이동하는데, 이는 몸 내부에서 발생하는 다양한 움직임들로 몸을 알아차리는 것을 말한다. 불 또한 움직임의 발현 그 이상이 아니다. 따라서 여기서는 불이 있으려면 바람 요소가 기본적으로 필요하다는 이해와 함께, 바람의 요소로 있는 몸 전체를 알아차리도록 한다. 이로써 네 가지 요소들이 상호 의존한다는 이해가 완성된다. 몸 안에서 일어나는 다양한 움직임들 중에 들숨과 날숨은 특히 몸을 살아 있게 하고, 살아 있는 몸의 단단함을 유지하는 데 필수적이다. 이러한 점에서 호흡 과정을 알아차림의 주변에 두는 것은, 앉아 있는 몸을 내부 움직임의 관점에서 경험하는 또 다른 차원이 될 수 있다.

이 경험(과 이후의 다른 인식들)에 충분히 머무르고 나서 명상을 끝낼 시간이 되면, 같은 단계들을 거꾸로 진행하는 것이 상당히 도움이 될 수 있다. 이 시점에서는 바디스캔을 세세히 다시 하지는 않고, 단지 몸을 땅 요소로 알아차린 후, 숲에 대한 인식과 함께 내적, 외적 은둔을 다시 떠올린다. 그리고 자신의 수행 공덕을 다른 존재들에게 나누며 명상을 마무리한다.

일상에 수행을 적용할 때는, 몸 전체에 대한 알아차림에 몸과 땅을 연결시키는 중력의 느낌을 결합하는 것이 좋다. 이것은 위에 인용된 시에 나오는 바람에 흔들리지 않는 단단한 바위처럼, 어떤 상황에서도 우리를 안정적으로 머무르게 도와준다. 땅을 인식하는 수행의 또 다른 예로는 음식을 먹을 때가 있다. 우리는 보통 음식을 두고 맛이 있거나 없다는 평가를 한다. 이에 대해 승려들이 하는 흥미로운 훈련 중 하나는 모든 음식을 한 접시나 용기에 다 넣고 섞는 것이다. 그러면 몸은 여전히 같은 영양분을 공급받지만, 미각의 흥분이 현저히 가라앉고 동일함에 대한 인식이 떠오르게 된다. 이러한 방식들로 동일함에 대한 인식을 계발하면 이원론적인 평가를 극화하는 경향을 약화시키고 이 평가들을 덜 심각하게 받아들이도록 도움받을 수 있다.

Ⅳ.
무한한 공간

다시, 아난다여, 숲에 대한 인식에도 주의를 두지 않고, 땅에 대한 인식에도 주의를 두지 않고, 수행승은 '무한한 공간의 영역'에 대한 인식에 의지한 합일에 주의를 둔다. 그의 마음은 '무한한 공간의 영역'에 대한 인식에 진입하여, 기뻐하고, 안착하며 이에 전념한다.

그는 이렇게 안다. "숲에 대한 인식에 의지한 어떤 방해들이 있건, 그것은 여기 없다. 땅에 대한 인식에 의지한 어떤 방해들이 있건, 그것은 여기 없다. 오직 남아 있는 방해는, '무한한 공간의 영역'에 대한 인식에 의지한 합일, 이것뿐이다."

그는 안다. "이 인식의 폭에는 숲에 대한 인식이 비어있다." 그리고 그는 안다. "이 인식의 폭에는 땅에 대한 인식이 비어있다. 남아 있는 것은, '무한한 공간의 영역'에 대한 인식에 의지한 합일, 오직 이 비어있지 않음만이 있다."

그렇게 그는 실제로 거기 없는 것을 두고 없다고 숙고한다, 그리고 그는 거기 남아 있는 것을 두고 여전히 '그것이 있다'라고 안다. 아난다여, 이와 같이 그에게는 비어있음으로의 순전하고 왜곡되지 않은, 청정한 진입이 또한 생긴다.[71]

1. 공간에 대한 인식

'무한한 공간(공무변, 空無邊)'은 네 개의 무색계 중 첫 번째 무색계의 대상이다. 나머지 세 개는 각각 '무한한 의식(식무변, 識無邊)', '아무것도 없음(무소유, 無所有)', 그리고 '인식이 있는 것도 아니고 인식이 없는 것도 아닌(비상비비상, 非想非非想)' 영역인데, 이들은 선행되는 무색계를 성공적으로 통달하면서 순차적으로 진행된다. '무한한 공간'이라는 무색계는 결국 이전의 네 개의 선정들에 통달할 것을 요구하는 것으로 보인다. 이는 팔리어 경전과 대응 경전들에서, 네 개의 선정들과 네 개의 무색계가 연속적인 명상적 머무름으로 나열된 항목을 통해 분명히 드러난다.[72] 즉, 이 목록의 각 항목은 그 앞의 것을 이전에 증득해야 한다는 뜻인데, 무한한 공간이라는 무색계의 경우 미리 증득해야 하는 것은 초선에서 사선에 이르는 사선정들이다. 같은 내용이 현존하는 팔리어 경전과 중국어 경전에서 또 발견되는데, 여기서 사선정은 삼선정을 초월한 것으로(삼선정은 또한 이선정을 초월한 것으로, 그리고 이선정은 초선을 초월한 것으로), 그리고 '무한한 공간의 영역'을 증득하는 것은 사선정을 초월한 것으로 제시된다.[73] 따라서 사선정을 얻으려면 삼선정을 얻는 능력이 필요한 것과 마찬가지로, '무한한 공간의 영역'을 얻는 것은 사선정에 도달하는 능력을 요구한다.

선정이나 무색계에 통달하는 것은 또한 초기 불교의 우주론과도 연관이 있는데, 이러한 증득은 해당 영역에 재탄생하는 것으로 여겨진다. '무한한 공간의 영역'에 통달하면, 팔리어 경전에서는 재생 시 수명이 이만영겁이라고 한다.[74] 영겁이라는 시간은 천 조각으로 수 마일 높이의 견고한 산을 100년에 한 번씩 문질러서 무너뜨리는 데 걸리는 시간에 해당한다.[75] 그러므로 이만영겁이라는 수명은 믿을 수 없을 정도로 아주 긴 시간을 말한다.

무한한 공간이라는 무색계에 통달하고 높은 곳에 재탄생할 수 있으려면, 집중력이 필요하다고 하는 것을 이해하려면 사선정의 성격을 파악해야 한다. 현대의 대중적인 트렌드는 일반 수행자들이 네 가지 선정들을 쉽게 증득할 수 있다고 한다. 그러나 이와 반대로, 초기 경전들의 관련 문구들을 자세히 비교 연구해 보면, 선정의 증득은 상당한 명상적 통달을 요구하는 것으로 보인다.[76] 따라서 사선정을 얻는 능력은 집중에 높은 수준의 전문성을 획득했는가 하는 문제가 된다.

그럼에도 불구하고, 무한한 공간이라는 개념을 명상적으로 계발하는 것은 그 정도까지를 요구하지 않는다. 이는 이전 장에서 논의한 까시나들의 항목에서 이것이 발견된다는 것을 통해 알 수 있다(p.56 참고). 이 항목들은 선정을 얻기 위해 집중을 계발하는 수단으로서, 초선에도 못 미치는 수준의 집중력 정도에서도 분명 가능한 것들이라 할 수 있다. 사전에 선정을 증득하지 않고도 공간의 개념을 계발하는 것은, 실제로 위에 번역된 구절에 들어 있는 관점과도 관련이 있어 보인다. 이 구절의 구성방식은 보통 초기 경전들이 무한한 공간의 무색계를 성취하는 방법이라고 제시하는 것과 다르다. 이 가르침은 '무한한 공간의 영역'을 언급할 때, 수행자가 "그것의 증득에 머문다*upasampajja viharati*"라고 말하지 않고, 단지 수행자가 이에 해당하는 "인식(산냐*saññā*)"을 가진다고만 말한다. 중국어와 티베트어 버전에서도 이와 마찬가지로 "인식*xiăng/'du shes*"을 가진다고만 말한다.[77] 이렇게 단지 인식만을 불러일으키는 데에는 이전의 선정 능력이 요구되지 않는다. 그러므로 위의 가르침을 이행하는 데에는 선정이 요구되지 않는다고 볼 수 있다. 여기서 정말로 필요해 보이는 것은, '무한한 공간의 영역'에 대한 인식을 지속하게 해줄 만한 산만함의 부재이다. 이 정도는 잘 확립된 마음챙김과 헌신적인 수행으로도 가능할 수 있다.

그럼에도 불구하고, 무한한 공간에 대한 인식을 계발하는 것은 상당한 명상적 훈련을 요구한다. 특히, 특정 대상에 제한된 집중이 아니고도 마음을 고요히 머무르게 하는 데 익숙해지는 것이 필요한데, 브라흐마위하라의 무한한 방사는 이를 가능하게 해 준다. 무한한 공간에 대한 인식을 불러일으키고 유지하는 것이 처음에는 도전적으로 느껴지거나, 한동안은 단지 추상적인 개념으로만 여겨질 수 있다. 따라서 마음이 "여기에 진입하여, 기뻐하고, 안착하며, 이에 전념하기"까지 시간과 헌신이 필요하다. 이 용어들은 분명 정신적 평온을 갖출 것이 필요함을 보여 준다.

무한한 공간에 대한 인식을 명상적으로 계발하는 데에는, 정규 명상 외의 시간에 공간에 대한 인식을 실험해 보는 것이 상당한 도움이 될 수 있다. 이를 위한 이상적인 기회는 구름 없는 날 열린 공간에 머물러 보는 것이다. 편한 의자에 기대어 앉아 가능한 최대로 몸을 이완하고, 단지 그 무한한 성품을 알아차리며 하늘을 응시해 본다. 우리가 얼마나 멀리 응시하든, 그 공간의 한계를 찾는 것은 불가능하다. 이렇게 하늘이라는 공간을 시각적으로 인식해 보는 실험은 정규 명상에서 무한한 공간이라는 개념을 명상적으로 더 쉽게 떠올릴 수 있게 도와준다.

정규 명상에 도움이 될 수 있는 또 다른 방법으로는, 공간을 단지 아무것도 없는 것으로 보는 부정적인 연상들을 극복하는 것이다. 팔리어 경전과 이에 대응되는 중국어 경전에는 몸의 성질을 집으로 비유하는 예가 나온다.[78] 집이 건축 재료들에 둘러싸인 공간으로 구성되듯, 인간의 몸도 피부, 살, 뼈로 둘러싸인 공간으로 구성된다. 비록 이것이 그 은유의 목적은 아니지만, 이 두 이미지에서 각각의 공간은 모두 중요한 기능을 한다. 집에서 우리가 살 수 있는 곳은 공간이지 건축 재료들이 아니다. 우리가 보통은 건축 재료들에만 중요성을 두는 경향이 있지만, 이렇게 숙고해 보면 집 내부의 공간이 굉장히 중요하다는 것을 분명히 알게 된다. 인간의 몸도 마찬가지이다. 우리는 몸에서도 마찬가지로 여러 기관들에 모든 중요성을 부과하는 경향이 있다. 하지만 숨을 들이쉴 공간이나 영양소를 받아들일 공간이 없으면 몸은 기능하지 못한다. 게다가 인간의 감각적 경험 대부분은, 우리가 무심코 추측하듯 각 감각 기관의 기능에 의지한 것이 아니라, 공간에 의지하고 있다. 예를 들어, 눈앞의 공간이 막힌다면 우리는 보지 못한다. 귀나, 코, 입의 구멍이 가려진다면 이 기관들이 얼마나 기능적이건 우리는 듣거나 냄새 맡거나 맛볼 수 없다. 이렇게 숙고해 보면, 수많은 활동과 경험들을 촉진시키는 공간의 잠재력과 그 중요성이 드러난다. 공간은 분명 단지 공백이 아니다.

무한한 공간에 대한 인식을 도와주는 또 다른 방법은 브라흐마위하라를 계발하는 것이다. 사무량심에 무한하게 머무르는 것을 수행하면, 공간은 각각의 무량심이 스며드는 매우 익숙한 장이 된다. 그러면 무한한 공간에 대한 인식이 덜 어려워진다. 이것은 마음이 어떻게 해서든 억지로 공간이라는 것을 만들어 내려는 경향을 약화시킬 수 있다. 그러므로, 무한한 공간에 대한 인식이 어렵거든 브라흐마위하라를 체계적으로 계발하는 시간을 마련하도록 한다. 그리고 이것이 익숙해지고 나면, 무한한 평정에 머무름이 무한한 공간에 대한 인식에 머무름으로 전환하는 기점이 되게 할 수 있다.

2. 공간과 같은 마음

공간과 같은 마음을 계발하는 법을 설한 가르침에는, 선정 능력을 필요로 하지 않고도 보다 숙고적으로 공간이라는 개념을 활용하는 방법이 나온다. 이 가르침은 붓다가 그의 아들인 라훌라에게 주었다고 전해지는 세부 가르침의 일부이다. 이 가르침은 안으로, 밖으로 드러난 네 가지 요소와 공간이라는 요소를 다룬 후에, 라훌라가 이 다섯 요소들로부터 영감을 얻어서 이로운 정신적 태도를 계발하도록 권한다. 여기서 공간의 요소와 관련된 부분은 다음과 같다.

> 라훌라여, 어느 곳에도 확립되지 않은 공간과 같이, 라훌라여, 마찬가지로, 공간과 같은 명상을 계발해야 한다. 라훌라여, 정말로 공간과 같은 명상을 계발하면, 일어난 유쾌한 촉과 불쾌한 촉이 마음에 남아 압도하지 않을 것이다.[79]

일어나는 유쾌하고 불쾌한 것들을 압도되지 않고 다룰 수 있는 능력을 설명하는 또 다른 팔리어 경이 있는데, 이 경은 대응되는 중국어 경과 함께 어떻게 감각기능을 계발하는지*indriyabhāvanā*를 설명한다.[80] 이 훈련을 성취하게 되면 수행자는 무엇이든 일어나는 것은 조건적이고 조악한 반면 평정은 평화롭다는 것을 이해함으로써, 어떤 감각문에도 평정을 확립하게 된다. 예를 들어, 이 방식이라면 눈으로 무언가 유쾌하거나 불쾌한 것을 봤을 때 눈을 감거나 뜨는 것만큼 신속하게 평정을 확립할 수 있다. 유쾌한 소리나 불쾌한 소리에 평정심은 손가락을 튕기듯 확립이 된다. 냄새에는 마치 비스듬한 연꽃잎 위를 굴러 떨어지는 빗방울처럼(연꽃잎 표면은 방수 기능이 있어 빗방울이 바로 미끄러져 버린다), 맛에는 마치 혀끝에 모인 침을 뱉어 내듯, 촉감에는 마치 팔을 접거나 펴듯이, 정신적 대상들에는 완전히 달궈진 철판 위에 떨어지는 몇 개의 물방울이 그 자리에서 바로 증발해 버리듯, 평정심은 그렇게 순식간에 확립된다.[81]

이 경은 우리가 유쾌하고 불쾌한 것들에 반응하기를 쉽고 빠르게 피할 수 있음을 강력한 이미지로 보여 주어 실제 수행에 큰 도움을 준다. 물론 이 방식은 해결 수단을 써서 번뇌들을 다뤘던 이전 수행을 기반으로 해서 더 나아간 수행이다. 하지만 해결 수단을 써서라도 특정 번뇌들을 다루는 것이 분명 필요하지만, 그것만이 방법은 아니다. 해결 수단을 사용하는 방식에 능숙해져서, 우리 자신의 정신적 경향을 더 잘 알게 되면, 이 예시들처럼 때로는 신속하고 쉽게 마음의 반응성을 다룰 수 있게 된다.

평화로운 평정의 성질과는 반대로, 어떤 것이 조건화되어 있고 조악하다고 아는 것은 라훌라에게 주었던 이 가르침으로도 계발될 수 있다. 여기서의 과업은 감각문에 무엇이 떠오르든지 마음을 빈 공간처럼 유지하는 것이다. 공간 같은 마음이 가진 열린 수용성은 지금 경험하는 것에 대한 반응을 자연스럽게 미연에 방지한다. 반응성은 좋고 싫음에 집중된 좁아진 마음이기 때문이다. 반대로, 마음의 광활함은, 유쾌하고 불쾌한 초기 자극을 여전히 분명하게 알아차리면서도, 그 경험의 드라마 속에 빠져 또 다른 행위를 취하지 않고, 이들이 다만 일어나고 사라지도록 허용한다. 라훌라에게 준 가르침에 따르면, 이렇게 했을 때 우리에게 유쾌하고 불쾌한 것이 남아 마음을 압도하지 않을 것이다.

공간과 같은 마음을 유지함으로써 평정을 계발하는 것은 일어나는 일들에 눈감아 버리는 현실도피가 아니다. 공간과 같은 마음은 다만 너무나 커서, 여섯 감각을 통한 촉과 같이 사소한 것들에 압도될 수 없는 마음이다. 공간의 광활함은 모든 것들을 더 넓은 맥락 안에 넣기에, 일어나는 일들을 너무 개인적으로 받아들여 반응하게 되는 반응들을 사전에 예방해 준다. 보통은 이 반응이 번뇌들을 번창하게 만든다. 공간과 같은 마음은 수용적이고 열려 있어서 필요할 때는 조치를 취하도록 결정할 수 있는 여지도 얼마든지 있다. 그러나 확실한 차이점은, 이러한 조치가 압도되어 나오는 충동적인 반응이 아니라 심사숙고한 결과라는 것이다.

이같은 방법을 보는 것 외에도 마음을 포함한 다른 감각들에도 적용할 수 있다. 마음에 있는 유쾌하고 불쾌한 것들은 완전히 달궈진 철판에 떨어진 물방울처럼 바로 증발해 버릴 수 있다. 충분히 훈련하면 이 방법은 생각 활동을 다루는 데도 유용할 수 있다. 공간과 같은 마음으로 있으면 생각과 싸우면서 마음을 강제로 고요하게 만들 필요가 없다. 이는 생각이 없는 고요한 마음을 저평가하려는 것이 아니라, 고요한 마음에 도달할 수 있는 다른 방법을 제시하고자 하는 것이다. 우리는 생각 활동을 억누르지 않고도 다만 이것을 마음의 광활한 공간에서 벌어지는 어떤 것으로 알아차릴 수 있다. 생각이 공간으로 둘러싸이게 되면, 생각은 기존에 가졌던 많은 중요성을 잃게 되어 마음을 압도하고 휩쓸어 갈 수 있던 능력을 많이 잃게 된다. 다시 말해, 마음을 고요히 하는 것은 생각 활동이 전부 없어져야 하는 것이 아니다. 그보다 이것은 생각 활동을 매우 개인적인 것으로 받아들이거나 동일시하지 않을 것을 요구한다. 공간이라는 개념을 이런 식으로 계발하면, 이는 비어있음에 대한 명상이 가진 잠재력을 통해 산만함이라는 고질적인 어려움을 극복하는 강력한 실천이 될 수 있다.

3. 공간을 칠하지 않기

공간이라는 개념으로 산만한 마음을 다루는 방법은, 이와 직접 관련이 있지는 않은 팔리어와 중국어로 된 또 다른 경의 비유에서도 발견된다. 관련 구절은 잘 계발된 마음이 동요되는 것이 불가능함을 이미지를 들어 설명하는데, 그중 하나가 비어있는 공간을 색칠하려는 시도이다.[82] 이 가르침은 칠하려 해도 영향받지 않는 공간처럼, 우리가 어떤 불쾌한 말에도 영향받지 않아야 한다고 말한다. 두 버전 모두 "공간과 같은 마음에 머무르라"라는 말로 마무리하는데, 이 마음은 온 세상으로 퍼지는 무한한 방식으로 계발되어야 한다고 덧붙인다.[83]

이 이미지가 실제로 실행되는 모습이 담긴 연속된 두 구절이 있는데, 여기서 한 승려는 어떤 유혹에 응답하고 있다. 첫 구절은 그 유혹이 빈 공간을 색칠하려 하는 헛된 노력과 같다고 하고, 두 번째 구절은 그 이유가 화자가 공간과 같은 마음을 가지고 있으며 내면으로 집중되어 있기 때문이라고 말한다.[84] 이렇게 마음을 공간과 같이 유지함으로써 우리는 다양한 도전들을 성공적으로 해결할 수 있다.

색칠을 한다는 개념은, 오장애 중 첫 번째인 감각적 욕망의 영향을 받고 있는 마음의 고충과 연관될 수가 있다. 각 장애들의 영향을 설명하는 방식 중에는 자신의 얼굴을 살펴보기 위해 그릇에 담긴 물을 쳐다보는 예시가 있다. 그중 감각적 욕망하에 있는 마음은 색이 첨가된 그릇의 물에 비유되는데, 이런 물은 현재 자신의 얼굴 상태를 제대로 비추지 못한다.[85] 거기 있는 것을 제대로 비추지 못하는 것은 다른 장애들도 마찬가지이다. 분노는 끓는 물에 비유되고, 해태와 혼침은 수초들에 덮여 있는 물에 비유되며, 산란함과 걱정은 바람에 의해 휘저어진 물 표면과 같고, 의심은 그릇에 담긴 물이 어둠 속에 있는 것에 비유된다. 어떤 경우든 이 그릇의 물은 앞에 있는 것을 제대로 비출 수 없다.

이 영감적인 예시를 물 대신 공간과 같은 마음이라는 개념에도 적용할 수 있다. 그러면 이 중 어떤 장애도 그것이 있을 기회가 없어진다. 원경전에 이렇게 쓰여 있는 것은 아니지만, 빈 공간은 실로 감각적 욕망이라는 장애로 칠해질 수 없을뿐더러, 분노로 들끓을 수도 없다. 공간은 해태와 혼침이라는 끈적끈적한 수초로 뒤덮일 수도 없고, 산란함과 걱정이라는 바람에 휘저어질 수 없으며, 그 성질은 또한 의심이라는 어둠에도 영향받지 않을 것이다. 이렇게 응용하는 것은 장애들이 특히 약하거나 이제 막 일어난 경우, 공간과 같은 마음에 의지해서 바로 처리될 수 있음을 전달하려는 것이다.

다시 말해서, 이 제안은 해결책들을 사용해서 장애들을 적극적으로 극복하는 것이 타당하지 않다고 말하려는 것이 아니다. 내적 은둔이 부족할 때, 비어있음에 대한 명상에 알맞은 상태를 마련하고자 해결책들을 사용하는 것은 분명 필요하다(p.42 참고). 그러나 이러한 적극적인 방법만이 유일한 선택안은 아니다. 특히 비어있음에 대한 명상이 이미 잘 진행되고 있다가 장애가 발생한 경우가 그렇다. 공간과 같은 마음은 이 수행 중에 생긴 산만함을 대하는 적절한 도구가 될 수 있다. 여태까지 했던 비어있음에 대한 명상으로 인해 이때 발생한 장애나 산만함은 좀 더 약화된 종류일 수 있기 때문에, 이때는 공간과 같은 마음처럼 에너지나 시간이 비교적 덜 드는 대안적인 방법이 더 적절할 수 있다.

4. 확립되지 않은 마음

위에 인용된 라훌라에게 준 강력한 가르침은, 공간이 "확립되지 않은" 특성을 가졌다고 한다. 이 특성은 이번 단계에서 하는 비어있음에 대한 숙고와 매우 관련이 있다. 이번 단계에 오면 땅으로부터 무한한 공간으로 이동하면서, 어디에도 확립되지 않은 상태가 명상에서 우세한 특성으로 경험되기 때문이다. 이 수행에는 열반이 또한 "확립되지 않은" 특성임을 떠올려 보는 것이 영감이 될 수 있다.[86] 아라한들이나 완전한 깨달음의 직전에 있는 사람들도 이 "확립되지 않은" 의식을 가지고 있다.[87] 물론 공간이 열반도 아니고, 공간과 같은 마음이라는 것이 깨달음을 얻었다는 것을 뜻하지도 않는다. 그럼에도 불구하고, 이 확립되지 않았다는 뉘앙스에는 열반과 깨달음의 방향성이 들어 있으며, 이번 명상 단계가 이전의 숲이나 땅에 대한 인식들과 구별되게 만드는 것도 정확히 이 뉘앙스이다.

이전 단계들에 대해 부가적인 설명을 하자면, 땅에 대한 인식으로부터 '무한한 공간의 영역'에 대한 인식으로 진행해 나가는 지침에 숲에 대한 인식이 재언급되는 것은 이 가르침에 들어 있는 반복적 패턴에 해당된다. 실제 수행의 관점에서 볼 때, 우리는 각 단계에서 벗어나려 하는 인식만 언급하는 것이 충분하다고 생각할 수 있다. 여기서는 이것이 땅에 대한 인식이 된다. 그런데 왜 우리가 전 단계에서 이미 벗어난 인식인 숲에 대한 인식을 또다시 언급하는 것일까? 여기서 생각해 봐야 할 것은, 단지 땅에 대한 인식을 내려놓는 것이 이전의 숲에 대한 인식으로 되돌아가게 만들 수도 있다는 것이다. 그러므로 내려놓아야 할 것으로 이전 단계를 재언급하는 것은, 이번 단계에서 땅에 대한 인식을 내려놓는 것이 후진이 아닌, 무한한 공간에 대한 인식으로 나아가는 것임을 분명히 해 줄 수 있을 것이다. 그리고 이를 통해 깊은 비어있음으로의 점진적인 진입은 지속적인 추진력을 갖게 된다.

원칙적으로 이 연속적인 명상적 인식들은 거꾸로 진행하는 것이 가능하다. 이에 대한 영감적인 예가 되는 것이 붓다의 마지막 명상이다. 그는 열반에 들기 직전에 성공적으로 사선정과 무색계 사선정, 그리고 소멸에 도달하였다가, 이를 그대로 역순으로 진행하여 다시 시작점인 초선으로 되돌아갔다.[88] 가르침에는 명백히 언급되지 않았지만, 동일한 기본 패턴이 현 단계의 비어있음에 대한 명상을 수행하는 데에도 많이 연관될 수 있다. 이번 단계에서 빠르게라도 역순으로 진행하여 시작점인 숲에 대한 인식으로 되돌아가면, 일상생활로의 전환이 원활해지고 동시에 각 단계들의 통찰적인 차원을 깊이 음미하게 된다. 이 효과는 특히 매 단계에서 떨쳐 버린 방해나 피로에 작용하는데, 역순으로 진행하면 방해나 피로가 증가하면서 더 쉽고 분명하게 드러나기 때문이다. 이렇게 해서 향상된 이해는 이후에 '비어있음으로의 점진적 명상'을 순차적으로 계발할 때 도움이 될 수 있다.

무한한 공간에 대한 인식까지 진행되면, 마음이 더 이상 존재의 물질적인 차원에 확립되지 않음으로써, 수많은 잠재적 방해요소들이 떨쳐진다. 실제로 무한한 공간의 완전한 증득에 대한 표준적인 설명에는, 물질을 경험할 때 겪게 되는 '저항*paṭigha*'에 대한 인식을 극복한다고 명시되어 있다.

실로, 너무나 많은 흥분과 불필요한 고통들이 물질적인 것을 소유하려는 욕구에 뿌리를 두고 있다. 끔찍한 결과를 야기한 모든 전쟁들이 좀 더 많은 영토, 좀 더 많은 땅을 소유하고자 했던 싸움이었다. 수많은 사람들의 고통을 대가로 소수에게만 이득을 주는 전 세계적인 무자비한 착취 시스템의 이면에는 물질적인 소유권이 핵심 원동력으로 자리하고 있다. 그러므로 이 모든 것을 뒷받침하는 잘못된 견해에서 벗어나는 것은 매우 강력하고 의미 있는 일이다.

그러나 동시에, 물질성을 벗어난다는 개념은 절대적인 진리의 진술이 아닌 명상적인 방법으로서 받아들여져야 한다. 이 인식을 몇 시간 동안 계발한 후에도 우리가 벽을 뚫고 걸어갈 수는 없을 것이다. 또한 비어있음에 대한 명상 수행만을 한다고 해서 세상의 병폐를 해결할 수는 없다. 우리는 이 인식들이 단지 경험을 바라보는 특정한 방식들을 탐구하기 위한 도구일 뿐이라는 한계를 인식할 필요가 있다. 비어있음으로 점진하는 명상의 단계들은 구원론적 방편이지 존재론적 주장이 아니다. 다만 사물을 특정한 방식으로 보도록 권하는 것들이다.

초기 경전에 의하면, 물질은 네 가지 요소들에 의존하고 있지 단지 마음에만 의존하고 있지 않다.[89] 같은 맥락에서, 이 명상의 요지는 물질이 단지 마음의 산물일 뿐이라고 가정하는 것이 아니다. 그러나 물질에 대한 주관적인 경험은 또한 상당량 우리 마음의 산물이라고도 할 수 있다. 그리고 비어있음에 대한 명상은, 우리가 각자 자신만의 경험 세상을 자기도 모르게 만들어 가는 그 과정을 점차적으로 드러내 줄 수 있다. 이 의미를 이해하는 것은, 이 비어있음을 향한 점진적 명상의 한 단계인 무한한 공간에 대한 인식이 가진 해방의 잠재력을 핵심적으로 활용하는 것이 된다. 이를 위해서는 어떤 방해나 피로들이 떨쳐졌는지를 인식해야 한다. 지금 이 무한한 공간에 대한 통일된 인식은 물질과 함께 발생할 수 있는 방해들로부터 벗어나 있다. 여기서는 물질이 더 이상 중요하지 않다.

떨쳐진 방해들에 대한 이해를 키우는 데 처음에는 의도적인 숙고가 도움이 될 수 있지만, 결국 이러한 통찰은 더 이상 의도적으로 개념적 사고를 활용하지 않는 명상적 경험으로 이끌 것이다. 점차 개념적 사고가 없는 명상에 도달하기 위해서는, 마음이 평온을 잃고 방황하기 시작할 때마다 떨쳐진 방해들을 떠올려 보는 것이 도움이 될 수 있다. 마음챙김이 잘 확립되면, 이제껏 무한한 대상(지금 경우에는 '무한한 공간의 영역')을 취함으로써 가졌던 마음의 넓이가 줄어들 때뿐만 아니라, 합일의 경험이 점차 사라지면서 마음의 넓이를 잃을 때도 빠르게 알아차릴 수 있게 된다. 이러한 징후는 마음이 막 산만해지려고 할 때 나타난다. 바로 그 순간(이나 직후)에 산만함을 포착할 수 있으면, 우리는 무한한 공간에 대한 인식을 통해 벗어나게 된 것들을 통찰함으로써, 무언가 좀 더 활동적인 것을 원해서 산만해지는 그 마음의 욕구를 채워 줄 수 있다. 이런 식으로 가면, 수행은 마음의 자연스러운 변화와 함께 진행되지만, 동시에 '비어있음으로의 점진적 명상' 궤도 안에 머무르는 방식으로 진행된다. 이렇게 해서 숙고의 목적이 달성되고 나면, 마음은 더 조용해지는 경향이 있어서 고요한 머무름으로 되돌아갈 준비가 된다. 이렇게 고요한 머무름과 성찰적 통찰을 능숙하게 번갈아 가며 수행의 연속성을 만들어 내는 것은 매우 즐겁고 유연하면서도 아주 효율적인 방식이 될 수 있다.

이번 단계의 수행적 측면에 대한 탐색을 마무리하면서, 위에서 다룬 몇 가지 요점을 잘 담아낸 게송 한 편을 번역해 보겠다. 이 번역에서 지금 우리가 다룬 주제들과 관련이 없는 부분은 생략하였다. 이 게송의 첫 부분은 빈 공간에 궤적이 없다고 묘사한다. 게송의 나머지 부분은 범부들이 개념적 확산에서 즐거움을 취하는 경향이 있음을 언급하는데, 개념적 확산이란 훈련되지 않은 마음이 끝없는 생각과 연상의 흐름에 완전히 압도당한 것을 말하는 부정적 용어이다. 그런 범부들과는 달리, 완전한 깨달음에 도달한 사람들은 개념의 확산으로부터 자유롭다. 다시 말해, 여기서 '그렇게 가 버린 사람들'이라는 용어로 지칭되는 완전히 깨달은 사람들은 공간에 궤적이 없듯 개념적 확산으로부터 자유롭다.[90]

실로, 빈 공간에는 궤적이 없다…
범부들은 개념적 확산을 즐거워한다,
그러나 '그렇게 가 버린 사람들'은 개념적 확산으로부터 자유롭다.

5. 요약

무한한 공간에 대한 인식은 무색계 사선정 중 첫 번째 무색계의 대상이지만, 지금 이 명상은 이 인식을 활용할 때 그 선정에 필적하는 깊이의 집중을 요구하지 않는다. 오히려 평온과 통찰을 결합하는 이 명상의 행로에 맞춰, 고요한 머무름과 떨쳐 버린 방해에 대한 이해를 쉽게 왔다 갔다 할 수 있기 위해서는, 무한한 공간이라는 개념에 마음챙김하기를 강조하는 것이 도움이 된다.

여섯 감각문에서 일어나는 모든 것들에 대해 평정심을 유지하는 강력한 방법은 마음을 빈 공간처럼 유지하는 것이다. 공간처럼 개방적이고 수용적인 마음은 억압과 회피 사이에 기발하게 자리한 중도로서, 필요한 모든 정보를 받아들이지만 이에 강박적으로 반응하지는 않는다. 이렇게 훈련된 평정심은 각 감각의 문에서 다음의 일련의 비유처럼 빠르게 확립될 수 있다.

보기:	눈을 감거나 뜨기
듣기:	손가락을 튕기기
냄새 맡기:	경사진 연잎에 굴러다니는 빗방울
맛보기:	팔을 굽히거나 펴기
만지기:	침 뱉기
생각하기:	달궈진 철판 위에서 증발하는 물방울

공간과 같은 마음을 계발하면 다양한 도전들에도 반응하지 않는 태도를 유지하는 데 도움을 받을 수 있다. 이렇게 영향받지 않는 마음은 공간에 색칠을 하려는 것에 비유될 수 있다. 같은 이미지를 오장애와 연관

시키면, 명상 중에 장애들을 직면했을 때 공간과 같은 마음을 유지하여 장애들을 무력화할 수 있다. 그 마음의 공간은 감각적으로 물들여지거나, 분노로 들끓게 되거나, 해태와 혼침의 수초로 뒤덮이거나, 산란함과 걱정의 바람으로 흔들리거나, 의심의 어둠으로 덮일 수 없게 된다.

또 다른 유용한 개념은 '확립되지 않는' 성질이다. 이 용어에는 열반이나 깨달은 자들의 의식뿐만 아니라 공간도 포함된다. 우리는 이 의미에서 영감을 받아, 각자 가능한 한 번뇌와 해로운 반응들로부터 벗어나 있으면서 깨달은 자들의 정신 태도를 닮아 가려는 노력을 할 수 있다. 이것은 이 수행에 활력을 불어넣어 줄 수 있다. 그리고 그 결과 얻게 되는 내면의 자유는 텅 빈 공간의 궤적 없는 성질과 같다.

6. 수행을 위한 지침

실제 수행은 이전 장에서 언급한 단계들을 진행하는 것으로 시작되는데, 여기에는 동기 설정, 신체적 은둔, 정신적 은둔, 땅에 대한 인식, 그리고 나머지 세 가지 요소를 거쳐 바람의 요소와 연관된 바디스캔을 하는 것이 포함된다. 이것이 완료되면 바람의 요소가 발현되는 데에는 공간이 필요하다는 이해와 함께 또 다른 바디스캔을 할 수 있다. 이 바디스캔은 머리가 차지하는 공간을 인식하는 것으로 시작하여, 목, 어깨, 팔, 손, 몸통, 골반, 다리, 발로 이동하면서 각 신체 부위가 차지하는 공간을 인식하도록 할 수 있다. 그러면 자연스럽게 몸 전체를 차지하는 공간의 관점에서 몸 전체를 알아차리게 된다. 이렇게 하면, 지구가 궁극적으로는 공간에 자리한다고 보는 고대 인도의 우주론과 유사하게, 인체 내의 땅도 몸이 차지하고 있는 공간에 의존한다고 보게 된다. 공간의 관점에서 몸 전체에 주의를 기울이면, 우리 몸이 공간으로 용해되어 공간이 되어 버리는 것이 가능해진다.

이제 우리는 공간으로 녹아든 몸 전체를 알아차리며 휴식하던 상태에서, 공간이 본질적으로 경계가 없다는 인식을 동반하도록 한다. 이는 몸이 차지하는 공간과 몸 주변을 둘러싸고 있는 공간 사이에 주관적으로 느껴지던 경계를 허물어서, 공간이 모든 방향에 존재함을 인식하게 해준다.

공간에 대한 내적 경험과 외적 경험을 상호연관시키기 위해서는, 앞서 땅의 요소를 수행했던 것과 동일한 절차를 활용할 수 있다. 즉, 아래의 땅을 인식하되 이번에는 그것을 단단함이 아닌 공간의 관점에서 인식하고서, 이를 확대하여 지역 전체와 국가, 대륙, 지구 전체를 포함하고 더 나아가서는 우주 전체를 아우르는 공간에 대한 알아차림에 도달할 수 있다. 이를 통해 우주 전체와 하나가 되는 주관적인 경험을 할 수 있다. 무한한 공간은 한계가 없고 중심이 없으며, 막힘이 없고, 위아래도 없고, 사방이 없다.

몸 전체를 공간으로 녹아들게 하는 것은 때로 두려움을 유발할 수 있는데, 이는 우리의 체화된 경험에 이례적으로 접근하는 방식이기 때문이다. 이러한 반응은 자연스럽다. 이를 안심시키기 위해서 우리는 몸 전체에 대한 알아차림을 부드럽게 다시 마련하여 중심을 안정적으로 잡도록 하고, 확고한 메따의 태도로 마음을 이완시켜서 마음이 수축하거나 폐쇄적으로 되는 것을 방지할 수 있다. 이후 상황이 진정되면, 몸과 모든 사물이 사실은 대부분 공간으로 이루어져 있다는 점을 떠올리는 것이 도움이 될 수 있다. 그런 면에서, 물질 현상이 가진 공간적 성질을 인식하는 힘을 키우는 것은 우리가 일반적으로 물질 현상을 바라보던 편향된 시각에 균형을 잡는 것이다. 현상들은 단지 물질뿐이거나 단지 공간뿐이지 않다. 하지만 우리는 이들을 단지 물질로만 바라보는 데 너무나 익숙해져 있으므로, 공간이라는 다른 보완적 차원을 들이는 훈련을 통해 현실에 대한 더 정확한 지각을 가질 수 있다.

이렇게 생각하는 것은, 모든 것이 다만 공간일 뿐이니 교통 상황을 살필 필요도 없이 길을 건널 수 있다는 듯 행동하자는 것이 결코 아니다. 이 수행은 해리와 같은 상태를 권장하는 것이 아니다. 네 가지 요소는 자질로서 분명히 존재하며, 이는 이전 수행의 경험으로 명확해졌다. 하지만 실제로는 그 이상이 있으며, 이번 인식을 통해서 우리는 지금까지 마땅히 받아야 할 주목을 받지 못했던 물질적 현상의 또 다른 차원을 인정할 수 있게 된다. 이 차원을 고려하게 되면 불안정하게 느끼는 것이 어쩌면 당연하다고 할 수 있다. 사실 불안정하게 느끼는 만큼 우리가 물질적 현상을 바라보는 방식이 더 일방적이었다는 뜻이기도 하다. 그러나 이 차원을 명확히 한다 해서 이를 강제적으로 받아들이게 하려는 것은 아니다. 오히려 불안정한 반응이 있을 때마다, 이 새로운 관점을 메따와 함께 천천히 부드럽게 받아들여서 스스로 힘들지 않게 하는 것이 매우 중요하다. 불안정한 반응성은 자연스러운 현상이며 내적 성장이라는 관점에서 볼 때 오히려 긍정적인 신호인데, 우리가 사물을 보는 뿌리 깊은 방식에 의문이 제기되고 있다는 뜻이기 때문이다.

또 다른 주요점은, 우리가 공간을 외로움이나 차가움과 연관 짓지는 않는지 살펴보는 것이다. 이럴 때는 위에서 언급했던 공간의 긍정적인 의미를 불러일으키는 데 도움이 되는 몇 가지 방법을 떠올려 볼 수 있다. 공간의 창의적인 잠재력에 주목하거나 공간을 브라흐마위하라의 머무름과 연관시키는 것이다. 공간은 그 존재 자체만으로도 모든 것이 일어날 수 있는 잠재력을 제공한다. 이 단어들조차, 배경에 빈 종이라는 공간이 없거나, 독자의 눈과 책 또는 전자 파일 사이의 공간이 없다면 읽을 수 없을 것이다. 이런 것들을 떠올려 보는 것이 공간에 긍정적인 연상을 불러일으키는 데 도움이 될 수 있다. 공간은 정의상 완전하다. 아무것도 부족하지 않고 항상 존재한다. 거기서 더 찾을 것이 뭐가 있겠는가?

사실 땅에 대한 인식과 마찬가지로, 공간에 대한 인식을 잘 계발하면 타인들과의 연결감이 감소하는 게 아니라 오히려 증가한다. 공간이 감소시키는 것은 분리된 자아에 고착된 존재감이다. 그리고 이 존재감이 감소하는 것은 사실 매우 반가운 일이다. 실제로 공간에 대한 인식은 나와 타인들을 이분법적으로 대비시키는 경계를 상당 부분 완화할 수 있다. 게다가 온 우주의 무한한 공간은 그저 텅 빈 허공이 아니다. 초기 불교의 우주론에서 볼 때, 이것은 '무한한 공간의 영역'에 도달한 과거의 모든 죽은 명상가들의 존재로 가득 차 있다. 그들은 이제 이 상태로 다시 태어나 그 안에서 엄청나게 오랜 기간 살아간다. '무한한 공간의 영역'에 대한 인식에 주의를 기울임으로써 우리는 이를 완전히 성취한 사람들, 그리고 다시 태어나 현재 이 상태에 머무는 과거의 명상가들과 어느 정도는 교감하게 된다.

이 수행의 초기 단계에서 발생할 수 있는 또 다른 문제는, 무한한 공간이라는 것이 실제로 와닿지 않고 단지 개념으로만 알아지는 것이다. 그런데 이는 자연스러우며, 다만 수행이 점차 성숙해지는 것이 필요할 뿐이다. 아니면 약간의 활동적인 명상을 하는 것도 도움이 될 수 있다. 마음챙김은 지속적인 모니터링을 통해, 현 상태를 헤아려서 마음이 지금 활동적으로 되는 것이 적절한지, 또 얼마나 활동적인 것이 적절할지를 결정하는 데 필요한 정보를 제공한다. 여기서 활동적인 명상이라는 것은 마음을 계속해서 앞으로 나아가게 하는 형태가 될 수 있다. 주의가 공간을 통과하고 있음을 알면서 계속 앞으로 나아가게 하는 것이다. 물질적인 사물들은, 그것들을 차지하고 있는 공간의 관점으로 보기 때문에 장애물이 아니며 공간이라는 인식의 일부가 될 수 있다. 주의가 아무리 앞쪽으로 멀리 나아가도 끝에 도달할 수는 없다. 앞쪽의 공간은 실로 무한하다. 이렇게 공간의 무한성이 확립되면 주의를 오른쪽, 뒤쪽, 왼쪽으로 이동하여 이 공간의 무한성을 사방으로도 확장할 수 있다. 이는 이미 전방에 구축된 알아차림을 넓히거나 확장하여 시각화하는 것이 될 수도 있다. 즉, 무한한 공간을 오른쪽이나 다른 방향에 마련하기 위해 앞쪽에 구축된 무한한 공간을 내려놓을 필요가 없다는 뜻이다. 그다음 단계는 똑같은 것을 위쪽으로도, 아래의 땅으로도 해서, 이 모두가 공간이라는 관점을 통해 공간으로 녹아들게 하는 것이다. 이런 식으로 하면 모든 방향을 아우르는 무한한 공간에 대한 인식이 점차 확립되어, 공간을 좀 더 실제적으로 경험하는 덜 추상적인 것으로 여기게 된다.

물론 이는 무한한 공간에 대한 인식을 계발하기 위한 한 방법일 뿐이며, 수행자는 개인의 선호에 따라 이를 자유롭게 조정할 수 있다. 어떻게 하든, 공간은 이미 존재하는 것이지 우리가 창조해 내거나 만들어야 하는 것이 아니라는 점을 상기할 필요가 있다. 우리는 애쓰거나 긴장할 필요가 없으며, 만약 긴장의 흔적이 조금이라도 있다면 긴장을 풀고 이완함으로써 그 상태에서 공간에 대한 인식이 발생하게 하는 것이 좋다. 결국 중요한 것은, 정신적으로 고요하고 산만해지지 않는 방식으로 무한한 공간을 쉽게 인식할 수 있는 방법을 찾는 것이다. 우리의 최종 목표는 더 이상 활성화되지 않고 무한한 공간에 대한 인식에 머무르는 것이다. 즉, 사방으로 뻗어 나가는 것과 같은 활동적인 것들을 한 후에는, 이들이 단지 다음 단계로 나아가기 위한 목발이며 거기서는 필요가 없어지는 것이라는 점을 분명히 해야 한다.

무한한 공간을 처음에 떠올렸을 때나 계속해서 머무는 동안 주의가 산만해지면, 실제로 추구할 가치가 없는 것을 쫓고 있는 이 마음의 뿌리 깊은 성향을 인식하며 미소 짓는 태도를 갖도록 해 본다. 이는 마음에 어느 정도 공간감을 도입하여 현재 순간을 회복하는 출발점으로 작용할 수 있다. 이를 위해서 우리는 생각이나 백일몽이 공간에 둘러싸인 것을 시각화하여 이들이 들어설 견고한 기반이 아예 없게 만들어 버릴 수 있다. 생각이나 백일몽이 번성하려면 어느 정도 정신적으로 좁아진 상태가 필요하다. 좁아지지 않으면 그것들은 저절로 공간으로 사라져 버리기도 한다. 공간은 본질적으로 어디에도 설립되지 않는다. 그러므로 무한한 공간에 대한 인식에 주의를 기울이면 마음은 어느 정도 이 확립되지 않은 성질을 공유하게 된다. 거기서는 번뇌가 자리를 잡아 마음을 색칠하거나 가열하거나, 덮거나, 휘젓거나 어둠으로 뒤덮을 수 있는 착륙지가 없어진다. 공간은 그 본질상 결코 불균형해질 수 없다. 그러므로 공간과 같은 마음을 계발하면 마음이 자연스럽게 균형이 잡힌 상태에 확고히 자리할 수 있게 된다.

산만함이 오래 지속되고 공간과 같은 마음의 전략이 효과가 없는 것 같으면, 땅에 대한 인식을 지나 은둔으로 거꾸로 진행해 나가는 것이 적절할 수 있다. 또한 시간을 들여 브라흐마위하라를 계발하는 것도 도움이 될 수 있다. 그렇게 해서 마음이 안정되고 나면 무한한 공간에 대한 인식에 도달할 때까지 다시 한 단계씩 앞으로 진행해 나가 보도록 한다. 이것은 마음에 할 일을 줘서, 마음이 기초적인 정도의 정신적 통일을 마련하는 것을 도와준다.

정신적으로 차분한 상태가 적어도 어느 정도 재확립되면, 마음이 산만해지려 할 때마다 호흡을 알아차리는 것이 무한한 공간에 계속해서 머무르는 데 도움이 될 수 있다. 앞서 말했듯이, 호흡은 배경에서 일어나는 것으로 대하며 알아차림의 주변에 두는 것이 좋다. 호흡 과정을 이렇게 알아차림의 주변에 두면, 무한한 공간에 대한 인식은 주의의 전경에 여전히 남아 있을 수 있게 된다. 때로는 호흡의 리듬에 맞춰 약간씩 주의를 전환하는 식으로 수행을 조절할 수도 있다. 들숨에서는 어디에도 설정되지 않은 공간이라는 성질, 모든 물질이 공간에 녹아 들어간 인식에 좀 더 주의를 둘 수 있다. 날숨에서는 밖의 공간의 무한함, 그 한계가 없는 무량함에 좀 더 주의를 기울일 수 있다. 이렇게 수행하면, 공간을 통해 물질이 해체되는 것을 알아차리는 것과 한계도 끝도 없는 공간의 무한한 성질을 더 알아차리는 것 사이를 리드미컬하게 왔다 갔다 하며 명상적으로 머무를 수 있게 된다. 그러나 무한한 공간에 쉽게 머무를 수 있을 때는, 이렇게 호흡에 주의를 기울이는 것이 적절하지 않을 수 있으며, 현 단계의 고요한 머무름을 방해할 수도 있다. 따라서 호흡에 의존하는 것은 마음이 산만해지는 경향이 있을 때를 대비한 도구로만 여길 것을 제안한다. 정규 명상을 마무리하면서는, 적절하다고 여겨지면 무한한 공간에서 땅에 대한 인식과 숲에 대한 인식으로 잠시 되돌아가 명상 궤도를 완성한 다음, 수행의 공덕을 회향하며 끝내도록 한다.

공간에 대한 인식은 정규적 명상 수행 밖의 일상생활에도 계속 영향을 줄 수 있다. 걷기 명상은 공간 속을 걷는 것이 될 수 있다. 사실 신체적 수준에서 이루어지는 모든 행위는 우리가 공간에 둘러싸여 있다는 알아차림과 결합될 수 있다. 이는 앞서 설명한 체화된 마음챙김 수행과 비슷하지만, 몸이 공간으로 둘러싸여 있다는 관점에서 경험된다는 차이점이 있다. 이는 주의를 좀 더 확장하여 몸이 자리하고 있는 바로 그 환경까지를 공간의 인식에 넣는 방식이다.

이런 식으로 공간을 인지하는 법을 익혀 두면, 어려운 상황에서 공간에 대한 인식을 더 쉽게 적용할 수 있다. 예를 들어, 나와 타인들 사이의 공간을 알아차리는 것은 어려운 의사소통이나 관계 문제에 직면했을 때

놀랍도록 강력한 도구가 될 수 있다. 다른 사람에게 필요한 공간을 제공하고 어려운 문제를 더 넓은 마음으로 대하는 것은 사회적 상호작용에 상당한 영향을 미친다. 말과 말 사이의 침묵이나, 한 호흡과 그다음 호흡 사이의 간격을 공간이 표현된 것으로 알아차리는 것만으로도 공간이 상기될 수 있다. 공간은 모든 상황에 적용될 수 있으며, 그러면서 우리에게 모든 현상의 궁극적으로 비어있는 성질을 상기시키는 역할을 한다.

V.
무한한 의식

다시 말해, 아난다여, 땅에 대한 인식에 주의를 두지 않고 '무한한 공간의 영역'에 대한 인식에 주의를 두지 않고, 수행승은 '무한한 의식의 영역'에 대한 인식에 의존한 합일에 주의를 둔다. 그의 마음은 '무한한 의식의 영역'에 대한 인식에 진입하여, 기뻐하고 안착하며, 이에 전념한다.

그는 이렇게 안다. "땅에 대한 인식에 의존한 어떤 방해들이 있든, 여기에는 그것들이 없다. '무한한 공간의 영역'에 대한 인식에 의존한 어떤 방해들이 있든, 여기에는 그것들이 없다. 다만 '무한한 의식의 영역'에 대한 인식에 의존한 합일, 이 방해만이 남아 있다."

그는 안다. "이 인식 범위에는 땅에 대한 인식이 비어있다." 그리고 그는 안다. "이 인식 범위에는 '무한한 공간의 영역'에 대한 인식이 비어있다. 다만 '무한한 의식의 영역'에 대한 인식에 의존한 합일, 이 비어있지 않음만이 있을 뿐이다."

그렇게 그는 실제로 거기 없는 것을 두고 비어있다고 숙고한다, 그리고 그는 거기 남아 있는 것을 두고 여전히 '그것이 있다'고 안다. 아난다여, 이와 같이 그에게는 비어있음으로의 순전하고 왜곡되지 않은, 청정한 진입이 또한 생긴다.[91]

1. 의식의 성질

위의 가르침을 이해하려면 초기 불교에서 말하는 의식이라는 개념을 자세히 살펴볼 필요가 있다. '의식(윈냐나*viññāṇa*)'이라는 용어는 초기 불교 문헌에서 마음을 지칭하기 위해 사용된 여러 대체 용어 중 하나이다. 마음을 일컫는 또 다른 용어인 '찟따*citta*'는 감정들이 자리하는 마음이자 명상 훈련을 통해서 변형될 수 있는 마음이라는 의미에서 종종 감정-마음으로 일컬어진다. 그리고 '마나스*manas*'라는 용어는 지성-마음이라는 의미로 이해할 수 있다. 마나스는 다섯 가지 신체 감각에 더해 여섯 번째 감각으로, 신체 및 언어적 활동과 구별되는 정신적 활동의 주체 역할을 한다. 이 둘에 비해 의식은 이같은 적극적인 뉘앙스를 지니지 않으며, 주로 감각과 대상 간의 접촉에서 비롯되는 수용적인 유형의 앎을 의미한다. 명상의 과업이라는 관점에서 보면, '감정-마음(찟따)'은 계발되어야 하고 '지성-마음(마나스)'은 억제되어야 하는 반면, '의식(윈냐나)'은 통찰력으로 이해되어야 한다. 그러므로 이 세 가지 용어들의 구별되는 뉘앙스를 짚어 낼 수는 있지만, 이러한 구분은 고정된 것이 아니며, 실제로 이 세 가지 용어는 가끔 가까운 동의어들로 함께 쓰인다.[92]

때때로 의식은 그 자체로 마음 전체를 가리킨다. 이러한 용례로는 아라한의 마음이 땅, 물, 불, 바람, 공간 그리고 의식과 관련해서 어떤 자기 개념이나 자기 동일시로부터도 완전히 자유롭다고 묘사한 예가 있다.[93] 여기서 네 가지 요소와 공간 그리고 의식을 나열한 것은 경험의 모든 측면을 포함하려는 것인데, 이로써 아라한에게 자기개념이나 자기화가 완전히 없다는 것을 전달하는 것이 목적이기 때문이다. 이 특정 설명은 물질적인 차원에 중점을 두었기에 물질에 대해서는 자세히 분석하지만, 경험의 정신적 측면에는 단순히 '의식'이라는 일반적인 용어로 이를 지칭하고 있다.

이와 달리, 오온 중 다섯 번째로 언급되는 의식은 마음의 한 측면만을 나타내며, 이는 느낌, 인식, 의도적 활동이라는 세 가지 정신적 온과 구별된다. 예를 들어 인식은 알고 분별하는 부분의 마음을 가리키는 반면, 의식은 주관적인 경험에서 일어나는 모든 것을 수용적으로 다만 아는 것을 뜻한다. 그런데 이러한 구분은 다시, 인식에 더 적합한 방식으로 의식을 정의한 두 개의 팔리어 구절에서 다소 모호해진다. 하지만 비교 연구에 따르면, 이 두 구절의 대응 경전들에서 좀 더 설득력 있는 정의를 발견할 수 있는데, 이들은 의식이 여섯 가지 감각 중 하나와 그의 해당 대상에 의존하여 발생한 경험을 아는 역할을 한다고 간주한다.[94] 이것이 초기 경전에서 보통 의식을 묘사하는 방식에 더 잘 부합한다.

이 여섯 가지 감각을 통한 설명은 의식을 다양한 경험들에 활용되는 단일 실체로 가정하지 않는다. 여기서의 핵심 개념은 서로 구별되는 여섯 가지 유형의 의식이 있다는 것이다. 예를 들면, 안식의 기능은 눈의 감각문과 관련되지만 다른 감각문과는 관련이 없다. 이러한 설명은 의식이 의존적으로 발생한 현상이지 영구적인 실체가 아니라는 것을 분명히 한다. 초기 경전은 영구적인 의식이란 것을 찾을 수가 없다고 분명히 말하고 있다.[95] 요컨대, 의식은 실체가 아닌 과정이다.

의식조차도 무상의 법칙에 따른다는 것을 인식하는 일은 어렵다. 의식은 단지 수용적으로 아는 특성 때문에, 그 변화가 다른 정신적 요소들에서 보이는 만큼 잘 드러나지 않는다. 느낌은 즐거운 것에서 괴롭거나 중립적인 것으로 변화하고, 지각도 서로 매우 다르며, 경험에 대한 의지적 반응들도 각기 다 다르다. 이와는 대조적으로, 주관적 경험을 단지 수용적으로 알기만 하는 부분은 모든 경험에서 동일하게 유지되는 것처럼 보인다. 따라서 일어나는 것들을 알기만 하는 의식은 영구적인 것으로 착각하기가 쉽다.

그럼에도 불구하고, 철저히 조사해 보면 그러한 결론은 설득력이 없다. 만약 일어나는 일에 대한 앎이 영구적이라면, 그것은 영원히 한 가지만 아는 상태에 고정될 것이다. 의식이 다른 것을 알 수 있다는 사실 자체가, 아는 행위 또한 변화하는 성질일 수밖에 없다는 것을 암시한다. 의식은 그렇게 아는 행위 그 자체일 뿐이지, 앎이라는 행위와 구별되는 어떤 실체가 아니다.

의식이 이렇게 착각하기 쉬운 성질을 지녔다는 사실은, 오취온의 비어있는 성질을 설명하는 일련의 비유에서 두드러진다. 여기서는 의식을 마술의 환영에 비유한다.[96] 이 비유는 마술사가 한 교차로에서 마술을 펼치는 모습을 묘사한다. 고대에는 이러한 교차로가 쇼를 펼치거나 무언가를 팔기 위한 장소였을 것이다. 예리한 눈을 가진 행인은 마법의 환영이 완전히 비어있음을 꿰뚫어 본다. 마찬가지로 우리도 의식의 철저히 비어있는 성질을 꿰뚫어 보아야 한다.

2. 명과 색

의식의 비어있는 성질을 탐구하다 보면, 의식이 조건화된 성질을 가졌다는 아주 흥미로운 관점에 이르게 되는데, 이는 연기*paṭicca samuppāda*를 설명하는 과정에서 드러난다. 연기는 의식과 명색이 상호 조건적인 관계에 있다고 설명한다.[97] 여기서 "명(이름)"은 개념을 일으키는 정신적 요소들을 의미한다. 이는 말 그대로, 어떤 대상에 이름을 붙이는 작용을 말하는데, 여기에는 느낌, 인식, 의도, 촉, 주의가 포함된다. 반면, 색(형태)은 경험의 물질적인 측면을 의미한다.[98] 명과 색은 함께 경험의 **내용**, 경험의 **모습**을 제공하는 반면, 의식은 경험의 **존재성**이라고 볼 수 있다.[99] 존재함과 내용은 상호 의존적이다.[100] 앎이 존재하지 않으면 알아진 내용이 없을 것이고, 알아진 내용이 없다면 앎도 없을 것이다. 이와 마찬가지로 의식은 명색의 조건이 되고, 명색은 의식의 조건이 된다.

경험의 존재와 내용을 말하는 대신, 같은 문제의 핵심을 전달하는 또 다른 방법은 의식을 **현실화**로 보고 명색을 **잠재성**으로 간주하는 것이다.[101] 즉, 의식의 존재가 경험을 **실제로** 일어나게 한다는 것이다. 하지만 그 경험이 어떨지에 대한 **잠재성**은 명색에 달려 있다고 본다. 명은 우리가 무엇에 주의를 기울일지, 그것을 어떤 식으로 느끼고 인식할지, 그리고 아마도 가장 중요하게는 그것에 어떻게 반응할지를 결정한다.

우리는 명의 다섯 가지 측면이 경험을 처리하는 기능을 손가락 다섯 개에 비유할 수 있다.[102] 느낌은 새끼손가락에, 인식은 약지에, 의도는 중지에, 촉은 검지에, 그리고 주의는 엄지에 대응될 수 있다. 이 비유가 초기 경전에는 없지만, '다섯(빤차*pañca*)'이라는 수는 어원적으로 '개념적 확산(빠빤차*pa-pañca*)'이라는 용어와 밀접한 관계가 있다. 이 '다섯'이라는 수가 고대 인도의 경전에서 완전한 단위를 의미하게 된 것은 손가락 다섯 개에서 유래한 것으로 보이기 때문이다.[103] 이 어원적 관계를 고려하면, 명의 다섯 손가락이 말 그대로 손아귀를 벗어날 때 개념적 확산이 발생한다고 말할 수도 있을 것 같다.

이렇게 손아귀를 벗어나는 일이 생기면 안 되는데, 비어있음에 대한 명상의 현 단계에서는 특히 더 그렇다. 이 수행의 과제는 개념의 확산과 개념의 정교화에 관여하지 않고 그저 수용적이고 비참여적인 앎에 머무는 법을 배우는 것이다. 따라서 명을 다섯 '손가락들'의 예로 설명하면, 때로 방해가 되는 이들의 활동을 인지하고 극복하기가 좀 더 수월해져서 비참여적인 앎에 머무르는 데 도움이 될 수 있을 것이다.

느낌을 지칭하는 새끼손가락은, 온전한 손을 위해서는 꼭 필요하지만 작아서 간과되기 쉽다. 느낌이 우리의 태도와 반응을 결정하는 데 미치는 영향도 새끼손가락만큼이나 쉽게 간과된다. 하지만 느낌은 간과되기에는 너무 근본적이다. 느낌은 촉의 시초에 두드러지게 나타나며, 그 정서적 톤*tone*은 이후 마음속에서 일어나는 모든 일에 영향을 미치고 반향을 일으키는 경향이 있다. 합리적으로 보이는 많은 생각이 사실은 좋아함과 싫어함, 또는 무관심 같은 느낌의 초기 자극을 합리화하는 것에 불과할 수 있다.

이는 우리가 인장 반지를 끼는 새끼손가락의 역할과도 관련지어 볼 수 있다. 느낌은 그것의 정서적 성품으로 인해 경험에 인장을 찍는 역할과 같다고 볼 수 있는데, 즐거운 느낌은 긍정적인 경험으로, 괴로운 느낌은 부정적인 경험으로 각인되고, 중립적인 느낌은 흥미롭지 않거나 지루한 경험으로 각인되어 무시하게 된다.

반지 손가락이라고도 하는 약지의 이름은 서구 사회에서 전통적으로 결혼반지를 끼는 것과 관련이 된다. 인식의 역할은 정말로 결혼과 관련이 있어 보인다. 그러나 이 결혼은 꼭 결합하겠다는 의식적 결정에 기초한 것은 아니다. 오히려 대개는 알아차리지 못하는 사이에 경험을 구성하는 일부가 된다. 경험의 세계에서 인식은, 감각을 통해 입수된 정보를 마음에 저장되어 있던 기억이나 연상들 중 관련 있어 보이는 것들과 '결혼'시키는 역할을 한다.

이러한 결혼은 경험을 이해하는 데 중요한 역할을 한다. 인식은 완전히 깨달은 이들에게서도 여전히 작동한다. 하지만 완전히 깨닫지 못한 이들의 경우, 인식의 작용은 너무 쉽게 편견과 오해를 불러일으킨다. 우리는 인식을 인식 그 자체로 보지 못하고, 인식을 외부의 실체로 여기며 경험하는 주관적 투사를 하기 때문이다. 이런 면에서 인식은 주관적인 것과 객관적으로 보이는 것이 결혼하게 되는 지점이다.

중지는 다섯 손가락 중 가장 길며, 엄지와 함께 손가락을 튕기는 데 중심 역할을 한다. 중지는 길이로 말미암아 특히 의도와 관련지을 수 있는데, 의도는 업의 형태로 가장 멀리 영향을 미치는, 눈에 띄는 정신 요소이기 때문이다. 이처럼 업 작용의 중심 역할로서 의도를 강조했던 것은, 고대 인도에서 초기 불교만이 가진 독특한 입장이었던 것으로 보인다.

업과 의도의 기본 원리는, 특정 행위 이면의 의도에 따라 윤리적 행동의 위반 여부가 결정될 수 있다는 것이다. 예를 들어, 훔치려는 마음으로 무언가를 가져갔다면 이 가해자는 절도 금지 규정을 어긴 것이다. 그러나 훔치려는 의도가 없는 동일한 행위는 규정을 어긴 것이 되지 않는다. 이 모두가 중지인 의도의 중요성을 보여 준다. 중지는 주의에 해당하는 엄지와 함께 손가락을 튕기듯이, 특히 의도나 동기와 관련된 부분으로 우리의 주의를 끌어오는 역할을 수 있다.

검지 또는 집게손가락은 무언가를 가리키는 역할을 한다. 이런 행위는 한 살 된 어린 아기들도 한다. 이렇게 검지는 인간 발달 초기부터 의사소통에 관여한다. 마찬가지로 촉은 무언가를 가리키는 역할을 한다. 우리가 어떤 일을 하고 싶을 때 그것을 할 장소가 필요하듯이, 촉은 감각 기관이 감각 대상과 해당 의식을 만나 경험이 발생되는 장소가 된다. 다시 말해, 촉은 경험의 장소를 제공한다.

검지는 또한 다른 손가락들에 비해서 조작이 상당히 능숙하다. 촉이라는 건축 현장에서도 이 같은 능숙함이 관찰되는데, 여기에는 건축가와 건축 자재가 포함된다. 이들은 각각 명(이름)의 다른 요소들(건축가)과 색(형상: 건축 자재)의 존재이다. 무한한 공간이나 무한한 의식 등과 같은 무색의 경지에 드는 명상에서는, 건축가가 자재들이 다 떨어졌어도 어떻게든 건설을 계속한다.

그러나 열반의 경험에서는 이 건축가조차 사라진다. 건축 현장은 건설이 진행되는 동안에만 존재하므로, 이 지점에서는 현장 또한 버려진다. 그래서 소멸이 '접촉'될 때는, 촉도 소멸된다. 이는 결국 경험의 비실체적인 본질을 확인하고, 정신적 건설 현장인 촉조차도 건설된 것임을 최종적으로 확인하는 셈이 된다.

엄지는 수용과 거부를 결정짓는 손가락이다. 우리는 승인의 의미로 엄지를 치켜들고, 거부의 의미로 엄지를 내린다. 엄지는 물건을 잡는 데 가장 필요한 손가락이다. 주의 역시 경험의 어떤 부분에 주목할지를 결정하여 그것을 붙잡는 역할을 한다. 이러한 기능을 가진 주의는, 움직임이라는 측면에서 엄지가 다섯 손가락들 중 가장 자유로운 것처럼, 명의 요소들 중에서 특별히 다재다능하다고도 할 수 있다.

주의는 엄지를 들어 올리거나 내리는 것과 같은 방식으로, 관심이 가는 것을 가려냄으로써 어느 정도 평가의 기능을 한다. 완전히 깨닫지 못한 이들의 마음에서 이러한 평가는 종종 현명하고 꿰뚫는*yoniso* 주의가 아닌, 피상적이고 현명하지 않은*ayoniso* 주의를 수반한다. 전자는 해탈로 이어지지만 후자는 속박으로 이어진다. 그러므로 주의에서 중요한 질문은 주의가 어떻게 활용되고 있느냐이다.

주의를 현명하게 혹은 현명하지 않게 활용하는 두 가지 방식 모두 다른 손가락들을 필요로 한다. 온전히 기능하는 손을 위해서는 다섯 손가락 모두가 필요하다. 마찬가지로, 완전히 기능하는 정신 작용에는 명의 다섯 요소 모두가 필요하다. 아라한에게서도 이들은 모두 작동한다. 유일한 결정적 차이는 아라한의 다섯 손가락들은 더 이상 손을 벗어나지 않는다는 것이다. 그것들은 더 이상 정신적 확산을 일으키지 않는다.

3. 명색을 가라앉히기

'비어있음으로의 점진적 명상'에서 현 단계의 과제는, 명색을 가라앉혀서 주관적 경험의 주된 특성이 의식이 되게 하는 것이라 할 수 있다. 색에 관해서는 앞서 무한한 공간에 대한 인식을 통해 물질과 관련된 모든 경험에서 벗어났기에 이 부분이 이미 달성되었다고 볼 수 있다.

그러므로 명을 가라앉히는 것은 주의에 해당하는 엄지손가락의 역할에서부터 시작할 수 있다. 일반적으로 주의는 마치 주먹 속에 깊이 파묻힌 엄지처럼, 명의 다른 요소들과 매우 밀접하게 관련되어 있다. 그러나 꼭 그래야만 하는 것은 아니다. 왜냐하면 우리가 엄지를 치켜들거나 내려서 의사소통을 하듯이, 엄지를 반대 방향으로 펴는 것이 가능하기 때문이다. 이렇게 주의를 상징하는 엄지를 빼내어 펼치면 감각 대상보다는 감각문에서 일어나는 의식에 주의를 기울이는 것이 된다.

원칙적으로 모든 감각 경험은 그에 해당하는 대상을 포함한다. 지금 하고 있는 독서를 예로 들면, 이 경험에는 글자와 같은 시각적 대상과 그에 상응하는 감각인 눈이라는 감각문(門), 그리고 그에 상응하는 의식인 눈 의식이 포함된다. 지금 글을 읽으면서도 우리는 읽고 있는 종이나 디지털 파일보다 눈을 통해 보는 행위를 더 알아차리며 읽을 수 있다. 그리고 여기서 더 나아가서, 읽으면서도 동시에 읽고 있는 경험을 알고 있는 그 부분의 마음도 알아차릴 수 있다. 이것이 바로 의식인데, 여기서는 눈의식이 된다. 다시 한번 시도해 보자. 우리의 주의는 지금 눈앞에 있는 페이지라는 자연스러운 대상으로부터 시작해서 눈을 통해 보는 행위에 대한 알아차림, 그리고는 무언가가 보이고 있다는 것을 아는 행위를 하는 마음에까지 알아차리는 주의를 둘 수 있다.

이 아는 것을 향해 주의를 내면으로 돌리는 것은 소리에도 똑같이 적용될 수 있다. 소리를 들을 때 우리는 일반적으로 그 소리의 근원으로 가서 그것이 무엇인지를 밝혀내려는 경향을 가지고 있다. 다섯 손가락이 완전히 활성화되는 것이다. 그러나 우리는 이렇게 틀에 박힌 방식으로 세상을 인식하는 대신, 주의를 상징하는 엄지손가락이 귀의 감각문을 향하게 할 수도 있다. 이렇게 하면 마음이 이름이라는 다섯 손가락에 관여하면서, 방금 들은 것에 대해 다양한 개념적 확산을 일으키고 다양한 종류의 반응들에 빠지게 되는 경향이 줄어든다. 주의가 귀의 감각문에 가 있기 때문에, 소리를 외부에 두고는 거기에 대해 논평하는 경향이 줄어들고, 대신 듣는 행위 자체에 더 집중할 수 있다.

이를 한 단계 더 발전시키면, 주의의 엄지손가락을 다른 손가락들로부터 멀리하고, 대신 아는 것, 즉 의식의 고요함으로 향하게 할 수 있다. 이 과정은 무언가가 들리는 것에서 시작하여, 듣는 과정을 거쳐, 소리를 아는 것으로 나아가는 것이 된다. 이 과정에서 이름 짓기의 활동은 더욱 잠잠해지고, 들린 것을 가지고 다양한 방식으로 확산시키는 경향이 줄어든다.

이러한 방식으로 지속적으로 수행했을 때 나타나는 효과를 설명해 줄 수 있는 한 예로, 팔리어 경전에 있는 2선정의 비유를 들 수 있다. 여기서 깊은 정신적 평온 상태인 2선정은 오직 그 내부로부터만 물이 공급되는 호수에 비유된다. 이 호수의 물은 사방의 어떤 외부 물이나 비로도 보충되지 않는다.[104] 이 이미지는 2선정에 도달했을 때 명상가가 비감각적인 기쁨과 행복에 온통 스며들게 되는 경험을 나타내고 있다.

그런데 이 호수의 이미지가 지금 이 맥락에서는 좀 다르게 적용될 수 있다. 즉, 이 이미지로 감각문에서 일어나는 것들을 단지 알기만 하는 역할을 하는 의식의 성질을 설명할 수가 있다. 이는 일어나는 일을 이해하고 반응하는 이름 짓기의 활동(명)과 구별된다. 의식의 이러한 역할은 외부에서 일어나는 모든 것을 반영하는 호수에 비유할 수 있다. 때로는 태양이 비추고 때로는 구름이 끼며, 달 없는 밤에는 온통 어두워질 수 있다. 그러나 호수가 햇빛의 밝음과 구름의 회색 빛, 밤의 어둠을 비춘다 해도 이는 단지 반영일 뿐이다. 호수 물 자체의 투명함은 사실 언제나 그대로이다. 마찬가지로 의식은, 감각문에서 일어난 것을 반영하고 이름 짓기가 그것을 해석한 것을 반영만 할 뿐, 의식 자체가 그것에 영향을 받은 것은 아니다. 그런 점에서, 이름에 완전히 관여되지 않고 의식에 주의를 기울이는 것은, 외부환경의 영향으로 밝거나 회색빛이거나 어두워진 모습이 아닌 호수의 자연스러운 투명함에 주의를 기울이는 것에 비유될 수 있다.

그러나 동시에 우리는 호수가 독립된 실체가 아니라 끊임없이 변하는 현상이라는 점에 주목해야 한다. 고요해 보일지라도, 호수는 내부 샘에서 물이 계속 흘러 들어오고 표면에서 증발한다. 즉, 안정된 물 덩어리로 보이는 모습 뒤에는 눈에 쉽게 띄지 않는 미묘한 움직임이 있다. 의식도 마찬가지이다. 의식은 단지 앎의 과정, 다시 말해 '의식-하기'일 뿐이므로, 이도 분명 무상하다는 이해를 바탕으로 의식을 실체화하는 것을 피해야 한다. 이를 전제로 해서, 의식의 대상보다 의식 자체에 중요성을 부여하는 법을 배워 나가면, 내적 고요함과 안정감의 기준점을 마련하여 삶의 굴곡들을 훨씬 더 잘 다뤄 나가는 데 큰 도움이 될 수 있다. 이렇게 하면, 반응하기 전에 이용 가능한 정보를 온전히 지각하는 것을 가능하게 해 주는 중요한 멈춤을 도입할 수 있을 뿐만 아니라, 동요를 극복하게 해 주는 고요함의 기반도 마련할 수가 있다. 사실, 이름이 어떤 식으로 동요를 일으키든, 그 동요를 알고 있는 것으로 주의를 돌리는 것만으로도, 우리는 반영된 것들에 영향을 받지 않는 내면의 고요한 호수를 향하는 문을 열 수 있다. 이렇게 주의를 아는 것으로 향하면, 밖의 것으로 경험되는 것들에 영향을 미치고 있고 그것들을 형성하고 모델링하는 데에 사실은 중심적 역할을 하고 있는 우리 자신의 정신적 활동들이 드러나고, 경험이 구성되는 과정이 드러날 수 있게 된다.

이러한 맥락에서, 마음의 우위를 표현한 팔리어 경전 한 구절을 수행의 영감으로 삼을 수 있다. 이 구절은 업과 그 결과에 대한 가르침의 일부인데, 당연히 여기서 핵심이 되는 것은 우리 자신의 마음이다. 해당 구절은 다음과 같이 시작된다.[105]

현상은 마음 뒤에 오고
마음에 의해 이끌어지며,
마음에 의해 만들어진다.

4. 요약

'의식'은 초기불교에서 마음을 지칭하는 용어 중 하나이다. 의식은 독립적인 실체가 아니라 조건지어지고 무상한 앎의 과정으로, 이것은 감각문과 그에 상응하는 대상 간의 접촉에 의존해서 생성된다.

경험의 연속성은 한쪽에는 의식이, 그리고 다른 한쪽에는 명색이 서로를 조건화하며 생겨난다. 명의 활동은 한 손에 있는 다섯 손가락으로 설명할 수 있다. 보통 인장반지를 끼는 새끼손가락은 유쾌하거나 고통스럽거나 중립적인 세 가지 느낌의 톤이라는 자극에 비유된다. 이는 경험을 승인하거나 거부하거나 관심이 없는 것으로 도장 찍어 봉인한다. 지각을 의미하는 약지는 감각 데이터를 개인적 편견이나 연상들과 결속시키고, 그 결과로 나온 평가가 우리 자신의 마음에서 비롯된 것이 아니라 감각 대상에 본래 내재된 것인 양 투사한다. 의도를 나타내는 중지는 다른 모든 것들보다 두드러지는데, 지각된 것들에 반응하는 각자의 방식대로 각자의 미래가 형성되기 때문이다. 촉에 해당하는 검지는 일어나고 있는 경험을 가리킨다. 주의를 나타내는 엄지는 특정 순간에 어떤 측면에 주의를 기울일지를 결정한다.

주의를 나타내는 엄지는 대개는 이름에 관여하는 다른 손가락들과 바쁘게 얽혀 있으므로, 이는 꽉 쥔 주먹에 엄지가 파묻혀 있는 것과 같다. 하지만 원칙적으로 엄지는 다르게 사용될 수 있다. 엄지는 감각 대상 대신 감각문을 가리키거나, 심지어 각각의 해당 의식을 가리킬 수도 있다. 이 중 의식을 향하는 방법은 일상 속의 수행에도 큰 도움이 될 뿐만 아니라, 경험의 구성 과정에 우위에 자리하고 있는 마음의 입지를 드러내주는 강력한 도구가 될 수 있다.

5. 수행을 위한 지침

이번 단계의 수행은 이전 장의 단계들을 기반으로 한다. 우리는 동기를 세운 후, 신체적 은둔과 이를 보완하는 정신적 은둔을 알아차리고서, 땅에 대한 인식으로, 그리고 나머지 세 요소들을 거쳐 공간까지 인식하는 것으로 나아갈 수 있다. 몸이 차지하는 공간으로부터 무한한 공간으로 옮겨 가는 것은 우주 전체를 포함할 수 있다.

비어있음으로 진입하는 명상의 다음 단계에서 우리는 공간으로부터 그 공간을 아는 의식으로 전환해 간다. 무한한 공간이 대상이었으므로, 그 의식 자체도 무한해졌다. 이 수행의 전반적인 진행 과정에 익숙해질수록 앞의 인식에서 뒤의 인식으로 전환하는 것이 신속해질 것이다. 그러나 이 수행법을 처음 접할 때는 그 기저의 다이내믹을 분명히 이해하기 위해서, 무한한 의식으로 진행하기 전에 무한한 공간을 충분히 잘 확립하는 것이 좋다. 즉, 무한한 공간에 명상적으로도 친숙해지고, 이것이 가진 통찰적인 함의가 충분히 잘 이해되도록 이 경험을 깊이 있게 성숙시키도록 한다.

이 시점에서 필요한 인식의 전환은 대상으로부터 주체로 주의를 전환하는 것인데, 이는 아는 것을 대상으로 알아차리는 것을 의미한다. 어느 감각문에서든 경험의 세 가지 측면(대상, 감각 기관, 해당 의식 유형) 중에 해당 의식은 보통 잘 주목받지 못하고 어느 정도 당연시된다. 이는 자연스럽다고 볼 수 있는데, 흥미로운 일들은 마치 밖에서 일어나는 것처럼 보이고, 안에서 일어나는 일은 훨씬 덜 흥미로워 보이기 때문이다. 하지만 이번 단계를 지속적으로 훈련하게 되면 정말로 흥미로운 부분은 오히려 안에서 일어난다는 것을 알게 된다. 앎의 과정을 이렇게 더 분명하게 목도하고 인식하려면, 일상 속에서 주의가 아는 그것으로 향하도록 다양한 방식으로 전환하는 실험을 해 보는 것이 도움이 된다. 이런 식으로 익숙해지면, 정규 명상 중에도 이 전환을 더 쉽게 이행할 수 있게 된다.

때로는 앞서 무한한 공간에 대한 인식을 확립하기 위해 했었던 것처럼, 여러 방향으로 무한한 의식을 다시 한번 진행하는 것이 도움이 될 수 있다. 이는 이미 익숙한 기반을 활용하기 위한 것인데, 이번에는 단지 공간 자체만이 아니라 공간을 아는 관점에서 진행하도록 한다. 즉, 앞쪽의 공간이 알아지는 관점에서 그것을 알아차리고, 오른쪽, 뒤, 왼쪽, 위, 아래로 나아가면서 모든 방향에서 공간을 아는 것에 중점을 두도록 한다. 그러나 이는 단지 보조 수단일 뿐, 좀 더 익숙해지고 산만함이 없을 때는 무한한 공간에서 무한한 의식으로 직접 전환하는 것이 가장 좋다.

산만해질 때마다 이를 아는 것으로 전환하는 것만으로도 우리의 수행을 지속하는 데 충분할 수 있다. 이는 산만한 생각이나 공상들을 공간으로 둘러싸던 이전 전략보다 한 단계 더 나아간 것이다. 이 방식은 산만한 마음을 아는 부분으로 우리의 주의를 돌려 산만함을 처리하는데, 이 아는 마음은 그 자체의 수용적인 속성 때문에 정신적 활동의 손가락들이 만들어 내는 동요에 관여하지 않는다. 이 방법을 실험해 보면, 명상이 생각의 부재를 요구하지 않는다는 중요한 발견을 더욱 확신할 수가 있다. 오히려 명상이 요구하는 것은 생각 활동이 있다는 것을 인식할 수 있게 해 주는 마음챙김의 현존이다. 우리는 생각 활동을 멈추려고 애쓸 필요가 없다. 대신, 이완되고 부드럽게 그것을 아는 마음으로 주의를 돌림으로써 폭풍 속에 피난처를 마련할 수 있고, 어떤 장난이나 떠들썩함에도 결코 방해받지 않는 고요함에 정착한 상태를 마련할 수 있다.

만약 이 장난이나 떠들썩함이 너무 심해서 내면의 고요함과 함께 머물 수 없다면, 마음챙김은 지금이 보완이 필요할 때임을 인식하고, 이번 인식에 기반이 되었던 이전의 수행들을 거슬러 올라가는 보다 구조적인 방법으로 되돌아가야 함을 알게 된다. 그렇게 이 과정을 완료한 후에는 다시 순서대로 진행하도록 한다. 그러나 익숙해질수록 이러한 보완은 점점 덜 필요하게 된다. 왜냐하면 명(이름)의 다른 네 손가락에 밀접하게 연관돼 있던 엄지(주의)를 빼내어, 대신 이것이 마음의 아는 부분을 가리키도록 하는 것이 더 쉬워지기 때문이다. 이 아는 마음은 모든 경험되는 순간의 일부이므로 언제나 이용이 가능하다. 비록 경험에 따라 이것이 좀 더 어렵거나 쉬울 수 있지만, 언제 어디서든 내면의 고요함으로 주의를 전향하는 것은 원칙적으로 언제나 가능하다. 사실 이 수행에 익숙해지고 숙련도가 증가할수록, 더 도전적인 상황들은 우리가 이 '아는 것'으로 주의를 돌리는 것이 가능한지를 탐구하는 흥미로운 기회로 다가올 것이다. 이번 인식이 제대로 빛을 발휘할 수 있는 순간은 사실 뭔가 일이 '잘못'되어 갈 때, 그리고 우리가 그에 대한 반응으로 흥분하거나 화를 내려고 하는 바로 그때라고 할 수 있다.

좌선 중에 호흡을 주변적 알아차림에 두면 무한한 의식에 대한 인식을 지속하는 데 도움이 될 수 있다. 호흡에 대한 알아차림은 이미 이전에 다른 지각들과도 함께 길러진 것이다. 하지만 이번 단계에서는 들숨과 함께 마음이 모든 경험의 원천이며 기반이라는 알아차림이 있도록 한다. 어떤 면에서 이는 오직 마음만이 있다는 인식이 될 수 있다. 그리고 날숨과 함께 의식의 무한한 성질, 즉 (우리가 부과하지 않는 한) 본질적으로 경계나 한계가 없는 마음의 성질을 상기하도록 한다.

'비어있음으로의 점진적 명상'에서 이번 단계에 익숙해지면, 우리는 일어나는 모든 일을 마음 **안에서** 일어나는 것으로 경험할 수가 있다. 이는 우리가 인식하지 못하더라도 사물이 존재한다는 것을 부정하는 이상주의적인 입장을 취하자는 것이 아니다. 이는 지나친 해석일 것이다. 하지만 주관적으로 우리에게 어떤 것이 존재하려면 그것은 인식될 필요가 있다. 그러므로 어떤 면에서 우리가 아는 모든 세상은 우리 마음 안에서 구성된다. 즉, 무슨 일이 일어나든 실제로는 우리 마음 안에서 일어나는 일이다. 소리를 들으면서 우리는 그것이 우리 마음 안에서 울리고 있다는 것을 깨달을 수 있다. 외부 어딘가에 그 근원이 있는 것으로 보이는 시각, 냄새, 맛, 촉감 이 모두가 마음 그 자체 안에서 일어나는 것으로 볼 수 있다.

이런 식으로 수행을 하면 삶을 살아가는 데 놀라운 변형이 일어날 수 있다. 우리가 일반적으로 기능할 때와 비교하면, 이 접근법은 스크린에서 일어나는 것에 완전히 빠져들어 영화를 보는 것과, 이것이 결국은 단지 영화일 뿐이라고 알면서 영화를 보는 차이라고 할 수 있다. 존재의 드라마는 사실 상당 부분 우리 자신의 마음이 만들어 낸 것이다. 우리의 마음이 무대를 제공하고, 마음이 작성한 대본대로 이 드라마를 연기한다. 보통은 우리가 이를 공개적으로 인정하지 않고 무고한 관객인 체하는 것을 선호하지만 말이다.

이러한 방식으로 성장하는 이해는, 이번 단계에서 대상을 취함으로써 생겨나는 동요나 피로가 떨쳐지는 것과 관련된다. 여기서 핵심적인 측면은 주체-대상의 이원성, 즉, 우리가 세상과 관계 맺는 방식에 깊이 뿌리박혀 있는 경험의 이분법으로부터 벗어나는 것이다. 무한한 의식, 그 아는 것의 무한한 성질로 주의를 돌리는 것은 그 외의 모든 대상이 사라졌다는 것을 의미한다. 이는 대상이라는 것은 모두 다 놓아버리는 것으로 볼 수도 있고, 아니면 주체를 자신의 대상으로 삼는 것이라고도 할 수 있다. 어떤 방식이 더 와닿든, 여기서의 핵심은 마음으로만 전환하는 것이다. 하지만 여기서 다시 짚고 넘어갈 것은, 이것이 단지 구원론적 도구일 뿐이지 존재론적 주장이 아니라는 것이다. 즉, 이것은 주관성이 사건에 미치는 영향을 더 깊이 인식하게 해 주고, 우리가 직면하는 문제와 도전에 대해 스스로 얼마나 기여하고 있는지를 간과하는 뿌리 깊은 경향성을 극복하게 해 주는 하나의 방법일 뿐이다.

이번 단계에서는 마음을 제외한 모든 대상을 포기함으로써, 보통은 파편화되어 있는 우리의 경험으로부터 오는 동요와 피로를 벗어나게 된다. 대상을 포기함으로써 마음은 깊은 정신적 평온과 통일을 얻게 될 가능성이 커진다.[106] 여기서의 기본 과제는 단지 다양한 경험들이 수렴되는 차원으로서의 마음, 그 아는 것 또는 의식으로 주의를 가져가는 것이다. 이러한 주의 방식은 어떤 활동 중에도 안정감을 줄 수 있고, 좌선 중에 더 깊은 정신적 통일을 계발하는 데에도 발판이 될 수 있다.

그러나 동시에, 이렇게 경험의 파편화를 벗어나면 우리는 깊은 정신적 평온과 함께 생겨나는 정신적 통일의 경험 그 이상으로도 나아갈 수 가 있다. 왜냐하면 이것은 경험의 이원성에 뿌리가 되는 부분을 공략하기 때문이다. 이 철저함으로 인해, 우리 일상의 모든 측면이 변형을 맞이할 가능성이 있다. 그 결과 우리는 흔들림 없는 명료함을 갖게 될 수 있다. 또한, 경험에 자리한 앎의 측면을 알아차림으로써 현재 순간에 머물 수 있게 되어 생겨난 이로운 종류의 미세한 기쁨을 갖게 될 수도 있다.

이전의 무한한 공간에 대한 인식은, 물질의 성질이 단지 대부분 공간으로 구성되어 있다는 것을 잘 이해하게 만들어 주었다. 그다음 무한한 의식에 대한 인식은 주체가 대상으로부터 완전히 분리될 수 없다는 사실, 즉, 주체와 대상이 근본적으로 달라서 전자가 후자에 아무런 영향도 주지 못한다고 하는 가정이 잘못되었다는 것을 더 잘 이해하게 해 준다. 비어있음으로 점진하는 이번 단계의 명상은 마음이 모든 관찰된 것에 미치는 영향을 직접 경험하게 해 준다.

마음을 알아차리게 됨으로써 명상가는 실제로 변화될 수 있고 개선될 수 있는 것, 삶의 모든 굴곡의 중심에 자리하고 있는 그것과 직접 접촉하게 되는 것이다. 이보다 더 중요한 것은 있을 수 없으며 이보다 더 희망적인 것도 없다. 사실, 그 알고 있는 것으로 단지 주의를 돌리면 어떤 상황의 변화에도 직접적으로 영향받지 않는 안정감의 요소가 이미 마련된다. 이러한 변화는 의식 자체보다는 마음의 이름(명) 부분에 더 큰 영향을 미치는 경향이 있다.

아는 것으로 향하는 데에는 자연스러움이 있다. 이를 인식함으로써 우리는 아는 마음을 보려고 너무 애쓰거나 아니면 좌절하고 포기해 버리는 함정에 빠지지 않을 수가 있다. 이 단계의 수행은 아름다운 꽃이 피어나는 것처럼 자연스럽게 펼쳐지는 과정이라 할 수 있다. 일단 꽃봉오리는 자라날 시간이 필요하다. 봉오리가 바로 피어나지는 않을 것이다. 마찬가지로, 공간과 의식은 이미 존재하기에, 우리는 이들을 일부러 구성하거나 만들어 낼 필요가 없다. 그러나 우리에게는 사물의 비어있는 본질에 반하는 방식으로 그것들과 관계를 맺는 습관이 뿌리 깊게 박혀 있다. 이 패턴은 비현실적일 뿐만 아니라 해롭기까지 하다. 그러므로 이 습관적인 패턴을 점차 변화시킬 시간이 필요하다. 이것은 단지 힘을 써서 하루아침에 멈출 수 있는 것이 아니다. 이 습관은 반복을 통해 만들어졌기 때문에, 다시 반복을 통해서만 없어질 수 있다. 즉, 비어있음에 반복적으로 머무르는 것을 통해서 가능해진다.

때로는 이렇게 사물을 잘못 인식하는 습관적인 방식을 해체하고 상황을 명료하게 보는 데에, 정규 명상 밖에서 행한 조사가 더 도움이 될 수 있다. 정확히 우리의 내적 차원은 어디서 끝나고, 외적 차원은 어디서 시작되는가? 겉보기에는 꽤 분명해 보이는 주체와 대상 간의 차이를 구분 짓는 것은 무엇인가? 이 둘은 오히려 하나의 연속체에 자리한 상호의존적인 부분들에 대한 상대적인 개념은 아닐까? 이러한 탐구를 위한 간단한 연습이 있다. 먼저 눈을 감고 체화된 몸의 현존을 느껴 보고 나서, 눈을 뜨고 손과 같은 신체의 일부를 바라보자. 그리고 이 신체의 부분이 어떻게 해서, 먼저는 주체라는 느낌의 일부였던 것에서, 이제 시각의 대상으로 바뀌는지를 알아차려 보도록 한다.

그러면 우리가 경험에 부과했던 일반적인 한계들이 해체되기 시작한다. 습관적으로 만들어진 인위적인 경계들이 무너지기 시작한다. 모든 것이 한 가지의 중심적 역할로 수렴된다. 바로, 마음이다. 경험의 세계를 만드는 창조자가 내면에서 발견된다. 동기의 매우 중요한 영향이 명백히 드러난다. 이것이 바로, 가장 중요한 것이 명상인 이유이다. 마음을 바꾸는 것이 세상을 바꾸는 열쇠가 된다. 이는 사회적 불의를 무시하라는 것이 아니라, 정신 수행에 굳건히 기반을 둔 유리한 지점에서 사회 문제들을 다루라는 것이다.

우리가 또한 주목할 것은, 무한한 의식에 대한 명상적 인식이 집착의 대상이 될 위험이 있다는 사실이다. 이는 무한한 의식처럼 비어있음의 수행에 있는 다른 단계의 인식들에도 마찬가지이다. 집착은 이 수행의 본래 목적에 정확히 반대가 된다. 실제로 가르침은, 이러한 인식들 각각에 여전히 존재하는 동요나 피로에 주의를 기울이게 함으로써, 그 어떤 경험들에도 집착하지 말아야 한다는 것을 암시하고 있다. 그러므로 무집착이라는 이 중요한 차원을 강화하기 위해서는, 자신을 해방시키고 타인들을 (각자의 방식대로) 이롭게 한다는 목표를 처음부터 세우고 이 수행을 시작하는 것이 좋다. 이타적 동기를 갖는 것은, 그 어떤 수행 체험도 그것을 '나의 것'으로 연관지어 구체화하거나 집착하고, 이를 통해 자신이 특별한 수행자라는 자만을 쌓는 것이 정확히 이 도정에 반대가 된다는 것을 깨닫도록 도울 수 있다. 이 수행은 무언가를 **얻는** 것이 아니라 무언가를 **벗어 버리는** 것에 관한 것이다. 이 수행은 내려놓고, 내려놓고, 또다시 내려놓는 것이다.

수행을 마무리하면서는, 적어도 잠시라도 이 수행을 역순으로 진행해 보는 것이 좋다. 우리는 여기서부터 무한한 공간으로, 땅으로, 은둔으로 이동하면서, 어떻게 명상 경험이 점차 거칠어지고 동요와 피로가 증가하는지를 인식하도록 한다. 이를 인식하게 되면, 다시 순서대로 수행을 진행해 갈 때 각 동요와 피로의 본질들이 더 잘 이해될 것이다. 수행의 마무리는 우리의 공덕을 나누는 것으로 한다.

이제 일상 활동들로 넘어가면서는, 주의를 상징하는 엄지손가락이 의식을 향하게 하는 것을 떠올리는 것이 좋은 준비가 될 수 있다. 무슨 일이 일어나든, 우리가 무엇을 하든, 우리는 항상 마음의 아는 부분을 알아차리면서 여전히 그 일을 할 수 있는 선택지가 있다. 그 결과 어떤 활동도 마음에서 일어나는 것으로 경험될 수 있다. 걷기는 우리 마음 안에서 걷는 것이 된다. 우리는 존재의 드라마가 펼쳐지는 무대로서 작용하는 마음의 역할을 줄곧 분명히 인식하게 된다. 그 결과, 지금 무대 위의 연극이 가진 극적인 영향력이 상당히 감소된다.

이런 방식으로 주의를 두는 것에 익숙해지면, 우리 삶 전체와 관계성, 그리고 일에도 놀라운 변화가 생겨날 수 있다. 어떻게 보면 단순하지만 이를 실현하려면 헌신과 시간이 필요하다. 그러므로 이 수행을 실패하고 좌절하는 부담스러운 과제로 여기기보다는, '오늘 하루 단 한 번만이라도 아는 마음을 알아차릴 수 있는지 볼까?' 하는 식으로 유희적인 태도를 갖는 것이 좋다. 일상의 특정 활동을 선택해서 점진적으로 습관을 형성해 나가는 것도 매우 도움이 될 수 있다. 언제든 실패했다는 평가가 마음에 들어올 때마다, 우리는 그저 되돌아서서 그 평가를 아는 것을 바라보도록 한다. 이 아는 마음을 알아차리는 것을 통해 우리가 이 수행을 실천하는 태도 자체가 크게 개선될 수 있다.

Ⅵ.
자아의 비어있음

다시 아난다여, 수행승은 '무한한 공간의 영역'에 대한 인식과 '무한한 의식의 영역'에 대한 인식에 주의를 기울이지 않고, 오직 '아무것도 없음의 영역'에 대한 인식에만 의지한 합일에 주의를 기울인다. 이때 그의 마음은 '아무것도 없음의 영역'에 대한 인식에 진입하여, 기뻐하고, 안착하며 이에 전념한다.

그는 이렇게 이해한다. "'무한한 공간의 영역'에 대한 인식으로 인한 어떠한 방해도 여기에는 없다. '무한한 의식의 영역'에 대한 인식으로 인한 어떠한 방해도 여기에는 없다. 다만 '아무것도 없음의 영역'에 대한 인식에 의지한 합일이라는 미세한 방해만이 남아 있다."

그는 안다. "이 인식 범위에는 '무한한 공간의 영역'에 대한 인식이 비어있다." 그리고 그는 안다. "이 인식의 범위에는 '무한한 의식의 영역'에 대한 인식이 비어있다. 오직 '아무것도 없음의 영역'에 대한 인식에 의지한 합일이라는 비어있지 않음만이 남아 있다."

이렇게 그는 실제로 거기 없는 것을 두고 비어있다고 숙고한다. 그리고 그는 거기 남아 있는 것을 두고 여전히 '그것이 있다'고 안다. 아난다여, 이와 같이 그에게는 비어있음으로의 이 순전하고 왜곡되지 않은 청정한 진입이 또한 생긴다.[107]

1. 통찰과 평온

땅에 대한 인식을 검토하는 과정에서, 나는 '비어있음으로의 점진적 명상'의 기저에 근본적으로 통찰과 평온의 상호연관성이 자리하고 있는 특징을 발견했다(p.64 참고). 특히, 무색계 영역이라는 평온의 영역에 들어 있는 인식들을 활용하여 비어있음에 대한 통찰을 키우는 이러한 패턴은 다른 경전에서도 유사하게 나타난다. 이 경전은 팔리어, 중국어, 티베트어로 현존하고 있는데, 이들은 반대로 평온의 계발을 위해 통찰을 활용하는 접근법을 취한다. 이 경전은 『비어있음에 대한 짧은 경』과 마찬가지로 평온과 통찰의 상호 교류적인 명상을 다루기 때문에, 현 단계를 수행하는 데 유용하게 활용될 수 있다.

'아무것도 없음*nothingness*'이라는 용어는 때로 불교 수행의 최종 목표를 지칭하기도 하지만,[108] 무색계 수행에서 사용되는 아무것도 없음에 대한 인식이 꼭 비어있음에 대한 통찰을 수반하는 것은 아니다. 기록에 따르면, 붓다는 깨달음을 추구하는 과정에서, 한 고대 인도 스승의 지도 아래 실제로 '아무것도 없음의 영역'에 도달한 적이 있다. 그 스승은 이에 매우 감명받아 공동 교사가 되어 줄 것을 제안했지만, 당시 붓다는 이 경지가 자신이 찾고 있던 인간의 근본적 고뇌에 대한 확실한 해답을 제공하지 않는다는 것을 알고서는 떠났다.[109] 이 일화는 아무것도 없음에 대한 인식이 비어있음에 대한 통찰을 제공하는 도구가 되려면, 이 인식의 특별한 양상이 개발되어야 한다는 것을 보여 준다. 그런 점에서, 선정의 증득을 위한 방법으로 숙고적인 통찰을 제시하는 이 경전은 이 목적에 자연스럽게 잘 부합한다.

해당 경전은 '아무것도 없음의 무색계 영역'에 도달하기 위한 세 가지 대안적인 접근들을 제시한다. 그중 하나는 이 경전의 앞부분에서 설명된 동요 없음의 경지에 이르는 명상적 진전과 관련이 있다. 그러나 『비어있음에 대한 짧은 경』에서는 이러한 동요 없음을 성취하는 것에 대해 언급하지 않기 때문에, 이 접근법은 덜 적절해 보인다. 또 다른 접근법은 세 가지 버전에서 상당한 차이를 보이므로, 이 중 어느 것이 현재의 목적에 적합한지 확실히 알 수가 없다.[110]

마지막으로 남은 접근법은 여러 버전에서 상당히 일치하며, 그 주제 또한 현재 맥락에 잘 부합한다. 팔리어 버전에서 이 접근법은 '이것은 자아와 자아에 속한 것이 비어있다.'라고 하는 방식을 취한다.[111] 중국어와 티베트어 버전은 여기에 더 자세한 내용을 덧붙인다. 여기서는 팔리어의 '이것'을 '세계'로 구체화하고, 자아와 자아에 속한 것이 없다는 팔리어의 설명에 더해 영원함과 불변함도 없다고 언급한다.[112] 이러한 설명을 바탕으로, '비어있음으로의 점진적 명상'의 한 단계인 **아무것도 없음**을 숙고할 때는, 우리가 경험하는 이 세계에는 자아와 자아에 속한 것으로 규정될 수 있는 그 **어떤 것**도 **없다**는 관점에서 숙고할 수가 있다. 여기서 자아란 영원한 실체를 의미한다.

'아무것도 없음의 영역'이라고 표준적으로 번역하는 대신, 같은 인도어 용어를 '아무것도 소유되지 않는 영역'으로 번역하는 또 다른 방법이 있다.[113] 이런 해석은 현재 수행 단계에서 추가적인 지침으로 활용될 수 있다. 즉, 내적이든 외적이든 경험되는 모든 것에 대해 '자아에 속한 것'이라는 소유 의식을 내려놓아야 한다는 의미로 이해할 수 있게 된다. 이 접근법은 실제 수행에 특히 도움이 될 수 있는데, 이 소유 의식은 우리 모두가 잘 알고 있는 것이며, 큰 어려움 없이 식별할 수 있는 것이기 때문이다.

2. 무상(無常)

중국어와 티베트어 버전에서, 무아에 대한 기본적인 숙고에 영원한 것이 없음이 추가로 언급된 것은, 팔리어 버전에 암시되어 있는 내용이 명시적으로 드러난 것이다. 왜냐하면 초기 불교의 무아 개념은 본질적으로 무상과 연관되어 있기 때문이다. 이 연관관계를 염두에 두면 자아가 비어있다는 의미를 더 명확히 이해할 수 있는데, 이는 비어있음을 숙고하는 과정 전체와 중요하게 연관된다. 지금까지 다룬 명상적 접근법들 중에서, 자아가 비어있다는 것이 불교 교리에 가장 핵심이 된다.

자아의 부재와 무상함 간의 밀접한 관계는 초기 경전에서 반복적으로 나타난다. 경전에서 자주 보이는 가르침의 형태 중 하나는, 주관적 경험의 어떤 부분이든 그것이 무상한지를 묻는 것이다.[114] 이 질문에 제자들이 그것의 무상함을 인정하면, 그다음 질문으로 그 무상한 것이 불만족스럽다(둑카)고 여겨질 수 있는지 묻는다. 변화하는 것은 당연히 지속적인 만족을 줄 수 없으므로, 무상한 것은 궁극적으로 불만족스러운 것이다. 이 점이 확인되면, 다시 질문은 과연 무상하고 불만족스러우며 변화하는 성질을 지닌 것이 자아로 여겨질 수 있는지를 묻는 것으로 이어진다. 다시 말해, 주관적 경험의 어떤 측면도 자아로 여기는 것이 부적절하다는 것은 그것의 본질이 무상하다는 것에 근거하고 있다.

이와 같은 기본 패턴은 통찰과 관련된 일련의 인식에서도 보인다. 이들은 '무상에 대한 인식'에서 시작된다. 다음으로 '무상한 것에 대한 불만족의 인식'이 오는데, 이는 무상하다고 확인된 것은 이제 불만족스러운 것으로 보인다는 뜻이다. 그다음에는 '불만족스러운 것에 대한 무아의 인식'이 오는데, 이는 불만족스러운 것은 이제 자아가 비어있는 것으로 인식된다는 것을 뜻한다.[115] 이 세 가지 인식들에 자리한 내적 논리는, 자아의 부재가 불만족을 매개로 한 무상함에 근거하고 있다는 것을 확인시켜 준다.

자아의 부재에 대한 가르침이 무상함에 긴밀히 의존하고 있다는 점을 충분히 이해하려면, 위의 구절들이 불교 사상 발전의 초기 단계, 즉 '찰나성'의 개념이 등장하기 이전 시기에 비롯되었다는 점을 염두에 두어야 한다. 찰나성의 개념에 따르면, 모든 것은 생겨나자마자 바로 완전히 소멸한다.[116] 그러나 초기 불교의 관점에서는, 어떤 것이 생겨나면 그것은 짧거나 긴 기간 동안 변화하는 과정으로 지속되다가 완전히 소멸될 수도 있다. 이를 설명하는 팔리어 구절은 단지 이 세 단계만을 언급하지만, 중국어 대응 경전은 이에 대한 구체적인 예시를 제공한다. 이에 의하면, 생겨남은 태어남으로, 소멸은 죽음으로 나타날 수 있으며, 그 사이의 변화는 치아의 상실, 하얗게 세는 머리카락, 체력의 소진 등이 될 수 있다.[117] 이러한 노화의 예시들은 분명히 시간이 걸리는 과정이다. 원칙적으로는 누군가가 태어나자마나 죽을 수도 있지만, 이것이 일반적인 경우는 분명 아니다.

이 요지들을 바탕으로, '자아와 자아에 속한 것이 비어있다'는 명제는 실제로 '영구적인 어떤 것도 비어있다'는 의미로 이해할 수 있다. 이는 앞에서 언급한 경전의 중국어와 티베트어 버전에서 추가한 설명과 일치한다. 이러한 해석은 초기 불교 교리에서 이 명제가 수행과 연관해서 가지는 주요 의미를 명확히 한다. 요컨대, '이것은 자아와 자아에 속한 것이 비어있다.'라는 숙고에는 영구적인 것의 부재함이 포함된다고 이해해야 하며, 이는 특히 의식에 적용이 되어야 한다. 왜냐하면 의식은 오온 중에서 가장 쉽게 영구적인 실체라는 잘못된 관념을 일으킬 수 있는 요소이기 때문이다.[118] 따라서 이번 명상이 무한한 의식에 대한 인식으로부터 아무것도 없음에 대한 인식으로 진행되는 것은 매우 타당하다.

이러한 방식으로 이 수행은 무한한 의식에 대한 심오한 경험이 잘못된 결론으로 이어지지 않게 보장해 준다. 다시 말해, 이러한 진행은 이 경험이 아무리 미묘하더라도 자아에 대한 어떠한 집착으로부터도 완전히 깨끗해지게 만든다.

3. 자기화와 자만

자아가 영구적인 실체라고 믿는 문제는 예류과의 깨달음이 해결해 줄 것이다. 열반의 첫 번째 돌파구에서[119] 제거되는 세 가지 속박 중 하나는, 바로 그러한 자아의 존재를 인정하는 견해와 관련된다.[120] 그러나 이것은 자아 개념이 제기하는 문제에 대한 완전한 해결책이 아니다. 수다원은 더 이상 그러한 자아가 존재한다는 생각을 받아들이지 않지만, 자기참조*self-referentiality*에 기반한 뿌리 깊은 행동 양식은 여전히 극복되어야 할 것으로 남아 있다. 이에 대한 예가 '나의 것'으로 만드는 자기 동일시의 경향성인데, 이를 제거하기 위해서는 '이것은 자아가 비어있다'는 평가에 '자아에 속한 것도' 비어있다는 이해가 더해져야 한다. 또 다른 차원은 자만이다. 이는 앞서 인용한, 무상함에 대한 질문에서 시작하여 불만족스러움, 그리고 자아가 없는 본질을 확인하는 방식으로 지도한 예시를 담은 경에서 분명하게 언급된다. 자만에 대한 이 구절은, 다른 이들과 비교하여 우월감을 느끼거나, (최소한) 동등하다고 느끼거나, 열등감을 느끼는 방식으로 나타나는 자만의 다양한 양상이, 주관적 경험의 모든 측면에 들어 있는 무상한 성질을 있는 그대로 보지 못하는 데에서 비롯된다고 지적한다.[121]

이러한 자기화의 여러 차원들을 다루게 해주는 무아에 대한 표준적 가르침은, 색, 수, 상, 행, 식의 오온으로 분석되는 주관적 현실의 각 측면을 '이것은 내 것이 아니고, 이것은 내가 아니며, 이것은 나의 자아가 아니다'라는 관점에서 숙고하게 한다.[122] 이 가르침의 요점은 '나'와 '내 것'이라는 단어의 사용을 금지한다는 뜻이 아니다. 자기 동일시와 자만은 감정적 애착과 집착에서 비롯되므로, 이 문제는 단순히 언어적 차원에서 해결될 수 없다. 실제로 완전히 깨달은 사람들도 여전히 '나'와 '내 것'이라는 용어를 사용한다.[123] 위에서 말한 자만의 다양한 양상과 관련해서, 아라한들도 우월한 것과 열등한 것을 구분할 수 있다. 한 예로, 붓다가 가르친 것 중에는 타인을 섬기는 것이 적절한지를 구별하기 위해서 자신이 그 사람을 섬겨 '더 나아지는지' 아니면 '안 좋아지는지'를 분별하도록 하는 것이 있다.[124] 그러므로 자만에 있어 진정한 과제는 자아에 대한 감정적 애착과 집착이 있느냐의 문제이다. 따라서 치유책으로 필요한 것은, 무상에 대한 포괄적인 알아차림을 배양함으로써 자기화의 태도에 밑받침이 되는 인식적 기반을 약화시키는 것이다. 모든 것이 변한다는 사실이 마음에 더욱 깊이 새겨지고, 이것이 인지적 인식의 수준을 넘어 내면의 태도를 변화시킬수록, 자기 동일시와 자만의 경향은 더욱 약해질 것이며 결국에는 완전히 극복될 수 있을 것이다.

비어있음에 자리한 이 중요한 차원에 통찰이 점점 깊어질수록 놀라운 변형이 가능해진다. 소유권과 통제감, 즉 (마음을 포함한) 감각들을 통해 경험되는 모든 것의 수령인이자 관리자로 기능하는 일종의 실체가 있다는 관념에 의문을 제기하는 것은, 우리가 세계를 인식하는 방식을 근본적으로 바꿔 준다. 이것은 자기화를 그저 놓아버리게 함으로써, 가장 평범한 활동에도 비어있음의 맛이 스며들게 해 준다.

이를 설명해 주는 팔리어 경전과 두 개의 중국어 대응 경전들이 있다. 이 경전들은 바다의 다양한 특성을 사용하여 붓다의 가르침의 여러 차원을 설명한다. 이 중 하나가 어디서나 변함없는 바다의 짠맛이다. 바다가 어디서나 같은 맛을 가진 것처럼, 붓다의 가르침도 어디서나 같은 맛을 지닌다. 팔리어 버전에 의하면, 이는 해탈의 맛이다.[125] 중국어 버전들은 이와 다르지만 연관된 맛을 언급한다. 한 버전은 탐욕의 여읨, 깨달음, 평온, 그리고 도(道)의 맛을 말하고, 다른 버전은 고귀한 팔정도의 맛을 언급한다.[126] 이러한 다양함 속의 공통점은 이들이 모두 깨달음을 지향한다는 것이다. 같은 지향성이 여기서 탐구된 비어있음의 수행에 관한 가르침, 특히 무아에 대한 통찰에도 적용된다. 똑같은 짠맛이 퍼져 있는 바다에 비유해 보자면, 무아에 대한 숙고를 통한 모든 경험은 그것이 어떻게 나타나든, 깨달음으로 나아가는 똑같은 맛으로 채워질 수 있다.

4. 무아와 조건성

개인에게 내재하는 어떤 영구적인 것의 존재를 부정하는 자아의 부재에 대한 핵심적인 가르침은, 후대 전통에서 꼭 그대로 보존되지는 않았으며, 때로 과장되어 나타나기도 한다. 이러한 관점의 변화를 잘 설명해주는 예로 마차의 비유가 있다. 이 비유는 원래 높은 깨달음을 얻은 비구니 스님으로부터 비롯되었는데, 그녀는 마차와 개인 모두 복합적인 성질을 가지고 있음을 명확히 설명했다.[127] 마차가 여러 부품으로 이루어져 있듯이, 개인도 오온으로 구성되어 있다는 것이다.

그러나 종종 후대 전통에서 이 비유는, 마차가 여러 부품으로 이루어져 있고 분해될 수 있으므로, 마차라는 것이 아예 없다고 하는 주장으로 변화한다. 마차를 분해한 후 그 다양한 부품들을 가리키며 이 중 어느 것이 마차인지 묻는 과정을 통해 이러한 결론에 도달한다.[128] 당연히 이들 중 어떤 부품도 마차는 아니다. 하지만 그렇다고 해서 분해되기 전에 마차가 존재하지 않았다고 할 수는 없다. '마차'라는 용어는 주행이 가능한 기능적인 부품 조립체를 말한다. 마차를 여러 조각으로 분해함으로써 이 기능적 조립체는 파괴되었다. 더 이상 마차를 찾을 수 없는 것은 당연하다. 하지만 분해되기 전에 마차는 복합적이고 무상한 기능적 부품 조립체로 존재했으며, 그것으로 주행이 가능했다. 사실 마차를 마차로 만든 것은 단순히 그 부품들 중 어느 한 부품이거나 모든 부품을 합친 것이 아니라, 그것들을 서로 연관되게 엮어서 결과적으로 기능할 수 있도록 배치한 방법이다. 다시 말해, 마차를 구성하는 것은 적절한 원인과 조건들이다. 이것이 바로 어떤 부품에서도 마차를 찾을 수 없는 이유이다. '마차'라는 용어 자체가 그것들의 기능적 조립체를 지칭하기 때문이다. 즉, 그것은 특정한 조건들의 집합을 지칭한다.

개인에게도 같은 원리가 적용된다. 오온 중 어느 것도 개인이 아니며, 만약 개인을 마차의 부품처럼 분해할 수 있다면 개인은 존재하지 않게 될 것이다. 하지만 오온이 기능적으로 결합되어 있는 한, 개인은 복합적이고 무상한 것으로서 존재한다. 앞서 언급했듯이, 이러한 개인들은 '나'와 '내 것'과 같은 용어로 자신을 지칭할 수 있다. 그것이 분명 복합적이고 무상한 것을 지칭하는 한은 문제될 것이 없다. 변화하는 과정으로서의 개인은, 영구적인 것을 갖고 있지 않지만 분명히 존재한다. 바로 이 점 때문에, 개인에게 있어 업과 윤회에 대한 가르침이 적용될 수 있는 것이다.[129]

붓다가 깨달음의 밤에 얻은 숭고한 앎 중 두 가지는 자신의 전생을 기억하는 것과 다른 이들이 그들의 업에 따라 죽고 다시 태어나는 것을 직접 목격한 것이다.[130] 경전에 명시되어 있지는 않지만, 붓다는 자신의 과거 생의 다양한 정체성을 목격함으로써, 어떻게 이 정체성들이 지금 그 과거의 경험들을 기억할 수 있는 한 개인으로 묶이는지를 조사하게 되었다고도 볼 수 있을 것이다. 이 질문에 대한 답은 조건성인데, 특히 다른 이들이 죽었다가 재생하는 것을 관찰할 때 명확히 드러난다. 이러한 관점에서 볼 때, 조건성의 구체적인 예가 되는 업*karma*은 무아를 올바르게 이해했는지를 시험할 수 있는 리트머스 시험지와 같다. 만약 이 둘이 서로 모순되거나 양립할 수 없는 것으로 보인다면 무아에 대한 자신의 이해가 수정되어야 한다고 할 수 있다.[131]

비어있음과 조건성의 관점에서 이 기본 입장을 재구성해 보자면, 비어있음의 빈 공간은 원인과 조건으로 가득 차 있다고 할 수 있다. 이 원인과 조건들은 결코 부정되지 않는다. 무아의 가르침이 부정하는 것은 원인과 조건과는 별개로 독립적으로 존재하며 변화를 초월하는 어떤 독립적인 실체이다.

무아에 대한 가르침의 요지를 전달하는 데 도움이 되는 이미지로는 자신의 얼굴을 보기 위해 들고 있는 거울의 비유가 있다.[132] 이는 자아라는 느낌에 대한 집착, 특히 '내가 있다'는 자만심을 설명하는 데 사용될 수 있다. 우리가 거울을 붙잡고 있는 동안에만 자신의 비춰진 얼굴을 볼 수 있는 것처럼, 자아라는 느낌에 대한 집착으로 인한 자만심에 물들어야만 '내가 있다'는 생각이 생겨날 것이다. 따라서 해야 할 일은 거울을 내려놓는 것이다. 여기서는 이전의 무한한 의식에 대한 인식을 통해 거울을 내려놓는 것이 상당히 용이해졌다. 이 인식으로 인해 이미 우리는 거울이 반영하는 내용에 덜 휩쓸리게 되어서 거울 자체를 인식하는 게 익숙해졌기 때문이다. 당연히 이는 거울 자체를 놓아버리는 것을 더 쉽게 만든다.

아래는 무아에 대한 가르침의 요점 일부를 담은 팔리어 게송의 번역이다. 이 게송은 세 개의 게송 중 첫 번째로, 서문은 범부들과 깨달은 이들이 참된 것과 거짓된 것이라 여기는 것을 비교한다. 깨달은 이들은 세상 대부분이 참되다고 믿는 것을 거짓으로 보고, 거짓이라고 생각하는 것을 참되다고 본다.[133]

자아가 아닌 것에서 자아를 상상하는
천신들의 세상을 보라.
그들은 명색에 깊이 빠져,
'이것이 진실이다'라고 상상한다.

5. 요약

'비어있음으로의 점진적 명상'의 일부로서, 아무것도 없음에 대한 인식을 실제로 수행할 때는 한 경전에 나오는 세 가지 접근법 중 하나를 활용하면 도움이 된다. 이 경전에는 『비어있음에 대한 짧은 경』과 마찬가지로 평온과 통찰을 연결하여, '아무것도 없음의 경지'를 완전히 성취하게 하는 세 가지 방법이 나온다. 이 중 관련 접근법은 '이것에는 자아와 자아에 속한 것이 비어있다'고 숙고하는 것이다.

여기서 표적이 되는 자아의 개념은 영구적인 실체를 의미한다. 무아의 교리는 무상의 인식에 기반하며, 무상한 것은 지속적인 만족을 줄 수 없다는 깨달음에 또한 기반한다. 무아의 가르침이 부정하는 것은, 단지 변화를 초월하여 지속적인 만족을 줄 수 있는 영구적인 무언가가 존재한다는 것 그 이상도 그 이하도 아니다.

이 가르침은 어떤 영구적인 실체 같은 것이 존재한다는 인지적 믿음에만 적용되는 것이 아니라, 자기화와 자만과 같은 감정적 태도에도 적용된다. 수다원은 이미 영구적인 자아의 존재를 믿지 않지만, 마음에서 자기화와 자만의 모든 흔적을 제거하려면 아라한이 되는 단계에까지 도달해야 한다.

후대에 이르러 무아의 가르침이 과장되어 개인이라는 것이 전혀 존재하지 않는다는 주장으로까지 번지게 되었다. 마차의 경우 이 주장은, 마차를 분해하고 어느 부분도 마차로 식별할 수 없기 때문에 애초에 마차는 없다고 말할 수 있다는 생각이다. 하지만 '마차'라는 용어는 운전을 가능하게 하는 부품의 기능적 조합을 가리킨다. 마차가 분해되면 이 기능적 조합이 파괴된다. 그러면 마차를 더 이상 찾을 수 없는 것은 당연하다. 그러나 분해되기 전에 마차는 무상한 부품들의 조합으로서 존재했다. 즉, '마차'라는 용어는 원인과 조건들의 특정한 집합을 나타낸다. 개인도 마찬가지이다.

'비어있음으로의 점진적 명상'에서 현재 단계가 표적으로 하는 것은 영구적인 실체이다. 이렇게 이해하면, 아무것도 없음에 대한 인식을 구현하는 것은 거기에 완전히 아무것도 없다는 뜻이 아니라, 영구적인 것이 없다는 것을 의미하는 것이 된다. 이는 무아의 가르침이 완전히 아무것도 없다는 것이 아니라 영원한 자아가 없다는 것을 의미하는 것과 마찬가지이다.

6. 수행을 위한 지침

이전과 마찬가지로, 이번 단계의 인식은 앞 장에 나온 단계들을 기반으로 한다. 수행의 동기를 세운 후, 알아차림은 신체적, 정신적 은둔을 거쳐 땅에 대한 인식으로 나아가고, 그다음은 나머지 세 요소들을 거쳐 무한한 공간에 이르며, 이어 무한한 의식으로 향한다. 이때 의식은 무한한 공간을 대상으로 함으로써 그 자체가 또한 무한해진다.

이전의 인식들과 마찬가지로 여기서도 우리는 이를 너무 문자 그대로 받아들여 주요점을 놓치는 일이 없게 해야 한다. 무한한 공간에 대한 인식이 이제 우리가 벽을 통과해 걸을 수 있다는 뜻이 아닌 것처럼, 그리고 무한한 의식에 대한 인식이 주관적 인식의 영역 외에는 아무것도 존재하는 것이 없다는 뜻이 아닌 것처럼, 자아의 부재라는 것은 주관적 경험이라는 현실을 부정하는 것이 아니다. 따라서, '나'와 '내 것'과 같은 단어를 사용하는 것은 문제가 되지 않는다. 다만 이것이 자만이나 애착 없이 사용되어야 한다. 여기서 문제시하는 것은 실체적이고 변하지 않는 자아나 본질이 있다고 보는 타고난 믿음 같은 것이다. 이것이 번뇌와 자만, 그리고 집착의 근본 원인이며, 깨닫지 못한 존재들이 '나'를 만들고, '내 것'을 만드는 모든 행위 뒤에 숨어 있는 것이다.

깨닫지 못한 마음으로 하여금 자아라고 여기게 만드는 그 기능을 대신하는 것은 사실 조건성이다. 주관적 경험을 구성하는 원인과 조건들의 과정을 완전히 이해하게 해 주는 것은, 바로 영구적인 자아라는 잘못된 신념을 내려놓는 것이다. 무아의 가르침이 의도하는 것은 결코 원인과 조건들의 과정들을 부정하는 것이 아니라, 오히려 이 과정을 인식하고 이해하게 하는 것이다.

실제 수행에서 이 단계는 무한한 의식의 경험 뒤에 숨어 있을 수 있는 에고의 짐을 내려놓게 한다. 이러한 내려놓음은 특히 의식의 경우에 중요하다. 이 의식의 경험 속에 영구적인 무언가가 있다는 잘못된 생각, 즉 자아 관념을 구축하는 기반이 되는 무언가가 결국은 있다는 잘못된 생각으로 이어질 수 있기 때문이다. 하지만 의식은, 계속해서 무상한 것을 의식하고 있는 그 과정 이상 아무것도 아니다.

이번 단계를 설명하기 위해서, 무한한 의식의 경험을 맑은 물이 든 유리잔을 햇빛에 비추어 보는 것에 비유해 보고자 한다. 맑은 물임에도 불구하고, 자세히 들여다보면 물속에는 미세한 입자들이 떠다닌다. 그런데 정화 필터를 거치면 이러한 입자들까지도 걸러져 물이 완전히 깨끗해진다. 마찬가지로, 이번 단계의 인식을 필터로 적용하면, 무한한 의식의 경험에 남아 있는 자아화의 모든 흔적을 정화할 수 있다. 무한한 공간으로부터 무한한 의식으로의 전환에 비해, 이번 단계에서의 진전은 훨씬 더 미묘하다. 동시에, 이전의 인식들과 마찬가지로, 여기서의 주요 명상 과제는 이미 존재하고 있는 부재를 인식하는 것이다. 공간이나 의식이 일부러 만들어 낼 필요 없이 단지 인식하기만 해도 되었던 것처럼, 여기서도 마찬가지로 자아의 부재라는 것을 우리가 일부러 만들어 낼 필요가 없다. 자아는 철저하게 다만 구성된 것이다. 따라서 그 구성하기를 중단하기만 하면, 자아의 기만적인 본질이 드러나고 그것의 부재가 완전히 인식될 수 있다.

비어있음은 행해야 할 무언가가 아니라 이해하고 인식해야 할 무언가이다. 따라서 실제 명상 수행에서 조금이라도 긴장의 흔적이 있다면 그것은 무언가가 올바른 방향으로 가고 있지 않다는 지표가 된다. 우리는 능동성이 전혀 필요치 않을 때도 능동적이 되는, 즉 내려놓기가 아니라 어떻게 되게 하려는 시도를 하곤 한다. 이때는 단지 이를 인식하는 것만으로도 올바른 궤도로 되돌아 올 수 있다. 물론 모든 수행과 마찬가지로, 이번 단계도 쉽고 자연스럽게 수행하게 되기까지는 어느 정도 익숙해지는 시간이 필요하다. 그럼에도 불구하고, 과도한 노력에는 애초부터 주의를 기울일 필요가 있다. 과도한 노력은 통제감을 통해 자기화를 강화하는 통로 중 하나이기 때문이다. 우리는 이 명상적인 인식을 최선을 다해 구현하고자 하기 때문에, 어떤 면에서 노력을 많이 들이게 되는 것이 자연스럽다. 하지만 그 구현을 가장 잘 도울 수 있는 것은 '노력 없는 노력'이다. 다시 말해, 이는 그것을 '하려 하는' 게 아니라 그것으로 '있는' 것, 그리고 그것을 만들어 내는 것이 아니라 차라리 놓아버리는 것이다.

이번 단계를 수행하는 데에는 이전의 두 인식을 진행한 것이 상당한 도움이 된다. 무한한 공간에 대한 인식은 자아라는 느낌에 자리한 공간감을 약화시킨다. 사실 아직 몸을 공간으로 인식하는 데 익숙하지 않을 때, '나-만들기'나 '나의 것-만들기'를 위한 위치감을 잃어버리는 것은 우리를 불편하게 하고 공포까지 느끼게 할 수 있다. 따라서, 무한한 의식으로 전환하기 전에 무한한 공간에 대한 인식을 얼마간 따로 수행하며 기초 작업을 다지는 것이 도움이 된다. 왜냐하면 너무 빨리 무한한 의식으로 전환하거나, 심지어 무한한 공간에 대한 인식을 건너뛰고 바로 무한한 의식으로 나아가는 것은, 무한한 의식에 자기 동일시를 통해 집착하는 마음의 경향을 부지불식간에 더욱 강화할 수 있기 때문이다. 이러한 패턴은 마치, 우리가 물리적 영역에서 자기화를 위한 지지기반이 없다고 인정할 수밖에 없게 되면, 마음이 신속하게 방향을 전환하여 의식을 그 지지기반으로 삼으려 시도하는 것과 같다.

앞에서 언급했듯이, 의식은 오온 중에서 가장 쉽게 구체화되어 자아 개념의 기반이 된다. 그렇기에 이번 단계는, 무한한 의식의 그 숭고하고 심오한 경험으로부터 자아화의 모든 흔적을 다 정화해 낸다는 점에서 매우 중요하다. 이러한 정화는 이전의 두 인식을 통한 기초 작업에 기반한다. 이 작업들은 우선 자기화를 위한 모든 물질적 토대를 해체했고, 다음으로는 의식이 개별적인 자아감의 경계를 넘어서는 무한한 성질이라는 것을 보여 주었다. 그러나 이렇게 무한하고 무제한적인 의식을 또 다시 자아로 취하고, 그것을 자기 것으로 만들어 숙련된 명상가라는 자만심을 구축하는 요소로 삼는 것이 얼마든지 가능하다. 그러므로, 그 무한한 의식조차 지금 당장 '나-만들기'와 '나의 것-만들기'에서 철저히 벗어나야 한다.

여기에는 이전 단계들이 제공한 기초 작업들 외에도, 일상 속에서 무아라는 주제를 계속해서 탐구하는 것이 큰 도움이 될 수 있다. 우리가 자기화의 경향성이 작동하는 것을 명확히 볼 수 있을 때는 일상에서 도전을 겪을 때이다. 이때 우리가 자기화를 알아차리기 위해서는 시간과 정신적 공간을, 비록 회고적일지라도, 기꺼이 할애해야만 한다. 이렇게 해서 얻어진 분명한 이해는, 다시 이번 단계의 정규 명상에서 버려야 할 것이 무엇인지를 잘 안내해 줄 것이다.

우리가 탐구할 또 다른 관련 영역은 명상 중에 발생하는 산만함이다. 이 탐구는 이전 인식의 기반 위에서 이뤄지는데, 이전 인식에서 생각이 일어나고 있다는 것을 인식하는 한 생각의 존재 자체는 문제시되지 않음을 명확히 했다. 성공적인 명상이 생각 없는 마음을 갖는 것과 동일한 것이 아니라는 이 안도가 되는 깨달음을 바탕으로, 이번 인식에서는 생각의 발생이 통찰을 위한 자양분으로 전환될 수 있다. 이러한 통찰은 우선 산만함과 공상이 대개 그 핵심에 어떤 형태의 자기화를 가지고 있음을 인식하는 형태로 일어나며, 수행이 성숙해짐에 따라 이는 더욱 명확히 인식된다. 그뿐만 아니라, 산만함과 공상의 목적은 자아 감각을 재확인하는 것으로 보이는데, 이 자아 감각이라는 것은 단지 구성물일 뿐, 스스로 그렇게 인식되기를 원치 않는다. 그래서 마음이 침묵하면 자아 감각은 즉시 더 분명하게 **내 것**이라고 느껴지는 무언가를 도입함으로써 어떤 식으로든 고개를 들어 거기 **내가 있다**는 것을 스스로에게 재확인시키려 노력한다. 이를 알아차렸을 때, 유용한 전략은 그 생각을 향해 '누구인가?'라고 질문하는 것이다. 즉, 우리 자신에게 '여기 누가 생각하고 있는가?', '누가 공상하고 있는가?'를 묻는 것이다. 이러한 질문에 직접적으로 노출되면, 생각은 마치 자신의 신원에 대한 물음에 당황하여 그 동력을 잃어버린 것처럼 반응한다.

이렇게 직접적으로 질문하는 전략은, '비어있음으로의 점진적 명상'의 이전 두 단계들에서 산만함을 다뤘던 작업을 기반으로 한다. 무한한 공간에 대한 인식에서 권장되는 절차는, 생각들을 공간으로 둘러싸서 그들과 편안히 있는 법을 배우는 것이다. 이는 산만한 생각이 번성하기 위해 좁은 상태의 마음에 얼마나 많이 의존하는지를 알게 해 준다. 다음 단계인 무한한 의식에서는 산만한 생각이 발생하면 이를 아는 마음 쪽으로 주의를 돌리는 것이 가능하다. 이는 경험의 내용에 해당하는 **무엇**에 관여하게 되는 우리의 뿌리 깊은 경향으로부터 벗어나, 경험이 **어떻게** 작동하는지의 메커니즘으로 주의를 돌리는 과정을 포함한다. 경험의 아는 부분으로 주의를 돌림으로써, 생각들은 중요성을 잃고 다만 아는 것과 함께 있기 위한 도구로 변형된다. 그리고 이번 단계에 오면, 과장되게 들리지는 않기를 바라지만, 산만한 생각은 명상적 경험의 필수적인 부분이 될 수 있다. 이는 산만한 생각들의 일어남을 인식하는 것이 자기화가 생겨나는 과정을 탐구하고 더 잘 이해할 수 있는 기회를 제공하는 한 그렇다고 할 수 있다. 이 모든 산만한 생각들이 단지 자아가 자신을 방어하기 위해 벌이는 쇼에 불과하다는 것을 깨닫게 되면 우리의 태도와 관점에 놀라운 변화가 생길 수 있다.

수행의 연속성을 위해서는 부가적으로, 이번 인식을 호흡과 또한 연결시켜 볼 수 있다. 날숨과 함께 특히 우리는 집착하거나 자기화할 수 있을 만한 것들의 비어있는 속성을 되새겨 보도록 한다. 들숨과 함께 우리는 '나'라는 생각을 정당화할 만한 그 어떤 것도 우리 안에 존재하지 않음에 더 주의를 두도록 한다. 이렇게 해서 수행은 '소유할 어떤 것도,

되어야 할 어떤 것도 없다'는 핵심 원칙을 가지게 된다. 실로 세상에는 '나의 것'으로 하기 위해 취하거나 '나'라는 자만심을 만드는 데 사용될 만한 그 어떤 것도 없다. 모든 것에는 철저하게 자아가 비어있고, 자아에 속한 것이 비어있기 때문이다.

자아라는 무거운 짐을 내려놓는 것은 참으로 놀라운 안도감을 준다. 이 안도감은 이 수행이 해롭지 않다는 것을 재확인시켜 준다. 오히려 자아의 짐을 내려놓는 것은 상실이 아닌 획득이며, 세상을 살아가는 우리의 능력을 저하시키는 것이 아니라 한층 더 향상시켜 준다. 이전 인식들을 통한 준비 작업 덕분에, 이 단계의 수행에서 자기화를 내려놓는 것은 특히나 효과적이 된다. 이전 수행이 물질세계 전체를 공간이라는 것으로 수렴시켰고, 나아가 모든 것이 마음에 있다는 인식을 통해 모든 경험들을 하나로 통합시켜 주었기 때문이다.

이렇게 마련된 기초를 바탕으로, 이제 경험이라는 구조물에서 생겨난 모든 것들은 마음이라는 하나의 그릇에 모아진다. 주관적 관점에서 보면, 모든 현상은 다만 의식에 비춰진 명색(이름과 형태)의 산물일 뿐이다. 따라서 만약 의식이 철저히 비어있는 것으로 보인다면, 이는 필연적으로 명색과 모든 현상, 즉 주관적 경험의 모든 측면에 적용될 수밖에 없다. 그리고 만약 경험의 **현존** 자체가 비어있다면, 그 **내용** 또한 비어있을 수밖에 없다. 이렇게 하여 이번 단계에서는, 경험이라는 드라마 전체를 그 토대에서부터 제거하는 방식으로 다루는 것이 가능해진다. 이는 마치 덩굴식물 줄기들을 거슬러 올라가 마침내 지금까지 숨겨져 보이지 않던 핵심 뿌리를 손에 쥐는 것에 비유할 수 있다. 핵심 뿌리를 찾아내면 이를 가장 효율적으로 잘라 내는 것이 가능한데, 이것은 지혜라는 내면의 검으로 자기화를 잘라 내는 것이 된다. 이전 단계들의 명상 수행은 이 지혜의 검이 이번 단계에서 가장 효율적으로 휘둘러질 수 있도록 보장해 준다.

자기화에서 벗어나게 되면 이전에는 완전히 알아차리지 못했던 일종의 방해물이나 피로감에서도 벗어나게 된다. 이는 마치 자기화가 불필요하게 차지하고 있던 내면의 공간이 이제 자유로워져서 더 의미 있는 방식으로 활용될 수 있는 것과 같다. 자연스럽게 사무량심이 피어나는 것은 비어있음에 대한 깨달음의 또 다른 한 면으로서, 이는 무아를 제대로 통찰했다는 가장 확실한 이정표 중 하나가 된다.

인지적인 자아의 개념이든 자기참조의 기반이 되는 본능적인 가정으로서 자아라는 개념이든, 이번 단계의 인식은 자아라는 개념을 완전하게 겨냥함으로써 어떤 면에서 땅에 대한 인식을 보완한다. 땅에 대한 인식은 세상의 나머지 부분과 분리되어 존재하는 독립된 자아라는 관념을 극복하는 데 상당한 기여를 할 수 있다. 여기에는 순환적인 패턴이 있다. 무한한 의식에 대한 인식이 무한한 공간에 대한 인식을 보완하고 이 둘이 동전의 양면인 것처럼, 이 둘에 뒤이어 나오는 아무것도 없음의 인식은 이 둘에 선행하는 인식인 땅에 대한 인식을 보완한다. 이러한 패턴은 계속되어, 모든 표상이 비어있다는 의미에서의 표상없음이라는 다음 인식이, 좀 더 구체적인 형태의 부재를 말하는 은둔에 대한 인식을 다시 보완한다. 이렇게 보면, 비어있음의 전반적인 명상 궤적은 선형적 진행과 더불어 순환적인 차원을 포함하고 있음을 알 수 있다.

이렇게 선형적이면서도 동시에 순환적인 명상 단계들은, 각각 좀 더 적극적으로 명상적 인식들을 실행하던 것으로부터 좀 더 수동적으로 그에 따른 깨달음에 머무르는 것으로 나아가게 한다. 사무량심의 경우처럼(p.34 참고), 각 단계는 무언가를 하던 것*doing*으로부터 단지 거기에 존재하는 것*being*으로의 전환을 요구한다. 그러므로 각 단계들이 수행 초기에는 다소 개념적으로 보이고 그 의미가 마음에 온전히 와닿지 않는다 하더라도 잘못된 것이 아니다. 이는 당연한 것이다. 하지만 인내심을 가지고 꾸준히 하다 보면, 각 단계와 관련된 비어있음의 개념은 더욱 체화되어, 의도적으로 일으켜야 하는 것이 아닌 자연스러운 현존으로 우리에게 다가오게 된다. 세상을 비어있는 것으로 숙고하려고 애쓰는 것이 점점 줄어들고, 세상의 일들이 점점 더 비어있음의 발현으로서 경험이 되게 된다. 우리의 인식에 떠오르는 것 모두가 단지 비어있음의 현현이고, 마주치는 모든 문제나 도전은 비어있음으로 더 깊이 들어가는 기회가 될 뿐이다. 이렇게 해서, 이번 경우에는 자아의 부재라고 할 수 있는 '없음의 현존'이 모든 경험의 가장 두드러진 특징으로 자연스럽게 부각되고, 깊은 내적 고요가 세상의 모든 소음을 제압한다.

에고의 짐으로부터 해방된 고요는 또한 그 자체로 아무것도 없음에 대한 인식이 된다. 이는 이 수행의 지침에서 반복되어 나오는 패턴과 일치한다. 즉, 떨쳐 버린 방해나 피로를 지적한 후 바로 이어서, 지금 도달한 이 인식 자체가 또한 여전히 남아 있는 또 다른 방해나 피로라고 지적하는 것이다. 비록 현재의 인식에는 떨쳐진 것들(여기서는 주체와 대상이라는 이원성 및 자기화)이 비어있더라도, 이를 깨닫게 된 바로 그 인식은 비어있지 않다. 아무리 강력하더라도 현재의 인식이 아직 최상의 비어있음이 아니라고 분명히 아는 것은 그 인식에 머무르는 것을 매우 유익하게 만들어 준다. 정규 명상을 마치면서는, 무한한 의식, 무한한 공간, 땅, 은둔의 순으로 거꾸로 짚어 가면서, 다시 한번 이런 식으로 경험이 점차 거칠어지고 방해와 피로의 측면이 강해지는 점에 주목한다. 마지막으로 우리의 공덕을 회향하는 것으로 수행을 마무리한다.

일상생활에 수행을 적용을 할 때는, '이것은 자아가 비어있고, 자아에 속한 것이 비어있다.'라고 숙고함으로써 무궁무진한 이득을 얻을 수 있다. 자기화와 에고의 짐을 내려놓으면 우리 자신과 우리가 만나는 모든 이들의 삶이 그만큼 더 수월해진다. 그런데 여기서는 이 '아무것도 없음'이라는 양태가 아무것도 존재하는 것이 없다고 주장하는 것이 아니라는 명확한 이해가 중요한데, 이것이 사회 정의 등등의 중요한 문제들에 대한 개인적 책임이나 헌신을 의문시하는 것이 결코 아니기 때문이다. 오히려 자기중심성이 감소한 만큼 이러한 문제들에 개인적인 책임을 지거나 헌신하는 것이 실제로 더 효율적일 수 있다. 이러한 잠재력을 실현하기 위해서는 자만이라는 거울을 내려놓기만 하면 된다. 즉, '나'라는 감각이 돌아가는 온 세상의 중심점이 되어야 하고, 다른 모든 이들은 이 중심점의 좋고 싫음에 맞춰져야 한다는 가정을 놓아버리는 것이다. 자기중심성이 꼭 이렇게까지 두드러지게 나타나지는 않을 수 있지만, 자기참조라는 자기화는 깨닫지 못한 범부들의 경험 속에 상당히 지속되는 요소이다. 이를 바로잡는 방법으로, 우리는 마음챙김으로 자기화를 알아차린 후 놓아버리고, 이 에고적인 중심을 놓아버리고 나면 모든 것이 얼마나 더 편안해지고 얼마나 더 효율적으로 수행되는지를 알아차려 보도록 한다.

일상생활은 자기화의 패턴을 알아차리는 중요한 탐구의 장일 뿐만 아니라, 이를 놓아버리는 중요한 훈련의 장이 될 수 있다. 걷기 명상을 할 때는 걷는 자 없이 걷기, 즉 걷기와 관련한 '나'나 '나의 것'이라는 감각이 없는 채로 걷도록 해 본다. 숨 쉬는 자 없이 숨 쉬고, 말하는 자 없이 말하기 등등도 할 수 있다. 단순히 에고의 짐을 내려놓는 것만으로도 우리가 얼마나 더 조화롭고 효율적이 될 수 있는지를 탐구할 수 있는 무궁무진한 기회가 있다. 다시 말해, 현재 순간에 있되 그 현재 순간조차 소유하지 않는 법을 배우는 것이다.

어떤 번뇌가 일어나든 비동일시의 전략은 그 진정한 가치를 발휘한다. 이는 태극권을 할 때와 비슷한 방식으로 번뇌들을 다룰 수 있게 해 준다. 태극권에서 우리는 투쟁하지 않고 단지 내적 균형을 유지하면서 비켜서서, 번뇌의 에너지가 착지할 곳을 찾지 못해 지나쳐 가고 흩어지게 한다. 이것이 무아의 가르침을 실천할 때 오는 핵심 잠재력이다. 무아는 번뇌가 착지할 곳을 남기지 않는다.

VII.
표상없음

다시, 아난다여, 수행승은 '〈무한한 의식〉의 영역'에 대한 인식에 주의를 기울이지 않고, '〈아무것도 없음〉의 영역'에 대한 인식에 주의를 기울이지 않고, 표상없음에 집중된 마음에 의지한 합일에 주의를 기울인다. 그의 마음은 표상없음에 집중된 마음에 진입하여, 기뻐하고, 안착하며, 이에 전념한다.

그는 이렇게 안다. "〈'무한한 의식의 영역'에 대한 인식〉에 의지한 어떤 방해가 있다 한들, 그것은 여기 없다. 〈'아무것도 없음의 영역'에 대한 인식〉에 의지한 어떤 방해가 있다 한들, 그것은 여기 없다. 단지 〈표상없음에 집중된 마음〉에 의지한 합일, 이 방해만이 남아 있다."

그는 안다. "이 인식의 범위에는 〈'무한한 의식의 영역'에 대한 인식〉이 비어있다." 그리고 그는 안다. "이 인식의 범위에는 〈'아무것도 없음의 영역'에 대한 인식〉이 비어있다. 단지 비어있지 않은 것은 〈표상없음에 집중된 마음〉에 의지한 합일, 이것뿐이다."

그렇게 그는 실제로 거기 없는 것을 두고 비어있다고 숙고한다, 그리고 그는 거기 남아 있는 것을 두고 여전히 '그것이 있다'고 안다. 아난다여, 이와 같이 그에게는 비어있음으로의 이 순전하고 왜곡되지 않은, 청정한 진입이 또한 생긴다.[134]

1. 표상없음으로의 진행

위의 번역된 발췌문에서 홑화살괄호는 수정된 부분을 표시하기 위한 것이다. 이는 팔리어 버전이 전승 과정에서 오류가 있었기 때문이다.[135] 이 오류 중 하나는 표상없음의 선정 이전에 비상비비상처의 선정 성취를 넣은 것이다. 이것이 뜻밖인 이유는, 이 명상 수행 전체가 인식을 다루는 것에 기반하고 있기 때문이다. 반면 비상비비상처의 선정은, 그 이름이 말해 주듯이 지각이 희미해져서 완전히 지각한다고 할 수도 없고 동시에 지각이 없는 것도 아닌 상태를 말한다. 다른 경전들로부터 정보를 얻은 바에 의하면, 비상비비상처의 선정은 현재의 맥락에 잘 들어맞지 않는다.[136]

팔리어 버전의 또 다른 문제는, 표상없음의 선정을 두 번 다루면서 그 때마다 똑같은 방해를 떨쳐 버린다고 반복하는 점이다. 그런데 이 명상 수행은 더 깊은 수준의 내려놓음으로 이어지는 점진적인 단계들로 되어 있기 때문에 이러한 반복이 적합하지 않다. 따라서 이는 구전 전승 과정의 어느 시점에서 표상없음의 선정에 대한 구절이 실수로 중복됨으로써, 이 단계의 명상 진행 과정이 불확실해지면서 비상비비상처 선정이 추가된 것으로 보인다. 여기서 비상비비상처가 추가된 것은, 다른 맥락에서 무색계의 세 가지 선정인 무한한 공간, 무한한 의식, 아무것도 없음을 언급할 때 통상적으로 비상비비상처의 선정이 잇따라 등장하던 것과 일치한다.

그러나 중국어와 티베트어 대응 경전들은 비상비비상처 선정을 언급하지 않으며, 표상없음을 한 번만 다루는데, 티베트어 경전에서는 '표상없음의 선정' 대신 '표상없음의 요소'라는 용어를 사용하는 약간의 차이만 있다.[137] 그리고 이 표상없음은, 이 단계에서 다시 남아 있는 방해나 비어있지 않은 것이 된다. 위 팔리어 버전에서 수정한 사항들은 바로 중국어와 티베트어 대응 경전들의 이러한 서술 방식을 따른 것이다.

2. 표상없음의 개념

'표상(니미타*nimitta*)'의 기본적인 의미는 어떤 것의 특징적인 표식을 말한다. 이를 통해 인식은 그것이 무엇인지를 인식하게 된다. '표상'이라는 용어는, 기억이나 연상을 일으키는 **원인**이 되는 기능 때문에, 때로는 단순한 **인과**의 뉘앙스를 갖기도 한다.[138] 그런 점에서 표상없음은 어떠한 상도 취하지 않으려는 의도적인 절제, 즉, 어떤 것이 경험되게 하는 인식과 정신적 연상의 이정표들을 의도적으로 무시하는 것이 된다. 이는 감각을 통해 제공된 데이터들로 의미를 구성하기를 거부하는 것이다.

초기 경전은 표상없음의 선정에 대한 표준적인 설명에서 이를 성취하기 위한 두 가지 조건을 규정하고 있다. 이들은 '어떠한 표상에도 주의를 기울이지 않기'와 '표상없음의 요소에 주의를 기울이기'이다.[139] 이 두 조건은 상호보완적이다. 주의는 마음의 모든 상태에 존재하고 있으므로, 주의가 어떤 표상도 취하지 않으면 그 대신 무엇을 하는지에 대한 설명이 필요한데, 지금 이 경우에는 표상의 부재함에 주의를 기울이는 것이 된다. 바로 이것이 '표상없음의 요소'가 의미하는 바로 보인다. 이 두 번째 조건을 명시적으로 언급함으로써, 표상없음의 선정이 비상비비상처의 선정을 얻는 것이나 단지 무의식적인 상태로 있는 것과는 다르다는 것이 분명해진다. 표상없음의 명상 수행은, 인식이 부분적으로나 전적으로 기능을 잃어서 표상을 취하는 것이 불가능한 상태로 만들지 않는다. 오히려 인식은 완전히 기능적인 상태를 유지하지만, 수행자가 어떠한 상도 취하지 않겠다는 의식적인 결심을 유지함으로써, 인식에 필요한 일상적인 양분 같은 것이 제거된 상태라고 할 수 있다.

이 선정은 집중할 만한 한정된 대상을 지니지 않으므로, 이전 단계들과 같은 성질을 띠게 된다. 먼저 언급했듯이, 이전 인식들의 계발에는 집중적인 초점보다 마음챙김이 더 필요하다. 특정 대상에 집중하는 데 익숙한 이들에게는, 집중할 대상이 없이 마음을 고요히 머물게 하는 게 처음에는 어렵게 느껴질 수 있다. 그러나 사마디*samādhi*라고 하는 "집중", 또는 좀 더 잘 표현하자면 '정신적 평온'이나 '통일감'을 계발하는 것은 그렇게 특정 대상에 집중함으로써만 계발되는 것이 아니다. 사마디는 앞의 두 단계나 이번 단계처럼, 이와 매우 다른 방식으로도 일어날 수 있다.

이에 대해 특히 유용한 설명은, 몇몇 팔리어 경전에서 사마디*samādhi*라는 기능(인드리야*indriya*)을 설명하는 부분에서 찾을 수 있는데, 이 설명은 대응되는 경전들에서는 발견되지 않는다. 여기서는 집중의 기능에 대한 정의가 다음과 같은 지침으로 전달된다. "놓아버림을 기반으로 삼아, 집중을 얻고 마음의 통일을 얻으리라."[140] 이 놓아버림은 모든 표상들을 내려놓아야 하는 이번 사마디에 특히나 적절할 것이다.

3. 감각 제어

표상없음에 머무르는 것은, 표상과 관련된 점진적 명상 훈련을 통해 가장 잘 계발될 수 있다. 여기서 첫 번째이자 기초가 되는 단계는 감각을 제어하는 것이다. 이 방식의 수행은 특히 일상 상황에 적합하다. 이때 주된 과제는, 감각의 문에서 일어나는 일이 마음속에서 (주로 좋거나 싫은) 해로운 반응성으로 이어질 때를 알아차릴 수 있을 만큼 충분히 마음챙김을 확립하는 것이다. 이러한 감각 제어에 대해서 가르침은, 표상을 **붙잡는** 경향성을 피할 것에 대해 꽤 구체적으로 언급하고 있는데, 이 경향성은 보통 마음의 더 많은 연상과 정교화로 이어진다.[141] 이 과정에서 감각적 욕망, 분노, 무지는 표상을 만들어 내는 제작자로 작용할 수 있다.[142] 이 세 가지 근본 번뇌가 표상의 제작자가 될 수 있는 이유는, 감각문에서 지각되는 것의 특징을 **붙잡는** 것이 표상이 일어나게 하는 촉진제가 될 수 있기 때문이다.

이전의 명상 수행 덕분에, 마음이 번뇌로 물드는 때를 알아차리기가 점점 더 쉬워진다. 이러한 알아차림은, 우리에게 번뇌를 일으키게 하는 당장 내려놓아야 할 표상이 있다는 피드백을 제공하는데, 여기에는 표상에 의해 발생되는 경향이 있는 다양한 연상과 정신적 확산도 포함된다.

이 접근법이 성공적으로 실행되면, 우리는 번뇌의 짧은 발생과 신속한 제압을 경험할 수 있게 된다. 이 경험은 표상이 마음에 어떤 영향을 미칠 수 있는지에 대한 강력한 교훈이 될 수 있다. 이러한 방식으로 수행하면 인지 과정의 조건성이 드러나게 되며, 훈련되지 않은 마음이 얼마나 쉽게 표상의 불운한 희생자가 될 수 있는지를 깨닫게 된다. 현대 사회의 광고는 이를 잘 알고 있으며 이를 다양한 방식으로 활용하고 있다. 이런 점에서, 이미 표상을 다루는 이 첫 번째 단계에서부터 우리는 마음이 번뇌와 연결된 표상을 취해 속박과 고통에 빠지는 것을 숙련되게 피함으로써, 내면의 자유를 실감할 수 있게 된다.

4. 순전한 알아차림

표상에 대한 명상 수행은 감각 제어를 기초로 해서, 순전한 알아차림의 형태로 더 나아갈 수 있다. 순전한 알아차림의 기본 수행을 위해서는 잘 확립된 마음챙김이 필요하다. 그리고 감각문에 무엇이 나타나든 그 감각 정보를 가장 순전한 상태에서 받아들여야 하고, 그 뒤에는 마음을 그저 고요한 상태에 머무르게 해야 한다. 그러면 그 감각 정보의 첫 입력이 등록된 후 멈춤이 생기고, 갖가지 연상이나 정신적 확산으로 나아가지 않게 된다.

소리를 듣는 것이 좋은 예가 될 수 있는데, 이는 앞에서 무한한 의식에 대한 인식과 연관해서 이미 탐구한 바 있다(p.106 참고). 소리를 들을 때 일반적인 반응은 그 소리의 출처를 찾고 그 의미를 확인하려 하는 것이다. 물론 이는 인류 진화의 초기 단계에서부터 물려받은 자연스러운 생존 전략이다. 야생에서 살던 네안데르탈인에게는 소리의 방향을 빠르게 찾아내고 그 의미를 파악하는 것이 생존 보장의 문제였다. 하지만 오늘날에는 이러한 반응이 항상 필요한 것은 아니다. 우리에게는 즉각적인 반응 대신 순전한 알아차림을 계발할 수 있는 여지가 충분히 있다. 소리의 경우는 청각문에 머무는 것이 과제가 될 것이다. 소리를 외부 어딘가에서 발생하는 대상으로 여기며 이에 관여하려고 정신적으로 다가가는 대신에, 다만 청각문에서 소리를 접수하는 것에 머무르도록 한다.

귀(또는 다른 감각의 문)에 이렇게 머물게 되면, 우리는 '저기 있는 것'으로서의 대상에 강조를 덜 두고 대신 듣는 과정에 좀 더 큰 비중을 둘 수 있게 된다. 이는, 우리의 경험이 좀 더 과정 지향적인 방식으로 전환된다는 점에서 중요한 의미가 있다. 표상과 관련된 근본적인 문제는, 인식을 용이하게 하기 위해서 마음이 변화의 영향을 가장 적게 받는 표상들에 초점을 맞추는 경향이 있다는 것이다. 예를 들어, 다른 사람을 인식하기 위해 그의 옷과 관련된 표상을 마음에 저장한다면, 다음에 만날 때 그 사람은 다른 옷을 입고 있을 가능성이 높기 때문에 별로 유용하지 않을 것이다. 헤어스타일도 안전한 지표가 되지 않는다. 따라서 변화에 덜 취약한 특징들이 인식을 위한 표상으로 취해지기에 적합하다. 하지만 이 기본 패턴의 결과, 표상을 취해서 성공적으로 인식하고 식별하는 우리의 인식 과정에는 영속성에 대한 가정이 암묵적으로 내재하게 된다. 어떤 면에서, 우리가 잘 인식하고 식별한 경험들은 우리의 인식이 잘 작동되고 있음을 확인시켜 줘서 표상을 취하는 우리의 능력에 긍정적인 피드백을 제공하지만, 이는 또한 변화하는 현상 이면에는 반드시 무언가 영구적인 것이 있다는 암묵적인 느낌을 강화한다.

순전한 알아차림은 이 패턴을 극복할 수 있게 도와준다. 즉, 외부 대상은 그것의 가장 변치 않는 특징을 통해 인식되어 견고해 보이고 중요해 보이는데, 순전한 알아차림은 우리가 외부 대상에 부여한 중요성 그 자체를 박탈함으로써 이 패턴을 극복할 수 있게 한다. 대신 우리에게 정말로 중요한 것은 보고, 듣고, 냄새 맡고, 맛보고, 접촉하는 과정이 된다. 이러한 방식을 통해 감각문의 역할이 더욱 두드러지게 되고, 감각 대상을 감각 경험의 전부라 여기고 강조했던 이전의 방식은 밀려나게 된다.

이 수행의 특히 주목할 만한 사례로는 불교도가 아니었던 수행자 바히야*Bāhiya*의 이야기가 있다. 그는 불교 가르침과의 첫 만남에서 다음과 같은 가르침을 받고 그 자리에서 아라한이 되었다.[143]

그러므로 바히야여, 그대는 여기서 이와 같이 수행해야 한다. 본 것 안에 단지 보여진 것만 있게 하고, 들은 것 안에 단지 들린 것만 있게 하고, 느낀 것 안에 단지 느껴진 것만 있게 하며, 인식된 것 안에 단지 인식된 것만이 있게 하라. 바히야여, 그대는 이와 같이 수행해야 한다.

바히야여, 그대에게 보인 것 안에 단지 보여진 것만이 있고, 들은 것 안에 단지 들린 것만이 있고, 느낀 것 안에 단지 느껴진 것만이 있으며, 인식된 것 안에 단지 인식된 것만이 있을 때, 바히야여, 그대는 그것에 의해 있지 않을 것이다(na tena). 바히야여, 그대가 그것에 의해 있지 않을 때, 바히야여, 그대는 그것 안에 있지 않을 것이다(na tattha). 바히야여, 그대가 그것 안에 있지 않을 때, 바히야여, 그대는 여기에도, 저기에도, 그 둘 사이에도 있지 않을 것이다. 바로 이것이 둑카의 끝이다.

대안적인 해석들을 배제하지 않더라도, 수행적 관점에서 보면 위 구절은 감각문에서의 순전한 알아차림이 대상의 구체적 사물화*thingness*를 해체시키고, 우리가 더 이상 경험되고 있는 것의 내용에 휩쓸리지 않게 된다는 것을 전달한다고 볼 수 있다. 이것이 '그것에 의해 있지 않다'의 의미이다. 이때는 경험의 대상이 되는 '저기 있는 것들'에 모든 주의를 집중하는 대신에, 경험의 과정적 특성에 알아차림이 증가된다. 관점이 이렇게 전환되면, 이제는 대상뿐만 아니라 주체도 사라지기 시작한다. 여기서 주체란, 모든 경험의 중심점이 되고 어떤 식으로든 그 모든 것을 통제하는 '내'가 있다는 우리의 선천적인 가정을 의미한다. 이것이 '그것 안에 있지 않다'의 의미이다. 더 이상 '그것에 의해 있거나' '그것 안에 있지' 않게 되면, 우리는 더 이상 경험의 어떤 측면에도 집착하지 않고, 어떤 방식으로도 그것에 정착하지 않게 된다. 이것이 '여기에도, 저기에도, 그 둘 사이에도 없다'가 의미하는 바이다. 이 수행으로 비롯될 수 있는 깊은 내려놓음은 상당한 해탈의 잠재력을 분명히 가지고 있다.

바히야의 경우는 이 정도의 가르침만로도 충분했지만, 우리가 이 해탈의 잠재력을 실현하기 위해서는 표상없음을 계발하는 다음 단계가 필요할 수 있다.

5. 표상없음에 머물기

감각 제어 수준에서 표상을 다루는 일은 보통 일상생활 경험 중에 일어난다. 물론 원칙적으로는 정규 명상 중에도 일어날 수 있는데, 예를 들면, 갑자기 큰 소리가 날 때는 분노와 짜증 같은 표상을 붙잡지 않으려는 노력이 필요하다. 하지만 원칙적으로 감각 제어를 수행하는 주된 통로는 정규 명상을 하지 않을 때, 감각의 문에서 어떤 일이든 일어날 수 있는 상황에 있을 때이다. 하지만 표상을 다루기 위한 다음 단계인 순전한 알아차림은 일상적인 상황에서도 가능할 수 있지만, 그렇더라도 예를 들어 안거 중의 걷기 명상처럼 보다 더 안전하고 보호된 환경에 있을 때여야 의미가 있다. 세상에 나와 있을 때는, 예를 들어, 길을 건너다가 고속으로 다가오는 트럭 소리를 들을 때처럼 지속적으로 빠르게 소리의 위치를 파악하고 그 의미를 이해할 필요가 있기 때문이다. 그런 상황에서 순전한 알아차림은 적절한 선택이 아닐 것이다. 요약하자면, 순전한 알아차림은 정규 명상 중에 적용하기가 더 쉽다.

더 나아가, 표상없음에 지속적으로 머무는 것은 정규 좌선 중에만 실행이 가능하다. 표상을 취하지 않으면 더 이상 온전한 인식이 가능하지 않기 때문에 그 상태로는 경행조차 어려울 것이기 때문이다. 이는 다양한 상황에서도 표상없음이 짧게나마 있다 사라질 수 있다는 사실을 부정하는 것이 아니다. 하지만 표상없음에 지속적으로 머무르는 것은 경험의 구성을 해체하는 것이라서, 당장 신체적 수준에서 아무것도 할 필요가 없는 상황에 있을 때에만 온전히 실현된다.

이는 표상없음에의 집중이 어떤 식으로든 경험의 일부를 억압해야 한다는 의미가 아니다. 예를 들어, 좌선에서 표상없음을 계발하는 중에 소음이 있을 때가 있다. 이때 소리를 듣는 것은 억압되지 않는데, 그런 식의 억압은 철저한 내려놓음이라는 수행 자체에 반대되기 때문이다. 그러나 동시에, 어떤 소리도 그것이 무엇인지는 인식되지 않는데, 그렇게 식별하면 표상을 취하게 되어서 표상없음의 수행 자체에 위배되기 때문이다.

표상없음의 계발을 위해서는 현재 마음이 관여하고 있던 모든 표상을 놓아버리고, 이어서 다른 어떤 표상도 취하지 않아야 한다. 이 명상법은, 아무리 숭고하더라도 모든 가르침은 단지 건너가기 위한 뗏목일 뿐이라는 격언을 실천하는 것이라고 볼 수 있다.[144] 도정을 완수하기 위해서는 뗏목조차 버려야 할 때가 온다.

결국에는 버려야 할 뗏목이라는 이미지는 '비어있음으로의 점진적 명상'과 특히 잘 맞아떨어진다. 이 명상의 각 단계들은 이전 단계의 인식을 내려놓는 것에 의존하고 있다. 무한한 의식과 관련된 자기 참조를 초월하게 해 준 '아무것도 없음'의 뗏목 역시 결국은 버려져야 한다. 자만과 자기 전용을 끊어 내는 데 매우 효과적이었던 지혜의 칼조차 버려야 하는 것이다. 그리고 그 결과로서 오는, 매우 철저한 내려놓음을 수반하는 표상없음의 경험조차 궁극적으로는 또다시 버려져야 할 다른 뗏목일 뿐이다. 이 부분에 대해서는 다음 장에서 다시 다루도록 하겠다.

모든 표상을 놓아버리고 이어서 다른 어떤 표상도 취하지 않음으로써 생겨나는 표상없음의 경험은 집중(사마디)을 계발하는 다른 수행들과 공통점을 가진다. 특히 신체적 차원에서의 자연스러운 고요함, 산만함의 부재, 그리고 마음의 통일이 그것이다. 그러나 이는 어떤 준거점도 없이 일어난다. 따라서 이 수행은 이전 장에서 논의했던 무한한 공간이나 무한한 의식의 수행에서 더 나아간다. 이미 이 인식들로 고요한 머무름을 계발할 때 한정된 초점은 버려졌고, 대신 공간이나 의식의 무한성이라는 주제가 집중된 마음을 확립시키는 유일한 지지대 역할을 했다. 그러나 표상없음에 와서는 그러한 주제들조차 더 이상 존재하지 않으며, 이제 명상은 완전하고 절대적인 부재를 경험하는 것이 된다. 이제 우리는 마음이 무언가를 하려 어딘가로 향할 때, 즉 표상을 취하려 할 때마다, 표상의 부재에 머무르기 위해 즉각적으로 그것을 바로 그 자리에서 놓아버려야 한다.

이러한 머무름에 대한 정보를 얻을 수 있는 팔리어 구절이 있다. 이 구절은 특정한 집중에 대해 설명하고 있는데, 이를 두고 대응되는 중국어 경전은 '표상없음의 집중'이라 말한다. 팔리어 구절은 다음과 같은 지침을 제공한다.[145]

> 앞으로 기울지도 뒤로 기울지도 않으면서, 억제나 제어하려는 노력 없이 집중에 도달한다. 그는 자유로워짐으로써 안정되고, 안정됨으로써 만족하게 되고, 만족함으로써 동요하지 않게 된다.

이 구절의 첫 부분은 균형이 필요함을 말한다. 앞으로도 뒤로도 기울지 않는 것이 의미하는 바에 대한 여러 설명들 중에 특히 마음에 와닿는 해석은, 이것이 표상을 혐오하는 부정성을 갖지도 않고, 또 표상없음의 요소와 같은 표상의 부재에도 집착을 일으키지 않는다는 것이다.[146] 이는 표상없음의 계발에 가장 좋은 태도를 잘 보여 준다. 비록 우리에게 모든 표상을 놓아버리려는 명확하고 의도적인 결정이 있긴 하지만, 앞으로도 뒤로도 기댐이 없는 태도는 이 머무름이 지속되게 도와준다. 표상이 일어났을 때, 그 표상에 부정적으로 반응하거나 표상의 부재에 집착한다면 산란함만 증폭될 것이다. 감정적 반응이 없는 것이 표상을 신속하게 놓아버리는 데 가장 도움이 된다. 부정적인 마음이나 집착이 없는 것은 이러한 효율성을 가져올 뿐만 아니라, 이 수행 전체를 이끄는 주된 태도인 내려놓음을 자연스럽게 지원해 준다.

이에 도움이 되는 이미지로, 가을에 낙엽수가 잎을 떨구는 과정을 떠올려 보자. 여기에는 능동적인 떨어뜨림이 포함되어 있긴 하지만, 이는 강제적인 행위가 아니라 당분간 쓸모가 없는 것을 조용하고 부드럽게 떨구는 과정이다. 마찬가지로, 표상없음에 머무는 것은 버려지는 것에 대한 혐오나 그 결과로 인한 부재에 매달림 없이, 그저 조용히 놓아버리는 것이다. 다만 부드럽고 온화하게 놓아버리는 것이다. 마음은 그 무엇도 하지 않은 채 멈춘다.

이는 때때로 초연한 부유나 깊은 휴식 또는 자유로운 표류처럼 경험될 수 있다. 하지만 중요한 것은, 이러한 이미지들을 사용해서 표상없음의 명상이 무엇인지에 대한 표상을 만들고서, 다시 그 표상에 매달리는 일이 없어야 한다는 것이다. 초연한 부유나 깊은 휴식 또는 자유로운 표류와 같은 이미지들은 단지 수행이 어떻게 발전할 수 있는지를 전달하기 위한 도구일 뿐이다. 우리는 달을 가리키는 손가락을 달로 오해하지 않도록 주의해야 한다.

표상없음에 머무르는 동안 애를 쓰게 되면 오히려 표상을 취하게 되어 버릴 것이다. 그래서 위 구절에서 어떠한 노력이나 억제, 제어가 없어야 한다고 언급한 것이다. 여기서의 과제는 하지 않는 것, 구성하지 않는 것, 만들어 내지 않는 것이다. 이러한 명상은 더 이상 능동적인 계발(바와나)을 요구하지 않고, 다만 내려놓음 속에 수동적으로 머무르는 형태를 취한다.

정신적 평온을 유지하는 데 어떤 기준점이나 지지대도 갖지 않는 자유로움은, 처음에는 표상없음에 머무는 것을 어렵게 만들 수 있다. 하지만 점차 산만함을 피하는 데 익숙해지고 전문적이 되면서는, 이 부재가 정신적 안정감의 원천이 될 수 있다. 여기서의 핵심 특징은 만족함이다. 정확히는, 마음에 아무것도 일어나는 것이 없다는 것에 만족함으로써, 이러한 부재에 계속해서 머무는 것이 더 쉬워지는 것이다. 표상을 찾아 나서는 것은, 만족함이 모자라서 좀 더 재미있는 무언가를 미묘하게 원하는 것이라고도 할 수 있다. 하지만 그러한 바람이 없고, 부재로부터 오는 이러한 자유와 정신적 안정감 그리고 만족감을 갖추면 마음은 더 이상 동요될 수가 없다. 대신 그 어떤 노력의 흔적도 없는, 그리고 바로 그것 때문에 생겨난 단지 깊은 고요함과 정적만이 남는다. 표상없음에 머무름으로써 누리는 그러한 정신적 자유를 가장 잘 담아내는 예는 아마도 아무런 흔적 없이 하늘을 자유롭게 나는 새일 것이다.[147]

비어있고 표상없는
자유로운 목초지에서
발자취를 찾기는 어려우니,
이는 마치 하늘의 새들과 같네.

6. 요약

팔리어 버전에 있는 이번 단계에 대한 설명은 전승 과정에서 오류를 겪은 것으로 보이나, 이는 중국어와 티베트어 대응본들의 도움으로 수정될 수가 있다. 대응 경전들은 이 수행이 아무것도 없음에 대한 인식으로부터, 비상비비상처로 가지 않고 표상없음으로 바로 진행될 수 있음을 보여 준다.

표상없음에 주의를 기울이는 것은, 우리가 무언가를 인식하고 식별하는 데 도움이 되는 표지와 특성들을 놓아버릴 것을 요구한다. 그리고 그러한 모든 표상의 부재가 집중을 위한 기준점으로 작용할 수 있다. 이는 한정된 대상에 초점을 맞추지 않을 뿐만 아니라, 어떤 주제에도 의존하지 않는 방식의 수행이 되게 한다. 여기서 필요한 것은 어떤 표상도 없는 완전한 부재에 마음챙김을 마련하는 것이다. 이러한 수행은, 특정한 것들이 부재하는 것에 주의를 기울이게 했던 이전 단계들의 흐름을 기반 삼아, 이를 정점으로 가져가는 것이다.

표상을 다루는 것은 점진적인 과정이며, 각기 다른 수준에서 수행될 수가 있다. 가장 기본적이고 능동적인 훈련은 감각 제어를 계발하는 것이다. 이는 마음에 번뇌를 이미 일으켰거나 이제 막 일으키려 하는 표상을 붙잡을 때, 마음챙김으로 이를 인식하는 것이다.

표상을 다루는 좀 더 정교한 방법은 순전한 알아차림이다. 이것은 감각문에 어떤 것이 일어나든 더 이상의 발전 없이 마음챙김으로 현존할 것을 요구한다. 비불교도 수행자였던 바히야의 사례는 이러한 수행이 가진 변형적 잠재력을 보여 준다.

더 나아가서, 표상없음의 집중을 계발하는 것은 이보다 훨씬 더 정교한 일이다. 이는 어떤 유형의 인식이나 식별도 다 포기할 것을 요구한다. 어떤 면에서 표상없음을 계발하는 것은 사물들의 의미를 파악하려는 것에서 한 걸음 물러나, 대신 그 경험의 순전한 과정 자체에 머무는 것이다. 현재 일어난 표상은 버려지고, 마음은 이후 그 어떤 다른 표상도 취하지 않고 다만 표상의 완전한 부재 속에 머문다. 표상에 대한 혐오나 표상없음에 대한 애착 없이, 마음은 능동적으로 무언가를 하고, 구성하고, 만들어 내는 것으로부터 해방됨에 따라 생겨나는 안정감을 배우게 된다. 마음의 통상적인 활동들에 참여하지 않는 상태로 머물려는 이 노력 아닌 노력을 가능케 하는 것은 바로, 조건 지어진 영역 안에서 가능한 한 최상의 비어있음으로 있는 이 상태에 만족하는 마음이다.

7. 수행을 위한 지침

표상없음의 계발은 숲에 대한 인식을 통해 비어있음의 개념을 도입하며 시작했던 이 명상의 궤적을 완성한다. 없는 것을 인식하게 하여, 있는 것에만 주의를 두던 우리의 뿌리 깊은 경향에서 벗어나게 하는 이 궤적은 표상없음에 와서 그 정점에 이른다. 이번 단계를 실제로 수행하는 데 상당히 유용한 방법은, '비어있음으로의 점진적 명상'의 각 단계에서 떨쳐 버린 표상들의 부재에 의도적으로 주의를 기울이는 것이다. 즉, 숲으로부터 아무것도 없음에 대한 인식까지 진행할 때, 특정 표상들을 버리는 것에 강조를 두도록 한다.

좀 더 자세히 살펴보면, 먼저 동기를 세우고 신체적, 정신적 은둔에 주의를 기울이는데, 이는 신체적, 정신적 방해들의 표상이 부재함을 뜻한다. 이에 기반해서 땅에 대한 인식을 떠올림으로써, 보통은 물질의 개별적 면모들을 구별하도록 돕는 표상들이 버려진다. 이렇게 해서 이원적인 대비를 만들어 내는 원인이 되던 표상이 극복된다. 다음은 이원적 대비에서 벗어나도록 도왔던 바로 그 단단함의 상징인 땅의 표상이 버려진다. 땅의 표상은, 땅의 단단함이 그 자체로 독립적으로 존재하는 것이 아님을 설명해 주는 방식으로 다른 요소들을 도입함으로써 해체될 수 있다. 결국 내적, 외적인 모든 단단함은 공간으로 해체된다.

그러고 나서는 이 단계에 이를 수 있게 했던 무한한 공간의 표상이 다시 버려져야 하는 것이 된다. 그 단계에서는 모든 대상의 표상이 버려지고 오직 인식하는 주체만이 남게 된다. 그렇게 해서 모든 외부의 표상들은 마음에서 인식됨으로써, 내적인 차원의 경험에 속하게 된다. 이 과정에서 자연스럽게 부각되는 경험의 주체라는 역할은 또다시 다음 단계에서 곧바로 해체된다. 그 단계에서는 '나-만들기'나 '내 것-만들기'와 관련된 모든 표상들이 완전히 버려진다. 다시 말해, 대상들이 퇴장하고 나면, 이제 주체도 똑같은 것을 요구받게 되는 것이다. 이렇게 해서 이번 단계에서는 모든 표상을 완전히 내려놓기 위한 기초가 마련된다. 표상들의 점진적인 제거라는 관점에서 이 명상의 진행을 보게 되면, 이 명상은 무언가를 떨쳐 버리는 것이지 무언가를 얻거나 어딘가에 도달하는 것이 아니라는 것이 분명해진다. 이 수행은 전부 내려놓음에 관한 것이다.

이렇게 무한한 의식에 대한 인식이 경험의 전 세계를 단 하나의 그릇에 담고, 아무것도 없음의 인식이 지혜의 검을 휘둘러 경험 세계의 뿌리에 있는 자기화의 덩굴들을 베어 내고 나면, 이제는 이 지혜의 검조차 버려져야 한다. 이제 주된 과제는 가능한 한 완전히 표상들을 내려놓고, 마음이 표상을 취하려 할 때마다 내려놓기를 계속하는 것이다. 다시 말해, 아무것도 없음에 대한 인식을 통해 주관적 경험에 대한 모든 소유권이 없어지게 한 후에는, 표상을 통한 모든 자기화를 버려야 한다. 다르게 말하면, 먼저 경험의 대상들을 포기하고, 그다음에는 경험의 주체를 포기하며, 이제는 그들의 (중간이나 사이에 있는) 통상적인 상호작용까지 포기해야 한다. 이를 위한 방법을 다음과 같이 요약해 볼 수 있을 것 같다.

마음이 쉴 때: 그대로 두어라!
마음이 움직일 때: 놓아버려라!

이제 정규 명상은 이전의 인식들이 비어있는 그 비어있음의 파도를 타는 방식으로 계속된다. 명상의 대상을 먼저 내려놓고 나서, 명상의 주체를 내려놓은 뒤, 이제는 능동적으로 명상을 한다는 생각조차 내려놓는다. 수행은 언어와 개념의 영역을 넘어서서 저절로 계속된다. 마치 이는 그저 고요히 앉아서 현재 순간의 비어있음이 그 어떤 '것'도 다 씻어내도록 허락하는 것과 같다. 표상없음에 머무는 것을 돕고자 호흡을 관찰하는 것도 더 이상 가능하지가 않은데, 들숨 날숨을 구별하는 것이 표상을 취하는 것을 수반하기 때문이다.

좌선을 보완할 수 있는 야외수행으로는, 할 일이 없고 완전히 쉴 수 있는 상황에서 하늘을 올려다보는 것이 도움이 될 수 있다. 하늘을 바라보며 우리는 이 공간의 무한한 성질을 인식하고, 그것을 아는 마음(의식)도 그와 같이 광활해지게 하며, 자기참조를 떨쳐 버림으로써, 앞의 세 인식들을 빠르게 훑어간다. 그런 다음 다만 이완한 채로 쉬면서 마음이 어떤 표상을 취하기를 기다리다가, 표상을 취하는 것을 알아차리자마자 내려놓는다. 이 수행에는 표상없음의 성질을 하늘의 새들에 비유했던 앞의 구절이 영감이 될 수 있다. 표상을 취하기를 내려놓음으로써 우리는 어떤 흔적도 남기지 않는 하늘의 새와 같은 자유를 경험하게 된다.

여기까지 진전된 명상은 바히야에게 주었던 가르침과 연관이 될 수 있다. 땅에 대한 인식과 무한한 공간에 대한 인식을 계발함으로써 생겨나는 일상을 대하는 마음 태도와, 그 결과로 생겨나는 좋고 싫음에 강하게 휘둘리지 않게 되는 자유로움은 이 가르침의 첫 부분에 해당될 수 있다. 이 첫 부분은 보이는 것, 들리는 것, 느껴지는 것, 인식되는 것에 있어서 단지 보이는 것, 들리는 것, 느껴지는 것, 인식되는 것만이 있도록 훈련하라고 한다. 그런데 땅에 대한 인식과 무한한 공간에 대한 인식을 통해 얻은 통찰은, 우리가 보고, 듣고, 느끼고, 인식한 것에 의해 촉발되는 연상과 평가, 반응들에 압도되지 않고 실제 경험되는 것에 머무는 것을 점점 더 쉽게 만들어 준다.

무한한 의식에 대한 인식으로 대상에 대한 모든 관심을 내려놓는 수행을 기반으로, 이제 우리는 자연스럽게 대상들에 덜 휘둘리게 된다. 그 결과 우리는 '그것에 의해 있지 않게' 된다. 이는 특히, 모든 경험의 진정한 원천이 마음이라는 것을 점점 더 깊이 이해하면서 실현이 된다. 아무것도 없음에 대한 인식을 통해 일어난 자기화의 감소는, 이제 우리가 '그것 안에 있지 않다'고 하는 바히야의 가르침에 들어 있는 다음 측면에 연관이 될 수 있다. 정확히 말해, 자기화하려는 경향, 자기와 관련시키는 것을 통한 집착과 자만이 바로 우리를 '그것 안에 있게' 만드는 것이다. 이들이 없어져서 더 이상 보고 듣고 느끼고 인식하는 것에 휘둘리지 않게 됨으로써, 우리는 어떤 식으로든 그것 안에 있는 '나'를 확증하기 위해 그러한 보고 듣고 느끼고 인식하는 것의 주체를 확립할 필요를 느끼지 않게 된다.

이러한 상관관계를 반영하면, 표상없음은 이제 '여기도 아니고 저기도 아니며 그 둘 사이도 아닌' 상태에 해당이 된다. 사실, 바히야에게 준 가르침의 이 마지막 부분은 표상없음에 머무는 것에 대한 추가적인 영감이 될 수 있다. 이 마지막 가르침은, 앞이나 뒤로 기울어지는 것뿐만 아니라 '여기'나 '저기' 또는 '그 둘 사이'로부터도 자유롭다는 것이다.

표상없음에 머물기를 마무리할 때는 역순으로 진행하는 것이 좋은데, 진행하면서 다시 취해지는 표상들에 주목하도록 한다. 즉, 무아의 표상, 무한한 의식의 표상, 무한한 공간의 표상, 땅의 표상, 숲의 표상으로 진행한 후, 우리의 공덕을 회향하도록 한다.

표상없음에 머물기를 일상생활에서 실천하기는 사실상 거의 불가능하다. 이는 표상없음이 어떤 표상에도 주의를 기울이지 못하게 하기 때문이다. 무엇이든 지금 있는 것이나 일어나는 것에 주의를 기울이는 것은 잠깐이라도 완전한 비어있음의 상태에서 벗어났다는 것을 의미한다. 그러므로, 표상없음보다는 감각의 제어나 순전한 알아차림을 수행하는 것이 정규 명상 이외의 상황에서 적절한 선택이 될 수 있을 것이다.

이렇게 표상들을 다루면서, 도전적인 상황에서는 부가적으로 무한한 공간에 대한 인식을 활용하기도 하는 과정을 다음과 같은 예를 들어 설명해 보겠다. 우선 첫 단계는, 우리에게 공격적이거나 불편한 사람이 있을 때, 이 사람과 우리 사이의 공간을 잠시 알아차리는 것이다. 이렇게 공간을 알아차리면 마음이 넓어져서 자연스럽게 타인들의 입장을 이해할 수 있는 여지가 더 많이 생길 수 있다. 이렇게 해서 보통 자기화가 차지하던 내면의 공간이 줄어들면, 이제는 표상들에 강하게 집착하는 것을 경계하기 위한 감각 제어를 훈련할 수 있다. 특히, 편향된 평가가 담긴 표상들에 대해서, 이것은 단지 모든 것을 더 어렵게 할 뿐이라는 이해와 함께 감각 제어를 훈련하도록 한다.

비록 표상없음 그 자체는 일상생활에 적합한 수행이 아니지만, 일상의 모든 활동 속에서 표상을 취하는 순간들을 관찰하고 이해하면, 결과적으로 정규 명상 중에 이들을 놓아버리는 힘이 증강된다. 더 나아가 정규 명상 중에 표상없음을 계발하면, 경험이라는 것이 본질적으로 구성되는 것임을 더 잘 알아차리게 되어 우리의 관점에 상당히 중요한 전환점을 얻을 수 있다. 특히 이로 인해 개념적인 확산이 크게 줄어들어 우리의 일상이 많이 달라질 수 있다. 일단 경험이 구성되는 것을 보고 나면, 우리는 더 이상 마음이 만들어 내는 온갖 극적인 사건들과 이야기들을 맹목적으로 믿지 않게 된다. 개념적 확산으로부터 완전히 자유롭기 위해서는 여기서 더 나아가 완전한 깨달음에 이르러야 하지만, 정규 명상에서 표상없음에 익숙해지게 되면 어떤 힘든 상황이 닥치더라도 그것이 마음에 일으키는 반향의 정도가 현저히 줄어들게 된다. 왜냐하면 극적인 사건들을 마음에서 되풀이하며 점점 더 상세한 자기해설을 덧붙이던 습관이 이전처럼 지속될 수가 없게 되는데, 그러한 습관의 근본 토대가 흔들렸기 때문이다. 경험의 드라마가 구성되는 것임을 인식하게 되면, 우리에게는 위와 같은 방식으로 표상을 현명하게 다룸으로써 일상에서 일어나는 일들에 훨씬 적게 휘둘릴 수 있는 여지가 생긴다.

VIII. 열반

그는 이렇게 이해한다. "이 표상없음에 집중된 마음도 의도에 의해 구성되고 생성된 것이며, 의도에 의해 구성되고 생성된 것은 무엇이든 무상하며 소멸되는 성질을 가진다." 이것이 그가 이해하는 바이다.

이렇게 알고 이렇게 보면서, 그의 마음은 감각적 욕망의 번뇌의 흐름*āsava*으로부터 해방되고, 존재함의 번뇌의 흐름으로부터 해방되고, 무지의 번뇌의 흐름으로부터 해방된다. 해방되고 나서, "해방되었다"라는 앎이 있고, 그는 이렇게 이해한다. "태어남이 다했고 성스러운 삶이 실현되었다. 해야 할 일을 마쳤고, 이 존재함이 더 이상은 없다."

그는 이렇게 이해한다. "감각적 욕망의 번뇌의 흐름에 의존한 어떤 방해도 여기에는 없다. 존재함의 번뇌의 흐름에 의존한 어떤 방해도 여기에는 없다. 무지의 번뇌의 흐름에 의존한 어떤 방해도 여기에는 없다. 남아 있는 방해는 단지 이 몸에 의존하고 생명에 의해 조건 지어진 여섯 감각 영역의 방해뿐이다."

그는 안다. "이 인식의 범위에는 감각적 욕망의 번뇌의 흐름이 비어있다.” 그는 안다. “이 인식의 범위에는 존재함의 번뇌의 흐름이 비어있다.” 그리고 그는 안다. “이 인식의 범위에는 무지의 번뇌의 흐름이 비어있다. 비어있지 않은 것은 단지, 이 몸에 의존하고 생명에 의해 조건 지어진 여섯 감각 영역뿐이다.”

이와 같이 그는 실제로 거기 없는 것을 두고 비어있다고 숙고한다, 그리고 그는 거기 남아 있는 것을 두고 여전히 ‘그것이 있다’고 안다. 아난다여, 이와 같이 그에게는 비어있음으로의 이 순전하고, 왜곡되지 않은, 청정한, 최상의, 위없는 진입이 생긴다.

아난다여, 과거의 어떤 수행자들이나 바라문들이 실로 이 청정하고, 최상인, 위없는 비어있음을 성취하여 머물렀다면, 그들 모두 바로 이 매우 청정하고, 최상인, 위없는 비어있음을 성취하여 머물렀던 것이다. 아난다여, 먼 미래의 어떤 수행자들이나 바라문들이 청정하고, 최상인, 위없는 비어있음을 성취하여 머물게 될 것이라면, 그들 모두는 바로 이 매우 청정하고, 최상인, 위없는 비어있음을 성취하여 머물게 될 것이다. 아난다여, 현재의 어떤 수행자들이나 바라문들이 청정하고, 최상인, 위없는 비어있음을 성취하여 머문다면, 그들 모두는 바로 이 청정하고, 최상인, 위없는 비어있음을 성취하여 머무는 것이다.

그러므로 아난다여, 그대는 이렇게 수행해야 한다. “우리는 이 청정하고, 최상인, 위없는 비어있음을 성취하여 머물 것이다.”[148]

1. 최상의 비어있음

위 구절은 비어있음의 최상의 경지를 보여 준다. 이는 모든 번뇌가 비워진 마음으로부터 얻는 자유이다. 이 단계에서는, 다양한 비어있음의 일시적인 체험이 점진적으로 진보해서 그 절정에 도달한 결과, 위에서 말한 비어있음이 수행자의 지속되는 성품이 된다.

이는 첫 장에서 논의했던 브라흐마위하라 수행에 들어 있는 요지와 관련이 될 수 있다(p.34 참고). 이 요지는 특히, 사무량심을 적극적으로 불러일으키던 것으로부터 단지 애씀없이 머무르는 상태로 전환하라고 하는 부분이다. 이러한 전환이 비어있음으로의 점진적인 진보에서도 계속해서 요구되는데, 이 명상의 각 단계들은 해당 주제의 핵심 통찰들을 수행자가 애씀없이 체현하는 방향으로 나아가도록 이끌어 준다고 볼 수 있다. 이러한 애씀없는 체현은 마음이 번뇌들로부터 비워졌을 때 절정에 도달하게 된다.

여기서 말하는 절정이란 어떤 면에서는 명상을 넘어선 것이다. 이러한 유형의 비어있음은 더 이상 유지하기 위한 추가적 수행이 필요하지 않기 때문이다. 그뿐만 아니라, 이렇게 번뇌를 근절시키는 깨달음의 돌파구는 명상적 노력을 통해 생겨날 수 없다는 점에서도 명상을 초월한다. 명상은 점진적으로 마음을 성숙시켜서 원칙적으로 이러한 돌파가 일어날 수 있는 밑바탕을 만들어 준다. 하지만 돌파 자체는 명상이 직접적으로 만드는 것이 아니다. 여기에는 가능한 가장 철저한 내려놓음이 필요한데, 적어도 그 순간에는 명상이라는 활동 그 자체 또한 내려놓아져야 하기 때문이다.[149] 어떤 것이든 붙잡고 있는 것은, 그것이 명상 수행일지라도, 깨달음의 사건이 일어나는 것을 방해할 위험이 있다.

명상은 깨달음의 사건을 위한 준비 기반일 뿐만 아니라, 비어있음의 정점에 도달한 사람이 진정한 비어있음의 깨달음을 표현하는 가장 적절한 표현이다. 붓다는 깨닫고 나서도 은둔에 기댄 명상적 생활 방식을 지속했다고 기록되어 있다. 이것은 그에게 적절한 삶의 방식이었으며, 동시에 다른 이들에게 모범을 보인다는 면에서 자비심의 표현이었을 것이다.[150] '최상이자 위없는' 비어있음의 정점을 깨닫는 것은 일상생활에도 영향을 미친다. 이것은 탐욕, 낙담, 해로운 상태들로부터 자유롭기 위해 체화된 마음챙김을 수행하던 것(첫 번째 장에서 언급했던 수행(p.14 참고)이, 이제 애쓰지 않고도 자연스럽게 지속되게 해 주기 때문이다.

위에 번역된 팔리어 버전에서는 최상의 비어있음을 깨달은 사람들이 수행자들과 바라문들이라고 나오지만, 대응 경전은 그 대신 타타가타(여래)를 언급한다.[151] 타타가타라는 용어는 "그렇게 떠난 자*Thus gone one*"로 번역될 수 있는데, 이는 완전히 깨달은 자를 의미한다. 초기 경전에서 이 용어는 특별히 붓다를 가리킬 때 사용되기도 하고, 붓다와 그의 아라한 제자들을 가리킬 때 사용되기도 한다. 팔리어 주석서에 따르면, 여기서 '수행자들과 바라문들'이라고 한 것은 이와 밀접한 의미를 가지며, 실로 붓다와 그의 제자들을 뜻한다.[152] 중국어와 티베트어 버전들은, 위 구절 중에 **현재**에 비어있음에 머무르는 부분이 붓다를 가리킨다고 명시한다. 이로써 경전은 그것의 최고점을 그 시작점의 주제였던 붓다의 비어있음에 머무름과 연결하면서 자연스럽게 경전을 마무리한다. 팔리어 주석에 따르면, 팔리어 버전에서도 동일한 관계성이 성립된다.

이렇게 해석해 보면, '비어있음으로의 점진적 명상'의 이전 단계들은, 마음에서 번뇌가 완전히 없어진 최상의 비어있음으로 점진적으로 접근하여 마침내 이를 성취하는 방식으로 붓다의 발자취를 따르는 특정 방법을 제시하는 것이라고 볼 수 있다. 당연히 우리가 이로써 붓다를 완전히 모방할 수 있는 것은 아니다. 붓다는 완전히 깨달은 스승의 안내에 의존하지 않고도 그러한 비어있음에 도달하는 위업을 성취했기 때문이다. 그럼에도 불구하고, 이 경전의 가르침을 철저히 실행하면 흔들림 없는 정신적 자유라는 상태에 동일하게 이르게 될 것이라 예상할 수 있다.

초기 경전들은 이러한 흔들림 없는 정신적 자유를 번뇌의 흐름*āsava*의 근절이라는 측면에서 자주 얘기한다. 이 번뇌의 흐름은 때때로 '오염'으로 번역되기도 한다. 초기 불교에서 이 용어를 사용할 때는 마음을 부패하게 만드는 세 가지 조건이라는 개념을 기저에 두고 있다. 그리고 이 조건들은 우리를 윤회의 사슬에 묶어 두는 원인이 된다. 이는 다른 고대 인도 전통에서 이 용어를 사용하던 방식과 다르다. 거기서는 업의 결과로 인한 물질적 번뇌의 흐름을 의미하기도 한다.[153] 그러나 초기 불교에서의 개념은 심리적 영향을 말한다. 즉, 감각적 쾌락을 욕망하는 감각적인 성향, 다시 태어나려는 경향성과 그로 인해 존재하게 되는 생성, 그리고 모든 속박의 주된 원인이자 그에 따라 둑카에 대한 연기법의 표준 설명에서 첫 번째 고리를 차지하는 무지가 번뇌의 흐름의 세 가지 조건에 해당된다.

앞의 명상적 경로는, 어느 정도 이 세 가지 번뇌의 흐름의 근절에 각각 서로 다른 방식으로 기여한다고 볼 수 있다. 땅, 무한한 공간, 무한한 의식에 대한 인식들은 특히 첫 번째 번뇌의 흐름인 감각적 성향과 관련하여 중요한 역할을 한다. 땅이나 무한한 공간에 대한 인식을 통해 얻게 되는 물질적인 것들의 본질에 대한 통찰은, 감각적 대상에 대한 집착을 근본적으로 약화시킨다. 이것은 그다음 단계에서, 마음이 경험의 구성 전반에 미치는 영향력을 깨달아, 모든 감각적 탐닉이 꿈과 같은 환상이라는 것을 알게 되는 것으로 보완된다. 그리고 아무것도 없음에 대한 인식은, 특히 여기서는 무아에 대한 통찰을 의미하는 것으로, 존재에 대한 갈애의 핵심 기반을 해체한다. 이는 다시 표상없음에 대한 명상으로 보완이 되는데, 이를 통해 우리는 끊임없이 미래를 향해 나아가고 다음 것을 추구하는 습관적인 충동을 내려놓는 도움을 받게 된다. 더불어, 이 각각의 인식들을 제대로 수행하는 것은 당연히 무지를 제거하는 것이 되며, 이는 궁극적으로 열반의 실현이라는 성공적인 결론에 이르게 한다.

2. 사성제

열반의 실현은 깨달음을 얻은 지 얼마 안 된 붓다의 첫 번째 가르침인 사성제의 핵심이라 전해진다. 이 가르침의 체계는 둑카라는 중심 문제의 해결책을 직접적으로 가리키고 있다.

병: 둑카(苦)
병원체: 갈애(集)
예후: 열반(滅)
치료법: 팔정도(道)

'비어있음으로의 점진적 명상'은 이 네 가지 측면과 각각 관련이 있다고 볼 수 있다. 둑카에 대한 통찰은 이 명상 전반에서 기저에 자리하고 있다. 이는 각 단계에서 어떤 종류의 방해나 피로가 극복되었고, 또 어떤 종류의 방해나 피로가 아직 남아 있는지에 대한 지침을 통해 끊임없이 강조된다. 또한 땅과 무한한 공간에 대한 인식들은 둑카에 대한 통찰에 상당한 기여를 한다. 경험의 물질적인 차원에 자리한 진정한 본질을 오해해서 오는 고뇌를 보여 주기 때문이다. 이 세상에 만연한 고통의 대부분은 물질적 형상의 본질을 현명하게 다루지 못하거나 완전히 오해한 데에서 생긴 결과이다.

사성제에서 병원체라고 여겨지는 것은 갈애이다. 이는 존재라는 극적인 사건을 구성하는 데 영향을 미치는 마음의 중요한 역할과 밀접하게 연관된다. 그리고 이 역할은 이 명상의 한 단계인 무한한 의식에 대한 인식을 면밀하게 수행할 때 상당히 분명하게 드러날 수 있다. 바로 이 중요한 마음의 역할 때문에, 집성제에서는 둑카가 일어나는 주된 원인을 갈애로 꼽는다.

멸성제에서 제시하는 둑카의 소멸은 열반의 실현에 해당한다. 이는 자기화와 자만의 완전한 제거, '나의 것-만들기'와 '나와 관련짓기'로 드러나는 집착의 철저한 포기를 필요로 한다. 이는 여기서 제시하는 명상 방법으로 아무것도 없음의 인식을 실행하는 데에도 똑같이 필요하다. 그런 점에서, 멸성제는 모든 자기화가 영원히 버려지는 이 수행의 정점을 가리킨다고 할 수 있다. 이는 번뇌의 흐름이 제거되며 도달되는 비어있음의 절정인, "청정하고, 최상인, 위없는 비어있음으로의 진입"에 해당된다.

팔정도는 또한 필요한 치료법을 제시하며 실제 명상 수행에 필요한 맥락을 제공한다. 바른 견해라는 방향성이 바른 의도를 안내하고, 이는 일상의 중심이 되는 바른 언행과 행위 그리고 생계의 배경이 되는데, 이들은 다시 바른 노력, 바른 마음챙김, 바른 집중이라는 명상적 요소들로 보완이 된다.

여기서 제시하는 수행법은, 이 정도의 요소들 중 바른 견해와 바른 의도라고 하는 처음 두 가지를 통해 확립된 전반적인 방향성과 윤리적 지향에 의존하고 있다. 그리고 뒤이어 행위와 관련된 세 요소들이 이를 조화롭게 만들어준다. 이 점진적 명상의 실제 수행은 이러한 바탕 위에서, 특히 마지막 세 요소들을 실행하는 것이라 할 수 있다. 초기 경전의 다른 부분에서 발견된 설명에 따르면, 바른 견해, 바른 의도, 바른 노력, 바른 마음챙김, 바른 집중이라는 다섯 요소들은 직접적으로 실제 명상 수행과 연관되는 반면, 바른 언행, 바른 행위, 바른 생계의 요소들은 이미 이전에 계발이 되어 있어야 한다.[154] 다시 말해서, 이 세 가지는 초기 불교 명상에 참여하기 위해서, 그리고 비어있음에 점진적으로 진입하기 위해서 필수적인 기반이 된다. 윤리와 지혜는 서로를 필요로 하며, 마치 서로 씻어 주는 두 손처럼 밀접한 상호관계에 있다.[155] 비어있음의 실현에 진정한 진보를 이루려면, 윤리적 기초가 필요하며, 이는 윤리적 행동으로 자연스럽게 표현된다. 초기 불교 사상은 윤리와 비어있음을 분리할 여지를 주지 않는다. 이 둘을 분리하는 것은 마치 다른 손의 도움 없이 같은 손의 손가락들만으로 손을 씻으려고 하는 것처럼 무익할 것이다.

확고한 윤리적 기반을 바탕으로, 마음챙김은 '비어있음으로의 점진적 명상' 전반에 걸쳐 핵심적인 자질이 된다. 이러한 마음챙김이 작동하는 명상은 이로운 것을 일으키고 계발하는 노력을 실현함으로써, 점진적으로 마음에서 해로운 것을 비워 낸다. 이 명상이 집중과도 관련되는 것은 합일의 경험을 반복적으로 언급하는 부분에서 분명히 드러난다. 그리고 그 명상적 합일을 성취하고 유지하기 위해서는 마음의 안정성을 지속해주는 높은 수준의 마음챙김이 필요하다. 왜냐하면 여기서의 여러 명상적 인식들은 마음을 집중시키는 지지대가 되는 특정 대상이 없이도 달성되어야 하기 때문이다. 이 수행에서는 팔정도의 나머지 요소들이 작동되고 있기에, 여기서 계발되는 집중이 '바른' 범주에 속하게 된다. 바른 집중을 위해서는 무엇보다도 하나의 팔정도 요소가 나머지 팔정도 요소들의 맥락 안에 자리하고 있어야 하기 때문이다.[156] 이 명상 수행 경로는, 특히 경험의 해체를 통해 열반이라는 최종 목표로 직접 나아가는 것으로 전개된다. 그러므로, 멸성제의 실현을 촉진하는 것이 목표라는 점에서, 이 수행의 전체 방향성은 분명히 바른 범주에 속하게 된다.

3. 연기

집성제는 연기*paṭicca samuppāda*에 대한 가르침의 핵심인, 다양한 형태의 둑카를 이끌어 내는 갈애의 역할을 강조한다. 연기에 대한 표준 설명 중에도 특히 『비어있음에 대한 짧은 경』의 가르침과 관련이 깊은 부분은, 의식과 명색 간의 상호 조건적인 관계성이다(p.101 참고). 먼저, '비어있음으로의 점진적 명상'을 통해 땅과 무한한 공간에 대한 인식을 계발하면, 형태의 경험에 자리하고 있는 물질적 기반이 빠져나가게 된다. 그 결과, 명의 다섯 손가락은 이제 단지 공간만을 붙잡게 된다. 무한한 의식에 대한 인식에 와서는, 주의가 마음의 아는 부분으로 고개를 돌려, 명의 다른 손가락들이 하는 정신적인 확산의 활동에 개입하지 않게 된다. 이러한 방식으로 수행을 하면 갈애와 집착이 약화되어 결과적으로 둑카로부터 해방될 가능성이 커진다.

'비어있음으로의 점진적 명상'은, 이렇게 의식과 명색 사이의 상호 조건화를 탐구하는 실질적인 방법을 제시하는 것 외에도, 12연기의 표준 설명에서 의식에 선행하는 두 가지 요소인 의지적 활동과 무명과도 연관을 가진다. 무명이 기만적인 영향력을 행사하는 한, 의지적 활동은 자아라는 환영적인 개념 아래 작동하게 될 것이다. 그것은 그런 자아라는 존재에 대한 완전히 발달된 믿음일 수도 있고, 그러한 믿음의 잔재인 자만과 자기화의 형태일 수도 있다. 자기화는, 종종 단지 취약한 자아 감각을 지탱하기 위해 아무런 목적 없이 배회하는 것처럼 보이는 산란함과 반추를 작동시키는 핵심이라고 할 수 있다. 아무것도 없음에 대한 인식에 와서는 이러한 자아감이 해체되고, 결과적으로 자기화라는 무지한 경향성에 영향을 받아 작동하는 의지적 활동이 점차 감소된다.

무명은 그 자체로 표상없음의 집중에서 표적이 될 수 있는데, 특히 표상없음의 수행이 '비어있음으로의 점진적 명상'이라는 맥락에서 이뤄질 때 그렇다. 표상없음의 집중이 더 이상 통찰을 계발시키지 못할 정도로 정신적 기능을 감소시킨다는 것은 사실이다. 그러나 표상없음의 계발은 이후에 우리가 일상적인 정신적 활동을 바라보는 방식에 상당히 심오한 영향을 미칠 수 있다. 이는 우리가 경험의 구성에 대해 점점 더 잘 이해하게 만들어 주기 때문이다. 무명은 이런 식으로 점차 약화된다.

요약하자면, 해탈로 이어지는 '비어있음으로의 점진적 명상' 궤적은 특히 연기의 처음 네 가지 고리와 연관을 갖는다고 볼 수 있는데, 이들은 무명, 의지적 활동, 의식, 그리고 명색이다. '비어있음으로의 점진적 명상'은 먼저 형태를 해체하고, 명의 역할을 상당히 감소시키며, 의지적 활동을 자아중심적 관점으로부터 벗어나게 하고, 경험이 구성되는 데에 작동하고 있는 무명의 메커니즘을 밝혀내어 준다.

4. 조건성에 대한 명상

위의 내용과 더불어, 비어있음에 머무는 가르침에는 그 기저에 조건성이라는 주제가 지속적으로 자리하고 있다. 이 명상법에서 조건성은, 각 단계의 통일된 경험이 그와 관련된 특정 인식에 **의존해** 있다고 소개하는 방식으로 나타난다. 무한한 의식의 예를 들면, 수행자는 "'무한한 의식의 영역'에 대한 인식에 **의존한** 합일에 주의를 둔다."라고 한다. 이런 식으로, 합일의 경험을 설명하는 데에는 조건성이 명시적으로 내재되어 있다. 이 조건성의 표시는 방해에 대한 가르침에서도 지속된다. 같은 예에서 보면, 일단 '무한한 의식의 영역'에 대한 인식에 **의존한** 합일이 성공적으로 계발이 되고 나면, 땅이나 무한한 공간에 대한 인식에 **의존해서** 발생할 수 있는 방해들은 더 이상 존재하지 않는다. 그러나 여전히 남아 있는 것은 '무한한 의식의 영역'에 대한 인식에 **의존한** 합일이라는 바로 그 방해의 잔재이다. 여기서 조건성에 대한 표시는, 현재의 인식에 **의존한** 합일이, 여전히 남아 있는 비어있지 않음에 해당한다는 설명을 통해 또다시 등장한다.

이렇게 조건성에 대한 인식을 계속해서 주입시킴으로써, 이 수행은 각 비어있음의 명상적 경험이 여전히 조건 지어진 영역 안에 있음을 끊임없이 상기시킨다. 개인적으로 아무리 심오해 보이는 합일의 경험이라 할지라도, 그것은 여전히 조건들의 산물에 불과하다. 이렇게 조건성을 재차 강조하는 것은, 이 수행이 반복적으로 명상의 각 단계를 어떤 방해나 피로의 잔재로 간주하는 것을 보완한다고 할 수 있다. 왜냐하면 해탈로 이끄는 이 명상법의 몇몇 인식들은 매우 흥분되는 경험이 될 수 있어서 자만과 자기화의 문제를 야기할 가능성이 있기 때문이다. 이를 극복하는 방법은, 지속적이고 분명한 알아차림을 유지하여 이 경험들조차 여전히 조건 지어진 것임을 알아차리는 것이다. 이 경험들은 단지 명상 수행 과정에서 적절한 조건들을 계발하여 생겨난 산물일 뿐이다.

5. 조건 지어지지 않은 것

이 명상은 각 단계에서 지속적으로 조건성을 인식하게 하여, 이번 단계에 오면 '이 표상없음에 집중된 마음도 조건 지어진 것이고 의도적으로 만들어진 것이다.'라고 이해하도록 준비시킨다. 표상없음은, 조작이나 정신적 구성을 넘어서 있는 그 숭고하고 심오한 성질에도 불구하고, 여전히 의도에 의한 산물이며 조건 지어진 것이다. 물론 이는 쉽게 이해되는 것이 아니다. 왜냐하면 표상없음은 모든 표상들을 내려놓았기에, 경험을 구성하는 일상적인 조건성에서 벗어나 있는 특성을 가지기 때문이다. 앞서 언급했듯이(p.143 참고), '표상'을 의미하는 니미따라는 용어는 인과적인 뉘앙스를 지닌다. 그러므로 니미따가 없다는 것은 우리가 벌써 조건성을 넘어섰다는 잘못된 인상을 줄 수 있다. 하지만, 비록 열반도 표상이 없는 것이고, 표상없음의 명상적 경험이 열반 경험에 최대 근접한 경험이라 할지라도, 표상없음의 집중은 깨달음의 단계가 아니며, 그 경험이 곧 열반의 실현을 의미하지도 않는다.[157]

표상없음의 경험은 개념을 넘어서기에, 그것의 조건성을 이해하는 것은 어느 정도 회고적일 수밖에 없다. '조건 지어짐'과 '의지적 산물'이라는 개념이 있기 위해서는 적어도 아주 잠깐이라도 표상을 취하는 것이 필요하기 때문이다. 표상없음의 단계에서 그 조건적인 성질을 꿰뚫어 보고 이해하는 데에는, 이전 단계에서 조건성에 주의를 기울였던 것이 적절한 준비 작업이 된다. 조건성을 관찰하는 훈련을 했기에 이를 이해하는 데 드는 노력이 줄어들게 되는 것이다. 익숙함이 증가하면 통찰은 더욱 활성화된다. 마찬가지로, 조건성이 명상적 인식들에 내재한 특성이라는 사실에 익숙해지면, 아주 잠깐이라도 표상없음으로부터 벗어나 필요한 이해를 하고 나서, 그 통찰로부터 생겨난 무집착과 함께 재빨리 표상없음으로 되돌아가 머무는 것이 가능해진다.

이렇게 하고 난 후에는 '조건 지어지고 의지적으로 생겨난 모든 것은 무상하며 소멸하는 성질을 지닌다'는 보완적인 통찰을 하도록 유도된다. 표상없음에 집중된 마음에 의존한 합일의 경험은, 자연스럽게 무상의 성품을 떠올리게 하지는 못한다. 특히 이 명상 단계에 충분히 익숙해져서 산란함 없이 오랜 기간 머무를 수 있게 될수록 더욱 그러한데, 그 경험이 너무나도 고요하고 평화롭기 때문이다. 그러나 조건 지어진 것은 반드시 무상할 수밖에 없다. 더 나아가서, 표상없음의 집중이 소멸하는 성질을 지녔다는 가르침은 열반으로의 돌파에 필요한 핵심 측면을 조명하는 면도 있다. 이 돌파는 현재 순간이 소멸되고 아직 다음 순간이 일어나지 않았을 때 발생할 수 있다. 깨달음으로의 돌파는 다음 순간으로 뻗어 나가거나 기울어지지 않았다는 조건 아래, 말하자면, 현재 순간이 끝나는 지점의 가장자리에 '자리한다'고 말할 수 있다. 이에 대한 이해를 돕는 팔리어 경전의 한 구절이 있다.[158]

> 의도하지 않고 의도적으로 구성하지 않는 이에게, 바로 그 인식들은 소멸하고, 다른 거친 인식들이 일어나지 않으며, 그는 소멸을 경험한다.

6. 깨달음의 요소들

다른 인식들이 떠오르지 않은 채로 현재의 인식이 소멸하게 함으로써 모든 것을 다 내려놓는 것은, 깨달음으로의 돌파가 일어나기 위한 중요한 조건이다. 그러나 깨달음으로의 돌파가 일어나게 하려면, 이와 동시에 마음에 깨달음의 일곱 요소들이 존재해야 한다. 이들은 마음챙김, 현상에 대한 조사, 에너지, 희열, 평온, 집중, 균형이다.[159] 이 나열 순서는 그들의 점진적인 발생을 반영한다. 즉, 마음챙김이 확립된 것을 기반으로 해서 조사가 진행되고, 그런 조사는 에너지를 통해 지속되며 희열에 이르게 된다. 그 희열로 인해 몸과 마음이 평온해지고, 자연스럽게 집중이 된다. 그리고 이 모든 진행은 균형으로 완성된다.

깨달음의 요소들이 발생했을 때, 이들을 지속적으로 계발하려면, 이 일곱 요소들로 풍부해진 마음에 머물면서 이들의 균형을 유지해야 한다. 마음챙김이 마련한 기반 위에서, 현상에 대한 조사, 에너지, 희열의 요소들은 필요한 경우 마음을 고양시켜 줄 수 있으며, 평온, 집중, 균형은 적절한 때에 마음을 가라앉혀 줄 수 있다.

균형 잡힌 깨달음의 요소들은 네 가지 통찰 주제들과 결합될 때 깨달음으로 무르익을 수 있다. 이 통찰 주제들은 은둔, 탐욕의 여읨, 소멸, 내려놓음이다. 첫 번째 주제인 은둔은 '비어있음으로의 점진적 명상' 초입에서 이미 숲에 대한 인식을 통해 도입되어 그 이후 내내 지속되는 주제이다. 땅에 대한 인식과 무한한 공간에 대한 인식은 특히 물질적인 것들에 탐욕의 여읨*dispassion*이 자라나게 하는 상당한 잠재력을 지닌다. 이후에 탐욕의 여읨은 다른 인식들을 통해 정신적 경험의 영역까지를 포함하게 된다. 그러고 나서 무한한 의식에 대한 인식과 아무것도 없음에 대한 인식은 먼저 대상을 떠나보내고, 이후에는 주체도 떠나보내는데, 이는 소멸과 관련될 수 있다. 소멸의 주제는 이 명상의 마지막 부분까지 계속해서 관련이 된다. 내려놓음의 주제는 이전 인식들 기저에 전부 자리하고 있었지만, 표상없음과 열반에 이르러 특히 두드러지고 포괄적이 된다.[160] 이렇게 이해하면, '비어있음으로의 점진적 명상' 궤적은 이 네 가지 통찰 주제들을 모두 포괄한다. 그리고 그 통찰 주제 각각을 이전에 닦아 온 수행과 통찰을 통해 성숙시키고, 내려놓음을 통해 그들의 종착지인 열반의 실현에 이르게 한다.

아마도 이 관점이 표상없음의 집중을 계발함에 들어 있는 깨달음의 잠재력을 가장 잘 설명해 줄 것이다. 이 방식의 명상은 마음이 모든 표상을 내려놓도록 훈련시켜서, 깨달음으로 돌파하기 위해 필요한 가장 철저한 내려놓음을 준비시킨다. 게다가, 이 시점에서 자기화는 가장 취약한 상태에 처하게 된다. 이미 앞의 아무것도 없음의 단계에서 자아감을 취하려는 경향을 한 번 철저히 약화시켰다. 그다음에 오는 이 모든 표상의 부재는 자아감을 구성하는 데 필요한 모든 지지대가 없게 만드므로, 어떤 식으로든 자기화로 되돌아갈 가능성을 제거한다. 아무것도 없음에 대한 인식과 표상없음에 대한 인식이 합쳐지면 모든 자기참조를 완전히 내려놓는 것이 매우 쉬워진다. 이런 관점에서 보면, 아무것도 없음에서 표상없음으로의 진행은 일종의 예행연습이라고도 볼 수 있다. 이 진행이 열반의 실현에 매우 중요한 내려놓을 수 있는 능력, 특히 자아감을 내려놓을 수 있는 능력을 훈련시켜 주기 때문이다. 이러한 돌파를 가능하게 만드는 기본 원리를 잘 담고 있는 붓다의 가르침이 있다.[161]

모든 것을 내려놓는 것 외에는,
존재들을 위한 안전함을 볼 수 없네.

안전해지기 위해서는 내려놓아야 함을 보완하는 또 다른 게송이 있다.[162]

아무것도 가지지 않고, 아무것도 취하지 않는
이것이 위없는 최상의 섬이라네.
나는 이것을 '열반'이라 부르니,
늙음과 죽음의 파괴라네.

7. 요약

'비어있음으로의 점진적 명상'은 마음에서 모든 번뇌가 완전히 비워진 최상의 비어있음으로 완성된다. 이것은 붓다의 발자취를 따르는 사람이 제자로서 갈 수 있는 이 길의 정점으로, 감각적 경향과 존재의 생성, 무명이라는 세 가지 번뇌의 흐름의 완전한 근절을 말한다.

이 수행법을 두고 사성제의 체계를 실천하는 것이라고도 할 수 있다. 땅에 대한 인식과 무한한 공간에 대한 인식은 둑카에 대한 이해가 깊어지게 하고, 무한한 의식에 대한 경험은 마음의 중요한 역할을 강조하여 갈애가 하는 중심적 역할을 드러내고, 자아의 부재를 의미하는 아무것도 없음은 자연스럽게 열반과 연관이 된다. 그리고 이 일련의 비어있음의 인식들은 팔정도의 틀 안에서 일어나고 그 명상적 차원을 실현시킨다.

'비어있음으로의 점진적 명상'은 또한 12연기 중 첫 네 가지 고리를 빌어 설명할 수 있다. 땅과 무한한 공간에 대한 인식은 물질성을 감소시키고 그것을 떠나게 하여, 명색은 명으로만 축소된다. 무한한 의식에서는 명의 활동이 단지 마음의 알기만 하는 부분에만 주의를 기울이도록 축소되는 방식으로 명을 제어한다. 아무것도 없음에 대한 인식과 함께하는 무아에 대한 통찰은 무지한 의도적 활동들을 상당히 감소시키며, 이는 표상없음에 와서 경험이 구성되는 것이 드러남으로써 무명을 상당히 약화시키는 것으로 보완이 된다. 이런 식으로, 이 명상은 열반의 실현과 함께 연기가 완전히 소멸되도록 잘 준비시킨다.

조건성이라는 주제는 이 수행의 가르침에 바탕을 형성한다. 조건성은 합일의 경험이 계발되고 있는 특정 인식에 **의존해** 있으며, 이 인식은 동시에 이 단계에 여전히 남아 있는 방해이자 비어있지 않음이라는 것을 계속해서 강조하는 방식을 통해 나타난다. 이렇게 점점 더 미묘하고 정제된 일련의 인식들을 통해 계속해서 주입되는 조건성에 대한 인식은, 조건 지어지지 않은 것으로의 돌파구를 마련해 준다.

돌파를 위해서는 '이 표상없음에 집중된 마음도 조건 지어진 것이고 의지의 산물이다'라고 아는 통찰이 필요하다. 우리는 이 통찰을 일으키기에 충분할 정도로만 짧게 표상을 취하는 것과, 이 통찰에서 비롯된 내적 자세로서 표상없음에 좀 더 길게 머무는 것 사이를 오갈 수 있다. 이를 통해 '어떤 것이든 조건 지어지고 의지로써 만들어진 것은 모두 무상하며 소멸하는 성질을 가진다'는 이해에 이르게 될 수 있다. 이렇게 이해할 수 있으려면, 표상없음을 포함한 모든 정신적 경험의 과정적인 특성을, 그것의 끝남의 순간에 강조를 두어 알아차릴 수 있어야 한다.

깨달음으로 돌파할 수 있는 마음으로 무르익기 위해서는 깨달음의 일곱 가지 요소들이 계발되어야 한다. 이들은 마음챙김, 현상의 조사, 에너지, 희열, 평온, 집중, 균형이다. 이들은 서로 균형이 맞춰져야 하며, 은둔, 탐욕의 여읨, 소멸, 내려놓음이라는 통찰 주제들과 연관되어야 한다. 자세히 살펴보면, 이 네 가지 통찰 주제들이 이 명상법의 이전 단계들에 어떤 식으로든 등장하고 있음을 알 수 있다. 여기서 더 나아가기 위해서는 더욱 철저하고 포괄적인 내려놓음이 필요하다.

8. 수행을 위한 지침

'비어있음으로의 점진적 명상'을 열반을 실현할 목적으로 수행할 것인지 아닌지는 물론 개별 수행자의 열망에 달린 일이다. 숲에 대한 인식으로부터 표상없음에 이르기까지의 이 모든 명상 궤적은 되도록 빨리 깨달음을 얻기를 열망하지 않는 사람들에게도 똑같이 유익할 수 있다. 이 사람들은 열반이 인간 역경에 대한 해결책으로는 너무 급진적이거나 크게 호소력이 없다고 생각할 수도 있고, 아니면 미래에 붓다가 되기 위한 자질들을 완성하는 데 더 많은 시간을 들이고 싶어 하는 경우일 수도 있다. 그러나 수다원이나 보다 높은 깨달음의 단계들을 원하는 경우라면, 앞의 단계들을 깨달음의 일곱 가지 요소들과 함께, 그리고 조건성의 차원을 분명히 인지하면서 진행하여 깨달음으로의 돌파를 도모할 수 있다.

이러한 돌파는 수행자가 열반의 깨달음에 대한 열망이 확고해서 완전히 내려놓을 의지와 능력이 있는 한, 원칙적으로는 '비어있음으로의 점진적 명상' 중에 언제든지 일어날 수 있다. 이 명상 궤적의 마지막 단계는 그러한 돌파를 특히 용이하게 만들어 준다.

'비어있음으로의 점진적 명상'을 진행하는 동안 조건성은 각 단계에서 떨쳐 내는 방해나 피로를 통해 강조된다. 이는 숲에 대한 인식이 제공하는 은둔을 통해 신체적이거나 정신적인 유형의 방해가 될 만한 조건들을 떨쳐 버리는 것으로 시작한다. 땅에 대한 인식과 더불어, 과도한 개별성으로 인한 소외나 분열, 또는 과도한 이원적 대비와 같은 방해의 조건이 떨쳐진다. 그러고 나서, 물질적인 것에 애착해서 생겨나는 광범위한 신체적, 정신적 고통들이 무한한 공간에 대한 인식을 통해 떨쳐지게 된다. 무한한 의식에 대한 인식에 와서는, 주체와 대상이라는 이원성을 통해 우리의 경험을 이분화시키는 기본적인 조건이 떨쳐진다. 그러면, 번뇌의 핵심 조건인 자기화도 떨쳐진다. 이는 표상없음으로 이어져, 경험을 구성하게 하는 기본 조건을 내려놓게 한다. 이제 이 조건성의 점진적인 감소와 더불어 점점 더 평화로운 방식으로 머물 수 있음을 분명하게 체감하게 되면서, 마음은 조건 지어지지 않은 최상의 평화로 내려놓을 준비를 하게 된다.

깨달음의 요소들을 계발하는 것은 **마음챙김**의 확립을 기반으로 시작되며, 마음챙김은 이 명상 궤적 전체에서 가장 중요한 정신적 자질이라고 볼 수 있다. 마음챙김이 확립되면, 관심을 갖는 태도이자 호기심이라고도 할 수 있는 **조사**의 요소가 수행을 활기차게 만들어 줄 수 있다. 개별적인 인식들과 관련해서, 조사는 현재의 경험이 그 지점에서 떨쳐 냈어야 하는 방해로부터 진정 벗어나 있는지를 검토하는 방식이 될 수 있다. 이 검토는 개념적으로만 접근하는 것이 아니라, 예를 들면, '일시적으로라도 장애들이 정말로 사라졌는가?', '땅의 동일성이 실로 분명히 경험되는가?', '주관적인 경험에서 물질은 진정 사라졌는가?', '정말로 마음 자체만 있고 다른 대상들은 없는가?', '자기화는 전부 사라졌는가?'와 같이 마음의 현재 상태를 면밀히 살펴보는 것을 말한다.

이와 같은 질문은 원칙적으로는, 정말로 모든 표상이 사라졌는지를 조사한다는 점에서 표상없음에도 똑같이 연관될 수 있다. 그러나 문제는 이 조사에는 표상을 취하는 것이 포함된다는 점이다. 그렇기 때문에 깨달음의 요소들을 의도적으로 불러일으키는 것은 표상없음의 이전 단계들과 연관 짓는 것이 가장 적절할 것이다. 이제 표상없음의 경험에서는 더 이상 깨달음의 요소들을 지속하기 위해 표상을 취하지 않더라도, 이전 단계들에서 지속적으로 계발했던 것이 탄력을 받아 계속해서 지속될 수가 있다. 깨달음의 요소들의 지속은, 주로 마음챙김과 함께 만족함이라는 미묘한 기쁨이 스며든 마음의 균형 상태로 나타난다. 그리고 표상없음의 경험에는 이와 함께 미세한 형태의 호기심이라고도 할 수 있는 요소가 동반될 수 있다. 이 호기심을 개념적으로 설명한다면, 이는 모든 표상이 실로 떨쳐졌는지, 어떤 표상을 향한 흔적이라도 없는지를 묻는 형태가 될 수 있다. 그러나 이번 단계는 기본적으로 비개념적이므로, 이러한 호기심은 주로 고요하게 관심을 가지고 주시하는 태도라고 할 수 있다. 이러한 자세는 표상없음의 머무름이 정체되거나 침체되지 않고 신선하고 생기 있게 지속되도록 보장해 준다.

여기서의 어려움은 표상없음에 머물더라도 마음이 자동 조종 상태로 갈 수 있다는 사실이다. 이렇게 되면 모든 것이 끝날 것이다. 그러므로 여기서 주의할 점은, 특정 경험에 고착된 채로 그것을 계속해서 반복하려 하는 게 아니라, 그 어떤 것에도 집착을 내려놓는 유연하고 역동적인 태도를 마련하는 것이다. 그 결과로 오는 표상없음의 경험은, 그런 점에서 결코 매번 똑같지 않다. 호기심을 가지고 보면, 이렇게 표상없음에 머무르는 매 순간에 미묘하게 새로운 요소들이 있다는 사실을 발견할 수 있다. 우리는 호기심으로 대표되는, 비개념적이고 애씀없이 지속되는 조사라는 깨달음의 요소를 통해서 자동 조종 상태로 빠지는 것을 예방할 수 있고, 그에 따라 표상없음의 경험은 그것의 변형적인 잠재력을 온전히 펼칠 수 있게 된다.

이 방식이 이전 단계들에서도 적절할 때가 있다. 이는 마음이 고요한 머무름으로 더 기울어져서, 깨달음의 요소들을 불러일으키는 것이 오히려 복잡한 부차적인 방해나 피로처럼 여겨지는 경우이다. 그런 경우에는 처음에만 짧게 깨달음의 요소들을 불러일으키고 나서, 이후에는 그 요소들 각각을 인식하지 않고 단지 그것의 현존에만 머무르는 것이 적절할 것이다. 하지만 때에 따라서는 이들을 의도적으로 불러일으키는 것이 명상에 활력을 줄 수도 있다.

위의 방식대로 처음에만 한 번, 또는 각 인식마다 반복적으로 현재의 인식을 조사하고 난 후에는, 그 결과적 상태를 유지하도록 한다. 여기서 논의되는 인식들은 방해의 부재, 동질성, 물질을 떨쳐 버림, 대상의 포기, 자기화의 사라짐이다. 이들을 유지하려면 **에너지**가 필요한데, 이 에너지는 각각의 마음이 느슨해지지 않고 그 상태를 유지하도록 돕는다. 그리고 이 에너지는 힘으로 밀어붙이거나 강요적인 것이 아닌, 부드럽게 지속되는 종류를 말한다. 힘을 들이지 않고도 그러한 지속성을 마련할 수 있게 되었는지는, 편안함과 자연스러움과 함께 **희열**이 일어나는지를 통해서 알 수 있다. 밀어붙이는 힘으로 한다면 희열이 일어나지 않을 것이다. 희열을 불러일으키는 추가적인 원천은, 방해들이 떨쳐졌다는 알아차림과 현재 순간에 잘 확립되어 있는 마음이다.

각 방해들의 부재와 이미 불러일으킨 깨달음의 요소들의 현존은 몸과 마음에 스미는 **평온함**을 가져다준다. 이 평온한 상태에서는, 산만함 없이 취해진 특정 인식에 집중되어 머무는 것이 훨씬 쉬워진다. 반복해서 말했듯이, 그러한 **집중**은 어딘가로 초점을 좁게 고정시키는 것이 아니다. 오히려 여기서 말하는 집중의 계발은 포용적인 마음의 고요한 형태를 취한다. 그러고 나서 이 모든 것은 이 점진적 명상의 각 단계가 드러내는 다양한 비어있음에 근간한 최상의 정신적 **균형**을 통해 절정에 이르게 된다.

깨달음의 요소들이 확립되면 그들은 균형이 잡혀져야 한다. 위의 인식에 머무를 때 마음이 약간 느슨하다면, 우리는 에너지를 불러일으키고 희열을 경험하기 위해 호기심(조사)을 좀 더 강조해 볼 수 있다. 반대로 마음에 약간의 동요가 있거나 에너지가 과도하다면, 현재의 인식에 다만 이완하고 각각의 방해들을 떨쳐 버린 평온을 경험하는 것을 더 강조할 수 있다. 이는 마음이 모아지고 균형을 이루는 수단이 된다. 처음 다섯 가지 인식들을 다루는 동안 깨달음의 요소들이 잘 균형 잡히고 나면, 이들은 여섯 번째인 표상없음의 인식에서 애씀없이 지속될 수가 있다. 여기서는 모든 표상을 내려놓기에, 깨달음의 요소들을 의도적으로 계발하거나 이들의 균형을 잡을 수가 없다.

깨달음의 요소들이 확립되고 균형을 이루고 나서, 이들이 깨달음을 실현할 잠재력을 발휘하기 위해서는 마음이 은둔, 탐욕의 여읨, 소멸, 그리고 내려놓음을 향해야 한다. 그러나 이 모든 통찰의 주제는 '비어있음으로의 점진적 명상'의 이전 궤적에서 이미 확립되었다. 그렇기 때문에 표상없음의 단계에 와서는, 이 통찰 주제들을 개별적으로 불러일으키기 위해 더 이상 표상을 취하지 않고도 계속 진행하는 것이 가능하다. 즉, 깨달음의 요소들이 이미 앞 단계에서 계발되어 현존하고 있는 것처럼, 은둔, 탐욕의 여읨, 소멸, 내려놓음도 이미 어느 정도는 이 단계에 존재하고 있게 된다. 또한, 위에서 설명한 대로 조건성에 주의를 기울여 왔기 때문에, 이제 표상없음도 마찬가지로 조건적인 성질을 가졌다는 것이 많은 심사숙고가 없어도 분명해진다. 그러므로 여기서 마음이 열반을 향하려면 표상없음의 경험을 과정으로 느끼는 것이 필요한데, 이는 표상없음의 무상함을 통찰하는 것에 해당된다. 더불어, 열반을 향하기 위해서는 이 과정의 모든 순간에 자리한 끝남의 측면에 특히 알아차림을 두어야 한다.

처음에는 이러한 수행조차 최소한의 표상을 필요로 할 수 있다. 하지만 익숙해질수록, 표상없음에 지속적으로 머무는 것이 가능해질 정도로 표상은 충분히 줄어들게 된다. 현재의 경험을 과정으로 인식하는 것은 마치 기차에 앉아 있는 것과 같다. 거기서는 다양한 경험 속에서도 앞으로 나아가는 움직임의 감각이 동반된다. 이 움직임의 감각은 주의의 배경에 자리하고 있어서, 기차 안에서의 대화나 독서 등의 활동을 방해하지 않는다. 무상을 반영하는 이 움직임의 감각은 모든 종류의 활동 전반에 걸쳐 수행될 수 있다. 걷기 명상은 우리의 경험을 이런 식으로 바라보기 시작하는 데 특히 효과적이다.

경험의 과정적 특성을 알아차리는 데 충분히 익숙해지면, 모든 순간의 발생보다는 끝남의 측면에 더 주목할 수 있게 된다. 이는 모든 것이 매 순간마다 즉시 완전히 소멸된다는 찰나성을 말하는 것이 아니다. 이는 단지 모든 것이 언젠가는 사라진다는 것, 결국에는 모든 현상이 소멸되고 만다는 사실을 강조하고자 하는 것이다. 이러한 관점이 일상을 통해서든 다른 형태의 명상을 통해서든 계발되고 나면, 이는 더 쉽게 표상없음의 경험과 연결될 수 있다. 열반으로의 돌파는, 다음 순간을 향해 정신적으로 뻗어 나가지 않고 현재 순간이 소멸하게 허락할 수 있을 때 실현될 수 있다. 이는 최상의 놓아버림이라 할 수 있으며, '비어있음으로의 점진적 명상' 과정에서 계발해 온 단계적인 내려놓음의 훈련의 절정이라 할 수 있다.

'비어있음으로의 점진적 명상'의 절정에 머무는 마음이 가지는 핵심적 특질들을 다음의 다섯 가지 특성들의 첫 글자를 따서 '소멸*cease*'이라는 약어로 요약해 보겠다.

명료함: clear
비어있음: empty
깨어있음: awake
고요함: silent
평정: equanimous

표상없음에 이르기까지의 명상적 여정을 추구하면서, 마음은 점점 더 **명료**해져서 마치 구름 한 점 없는 하늘과 같아진다. 어떤 전통은 이를 두고 '마음의 밝음'이라는 표현을 쓰지만, 나는 여기서 명료함이라는 표현이 더 적절하다고 생각한다. 이런 명료함은 '나-만들기'나 '나의 것-만들기'가 완전히 부재하는, 자기참조가 전혀 **없는** 마음과 결합된다. 동시에, 현재 순간을 신선하게 대하는 기민함을 가졌다는 점에서 마음은 완전히 **깨어있다**. 개념적 확산의 부재 속에서, 마음은 매우 **고요**해져서 어떤 초점에 고정되지 않고도 자연스럽게 통일된다. 이 모든 것은 어떤 원함이나 거부의 흔적조차 없는 심오한 균형 상태와 합쳐져 탁월한 **평정**을 이루게 된다. 바로 이 지점에서 명료함, 비어있음, 깨어있음, 고요함, 평정이라는 다섯 특질들이 수렴되어 모든 것이 소멸하게 된다. 이는 그 어떤 것도 붙잡지 않는 완전한 내려놓음이다.

이렇게 완전한 내려놓음을 준비하기 위해서는, 표상없음에 대한 통찰적인 숙고를 계발하는 것이 도움이 된다. 이는 우리가 표상없음을 수행하는 때가 아닐 때, 특히 그것으로부터 막 벗어난 순간에 하는 것이 좋다. 이 통찰적 숙고란, 그 어떤 정신적 활동으로부터도 매우 자유로운 이 숭고한 명상적 경험조차, 그것이 얼마나 미세하든 여전히 조건 지어진 것이라고 분명히 이해하는 것을 말한다. 표상없음의 경험은 여전히 의도의 산물이며, 이러한 이유로 좋아해서도 안 되고 자기와 관련 지을 대상으로 만들어서도 안 된다. 이 경험조차도 구성된 성질을 가졌다는 사실은 이 또한 무상하며 소멸하기 마련이라는 것을 의미한다. 그러므로 애착하지 않아야 한다.

위의 숙고를 통해 가능해진 내려놓음의 힘은, 이것을 각자의 필요나 선호에 따라 어떻게 조정하든지 간에, 이전 수행에서 각 단계들의 방해나 피로를 얼마나 깊이 체득했는지에 달려 있다. 이는 둑카에 대한 통찰에 해당하므로, 이 명상의 여정을 성공적으로 완성하는 데 중요한 기능을 한다. 방해나 피로에 대한 통찰은 인식들을 거꾸로 진행하면 큰 도움을 받을 수 있다. 표상없음에서 시작하여 아무것도 없음을 거쳐, 무한한 의식, 무한한 공간, 그리고 땅과 숲에 대한 인식으로 진행하면서, 방해나 피로가 현저히 증가하는 것이 드러난다. 그 결과 깊어진 둑카에 대한 이해는 표상없음으로 이어지는 일련의 인식들을 진행해 나갈 때 보탬이 될 수 있으며, 아마도 때가 되면 그 이상 나아가는 것도 가능해질 것이다.

비어있음으로의 완전한 여정을 완성하기 위해서는 마음이 번뇌들로부터 비워져야 한다. 이것은 실로 최상의 비어있음이다. 번뇌의 제거로 인한 개인적인 변형은, 비어있음에 대한 명상 수행을 성공적으로 진척시켰음을 나타내는 진정한 척도라고 할 수 있다. 이 책에서 설명하는 모든 수행은 특별한 명상 체험을 하는 것이 아니라(비록 이것이 이 수행 길의 일부이긴 하지만), 마음을 열어 번뇌의 지배로부터 해방되어, 어떤 일상의 상황에서도 신성한 머무름의 아름다움으로 꽃피우게 하는 것이다.

이 명상 수행은 통상적인 공덕 회향으로 마무리할 수 있는데, 이 시점에서는 명상의 심오함으로 인해 회향이 특히나 더 강력할 수 있다. 일상에서의 수행은 단순히 마음을 번뇌로부터 가능한 한 비우는 것이 될 수 있다. 이는 첫 장에서 다룬 지침에 해당된다(p.14 참고). 이 비어있음에 머무는 방식으로 머무는 동안, 우리는 네 가지 자세로 있을 때, 말할 때, 심지어는 생각할 때에도 번뇌의 부재를 유지하는 법을 배운다. 이것이 진정 비어있음에 머무름을 지속시키는 열쇠이다.

이렇게 일상까지 아우르는 최종적인 수행이 확립이 되면, 여기서 제시하는 명상의 여정 전체는 선형적 진행과 순환적 차원이 결합된 것으로 볼 수 있다. 선형적 진행은 모든 활동 중에 번뇌를 놓아버리는 기초를 마련하는 것에서 시작하여, 숲, 땅, 무한한 공간, 무한한 의식, 아무것도 없음, 표상없음의 인식들을 차례로 진행하여 열반으로 나아간다. 이 선형적 진행의 기저에 자리한 순환적 차원은, 무한한 공간에서 무한한 의식으로 진행할 때 전환점을 갖는다. 어떤 면에서 이 둘은 단지 같은 경험의 상호 보완적인 관점들이다. 무한한 공간을 아는 것은 이때 취한 대상으로 인해 그 자체가 무한해졌기 때문이다. 그리고 나서 다음 단계인 아무것도 없음은 자아가 부재한다는 통찰로 땅에 대한 인식을 보완한다. 표상없음은 전반적인 비어있음과 관련해서 숲에 대한 인식을 보완한다. 그리고 열반은 번뇌로부터의 비어있음이라는 가장 중요한 주제로 일상생활 속 수행을 보완한다. 이러한 방식으로, 일상생활에서 열반으로의 돌파로 이어지는 원이 형성되며, 그 깨달음은 직접적으로 다시 일상생활에 영향을 미친다. 비어있음에 대한 완전한 깨달음은, 일상의 가장 도전적인 상황에서도 번뇌의 반응으로부터 벗어나 균형을 유지하고 편안함을 유지하는 것으로 드러나기 때문이다.

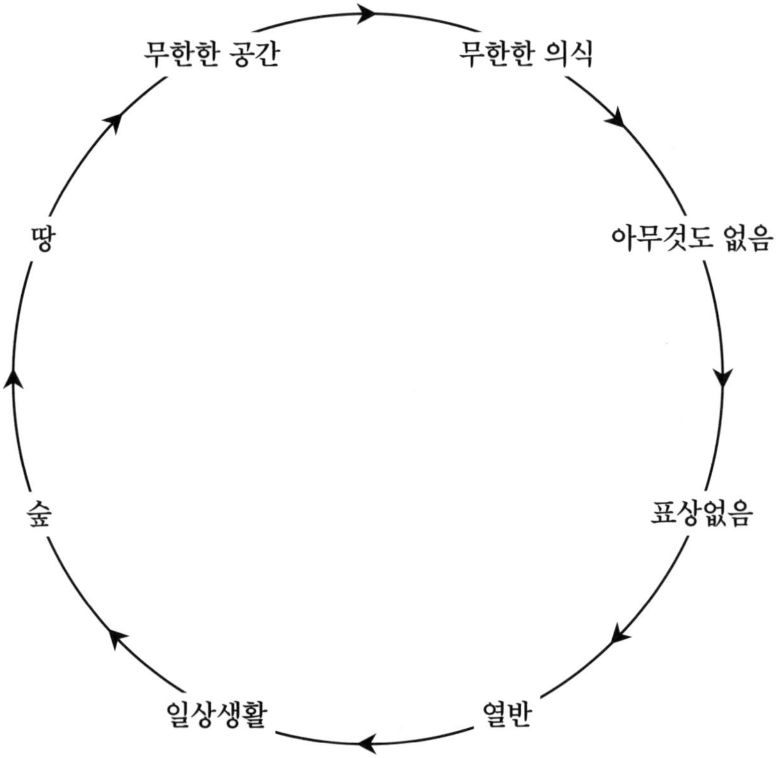
무한한 공간
무한한 의식
아무것도 없음
표상없음
열반
일상생활
숲
땅

Abbreviations
약어표

Abhidh-k	아비달마구사론*Abhidharmakośabhāṣya*
AN	앙굿따라니까야*Aṅguttaranikāya*
Be	버마 판*Burmese edition*
CBETA	중국 불교 전자문서 협회 *Chinese Buddhist Electronic Text Association*
Ce	스리랑카 판*Ceylonese edition*
D	데르게 판*Derge edition*
DĀ	장아함경*Dīrghāgama* (T 1)
Dhp	법구경*Dhammapada*
DN	디가니까야*Dīghanikāya*
EĀ	증일아함경*Ekottarikāgama* (T 125)
Ee	팔리 성전 협회 판*Pali Text Society edition*
MĀ	중아함경*Madhyamāgama* (T 26)
MN	맛지마니까야*Majjhimanikāya*
P	북경 판 Peking edition
Ps	빠빤차수다니*Papañcasūdanī* (맛지마니까야 주석서)
SĀ	잡아함경*Saṃyuktāgama* (T 99)
SĀ2	별역잡아함경*Saṃyuktāgama* (T 100)
Se	시암(태국) 판*Siamese edition*
SHT	투르판 지역 산스크리트 사본 *Sanskrithandschriften aus den Turfanfunden*
SN	상윳따니까야*Saṃyuttanikāya*
Sn	숫따니파타*Suttanipāta*
T	대정신수대장경*Taishō edition* (CBETA)
Th	테라가타 장로경*Theragāthā*
Ud	우다나*Udāna*
Up	아비달마구사 주석서*Abhidharmakośopāyikāṭīkā*
Vin	율장, 위나야*Vinaya*
Vism	청정도론*Visuddhimagga*

Notes
미주

1. '초기 불교'의 개념에 대해서는 또한 Anālayo 2023a.를 참고.
2. Anālayo 2015.
3. Anālayo 2023b.
4. 이 도전에 관해서는 Treleaven 2018를 참고.
5. 아래 27번을 참고.
6. MN III 112,31의 MN 122: tassa ce, *ānanda, bhikkhuno iminā vihārena viharato caṅkamāya cittaṃ namati, so caṅkamati: evaṃ maṃ caṅkamantaṃ nābhijjhādomanassā pāpakā akusalā dhammā anvāssavissantī ti; itiha tattha sampajāno hoti*. 여기와 다른 곳에서, 나는 모든 성별을 포함하기 위해, 원래 팔리어로는 단수인 것을 영어로 복수형으로 번역하였다.
7. 아쉽게도, 이 경전의 이전 부분에 들어 있는 수행적 의미는 확실치가 않다. 이와 연관이 있는 MN III 111,6의 MN 122(Ñāṇamoli 역 1995/2005, 972)의 시작 부분은 중국어와 티베트어 대응 경전들이 있어, 원칙적으로는 안으로 밖으로 비어있음에 명상적으로 머물기가 뜻하는 바를 명확히 해 줄 수 있지만, 이 대응 경전들의 비교가 복잡해서 내가 보기에는 이에 대한 결론을 내리기 어렵다. Anālayo 2011a, 690-94 참고. 이에 따라 MN 122에 기반한 공식적인 명상 수행법을 제시할 수 없다.
8. Plofker 2009, 16과 56.
9. T 1.26.739a13의 MĀ 191(Anālayo 역 2012a, 48 또는 2015, 116)와 Skilling 1994, 220,15.
10. MN III 113,1의 MN 122: *tassa ce, ānanda, bhikkhuno iminā vihārena viharato ṭhānāya cittaṃ namati, so tiṭṭhati: evaṃ maṃ*

ṭhitaṃ(CeandEe: *tiṭṭhantaṃ*) *nābhijjhādomanassā pāpakā akusalā dhammā anvāssavissantī ti; itiha tattha sampajāno hoti. tassa ce, ānanda, bhikkhuno iminā vihārena viharato nisajjāya cittaṃ namati, so nisīdati: evaṃ maṃ nisinnaṃ nābhijjhādomanassā pāpakā akusalā dhammā anvāssavissantī ti; itiha tattha sampajāno hoti. tassa ce, ānanda, bhikkhuno iminā vihārena viharato sayanāya cittaṃ namati,sosayati: evaṃ maṃ sayantaṃ nābhijjhādomanassā pāpakā akusalā dhammā anvāssavissantī ti; itiha tattha sampajāno hoti.*

11. MN I 57,2의 MN 10(Ñāṇamoli 역 1995/2005, 146). 네 가지 자세는 두 개의 중국어 아함경 대응 경전 중 하나에도 나오는데, 여기에는 잠에 들고 일어나는 경우가 부가적으로 더 언급된다. T 1.26.582b21의 MĀ 98(Anālayo 역 2013b, 270) 참고.

12. 예를 들어, SN V 163,14의 SN 47.13(Bodhi 역 2000, 1644)와 이의 대응 경전인 T 2.99.177a10의 SĀ 638(Anālayo 역 2016b, 122)를 참고. 이 두 대응 경전들은 모두 이 수행이 스스로에게 의지하게 만든다고 추천한다.

13. SN III 151,6의 SN 22.100(Bodhi 역 2000, 958)와 대응 경전인 T 2.99.69c5의 SĀ 267(Anālayo 역 2013a, 43). 대응 경전에는 네 가지 자세가 언급되지 않는다.

14. MN III 113,12의 MN 122: *tassa ce,ānanda, bhikkhuno iminā vihārena viharato kathāya*(EeandSe: *bhāsāya*) *cittaṃ namati, so yāyaṃ kathā hīnā gammā pothujjanikā anariyā anatthasaṃhitā*(Se: *anatthasañhitā*) *na nibbidāya na virāgāya na nirodhāya na upasamāya na abhiññāya na sambodhāya na nibbānāya saṃvattati, seyyathīdaṃ*(Be: *seyyathidaṃ*) *rājakathā corakathā mahāmattakathā senākathā bhayakathā yuddhakathā annakathā pānakathā vatthakathā sayanakathā mālākathā gandhakathā ñātikathā yānakathā gāmakathā nigamakathā nagarakathā janapadakathā itthikathā*(Ceadds*purisakathā*) *sūrakathā*(BeandCe: *surākathā*) *visikhākathā kumbhaṭṭhānakathā pubbapetakathā nānattakathā lokakkhāyikā samuddakkhāyikā itibhavābhavakathā iti vā iti*(Se: without*iti*), *evarūpiṃ*(Se: *evarūpaṃ*) *kathaṃ na kathessāmī ti; itiha tattha sampajāno hoti. yā ca kho*(Se: without*kho*) *ayaṃ, ānanda, kathā*

abhisallekhikā cetovinīvaraṇasappāyā(Ee: *cetovivaraṇasappāyā*; Se: *cetovicāraṇasappāyā*) *ekantanibbidāya virāgāya nirodhāya upasamāya abhiññāya sambodhāya nibbānāya saṃvattati, seyyathīdaṃ*(Be: *seyyathidaṃ*) *appicchakathā santuṭṭhikathā pavivekakathā asaṃsaggakathā viriyārambhakathā*(Be: *vīriyārambhakathā*) *sīlakathā samādhikathā paññākathā vimuttikathā vimuttiñāṇadassanakathā iti, evarūpiṃ kathaṃ kathessāmī ti; itiha tattha sampajāno hoti*. 여기서 *cetovinīvaraṇasappāyā*의 변형을 채택한 것은 대응 경전인 MĀ 191 at T 1.739b1: 無諸陰蓋(Anālayo 역 2012a, 49 or 2015, 187)과 Skilling 1994, 230,1: *sems kyi sgrib pa med pa*로부터 지지를 받을 수 있다. 또한 *Śrāvakabhūmi*, Śrāvakabhūmi Study Group 1998, 220,12에서 비슷하게 열거한 적절한 대화의 항목들을 참고할 수 있다. 이 구절은 다른 점에서는 관련이 없으나, 장려할 만한 대화가 *cetovinivaraṇasāṃpreyagāminīṃ*라고 소개한다.

15. 이 항목을 더 자세히 나눈 것은 또한 Anālayo 2022d, 14를 참고할 수 있다.
16. MN I 86,28의 MN 13(Ñāṇamoli 역 1995/2005, 181). 대응 경전으로는 T 1.26.585a29의 MĀ 99(Anālayo and Bucknell 역 2020, 240), T 1.53.847b2, T 2.125.605a28의 EĀ 21.9, T 17.737.539c25.
17. MN I 32,26의 MN 5(Ñāṇamoli 역 1995/2005, 114), 대응 경전은 T 1.26.569c5의 MĀ 87(Anālayo and Bucknell 역 2020, 166), T 1.49.842a15, T 2.125.634a6.의 EĀ 25.6.
18. MN III 113,32의 MN 122: *tassa ce, ānanda, bhikkhuno iminā vihārena viharato vitakkāya cittaṃ namati, so ye te*(EeandSe: *me*) *vitakkā hīnā gammā pothujjanikā anariyā anatthasaṃhitā*(Se: *anatthasañhitā*) *na nibbidāya na virāgāya na nirodhāya na upasamāya na abhiññāya na sambodhāya na nibbānāya saṃvattanti, seyyathīdaṃ*(Be: *seyyathidaṃ*) *kāmavitakko byāpādavitakko*(Ce: *vyāpādavitakko*) *vihiṃsāvitakko iti evarūpe vitakke na vitakkessāmī ti; itiha tattha sampajāno hoti. ye ca kho ime*(Sewithout*ime*), *ānanda, vitakkā ariyā niyyānikā niyyanti takkarassa sammādukkhakkhayāya, seyyathīdaṃ*(Be: *seyyathidaṃ*) *nekkhammavitakko abyāpādavitakko*(Ce: *avyāpādavitakko*) *avihiṃsāvitakko iti evarūpe vitakke vitakkessāmī ti; itiha tattha sampajāno hoti*.

19. 바른 견해에 대한 다른 양상에 관해서는 Anālayo 2018a, 30-31 참고.

20. 더 자세히는 Anālayo 2011c.

21. 더 자세히는 Anālayo 2022c, 117-72와 2022g.

22. DN III 280,27의 DN 33(Walshe 역 1987, 500), 그리고 이의 대응 경전인 Stache-Rosen 1968, 165, T 1.1.52a9의 DĀ 9, T 1.12.232a21.

23. 더 자세히는 Anālayo 2017b.

24. MN I 115,21의 MN 19(Ñāṇamoli 역 1995/2005, 208), 대응 경전은 T 1.26.589b5의 MĀ 102. 또한 *Śikṣāsamuccaya*, Bendall 1902/1970, 53,19(Bendall and Rouse 역 1922/1990, 54)와 *Saundarananda* 15.18, Johnston 1928, 105,1(Johnston 역 1932, 83) 참고.

25. 더 자세히는 Anālayo 2022c, 211-30 참고.

26. Anālayo 2015, 151-62. 참고.

27. Sn 1119: *suññato lokaṃ avekkhassu … sadā sato … evaṃ lokaṃ avekkhantaṃ, maccurājā na passatī ti.*

28. 더 자세히는 Anālayo 2019b, 10. 참고.

29. MN III 104,13의 MN 121: *pubbe cāhaṃ*(BeandCe: *pubbepāhaṃ*), *ānanda, etarahi ca*(BeandCe: *pi*) *suññatāvihārena bahulaṃ viharāmi. seyyathā pi, ānanda, ayaṃ migāramātu pāsādo suñño hatthigavāssavaḷavena*(Be: *hatthigavassavaḷavena*, Se: *hatthigavāssavalavena*), *suñño jātarūparajatena, suñño itthipurisasannipātena*(Se: *itthīpurisasannipātena*) *atthi c' ev' idaṃ asuññataṃ yadidaṃ bhikkhusaṅghaṃ*(Ee: *bhikkhusaṃghaṃ*) *paṭicca ekattaṃ. evam eva kho, ānanda, bhikkhu amanasikaritvā gāmasaññaṃ, amanasikaritvā manussasaññaṃ, araññasaññaṃ paṭicca manasikaroti ekattaṃ. tassa araññasaññāya cittaṃ pakkhandati pasīdati santiṭṭhati adhimuccati*(Ee: *vimuccati*; see also Schmithausen 1981, 234n124). *so evaṃ pajānāti: ye assu darathā gāmasaññaṃ paṭicca te 'dha na santi, ye assu darathā manussasaññaṃ paṭicca te 'dha na santi, atthi c' evāyaṃ darathamattā yadidaṃ araññasaññaṃ paṭicca ekattan ti. so suññam idaṃ saññāgataṃ gāmasaññāyā ti pajānāti, suññam idaṃ saññāgataṃ*

manussasaññāyā ti pajānāti, atthi c' ev' idaṃ asuññataṃ yadidaṃ araññasaññaṃ paṭicca ekattan ti. iti yaṃ hi kho tattha na hoti, tena taṃ suññaṃ samanupassati, yaṃ pana tattha avasiṭṭhaṃ hotitaṃ santaṃ(Be and Ce: *santam*) *idaṃ atthī ti pajānāti. evam pi 'ssa esā, ānanda, yathābhuccā avipallatthā parisuddhā suññatāvakkanti bhavati.*

30. Anālayo 2022b, 188. 참고.
31. T 1.26.737a9의 MĀ 190(Anālayo 역 2012a, 27 or 2015, 177)와 Skilling 1994, 150,11. 또한 Anālayo 2011a, 685 참고.
32. 숲을 황야로 보는 개념에 대해서는 또한 Visigalli 2019를 참고.
33. AN III 343,9의 AN 6.42(Bodhi 역 2012, 906)와 AN IV 344,6의 AN 8.86(Bodhi 역 2012, 1235). 이의 대응 경전은 T 2.99.344a15의 SĀ 1251.
34. MN I 17,6의 MN 4(Ñāṇamoli 역 1995/2005, 102)와 이의 대응 경전인 T 2.125.665b22의 EĀ 31.1(Anālayo 역 2011b, 209).
35. Anālayo 2019b, 6f. 참고.
36. Gethin 1997. 참고.
37. Anālayo 2016a, 12 그리고 16.
38. 더 자세히는 Anālayo 2003b, 182-200, 2013b, 177-94, 2018b, 151-69, 그리고 2022e.
39. Magee 2019, 329는 다음과 같은 충고를 제공한다. "고요히, 분명하게 사랑으로, 우리가 할 수 있는 것을 하도록 하자. 그리고는 내려놓고 그렇게 두도록 한다."
40. MN III 268,14의 MN 145(Ñāṇamoli 역 1995/2005, 1118), 또한 SN II IV 61,13의 SN 35.88(Bodhi 역 2000, 1168)와, 이의 대응 경전인 T 2.99.89b23의 SĀ 311와 T 1.108.502c24에서도 발견된다. 다른 문헌에 있는 더 많은 대응 경전들에 관해서는 Anālayo 2011a, 828. 참고.
41. Anālayo 2011a, 684n5.
42. T 1.26.737a15의 MĀ 190: 疲勞.
43. Anālayo 2023b, 171n129.
44. Chalmers 1927, 215는 "동요"라는 표현을 쓴다. 이에 기반해서 그는 이번 가르침의 해당 부분을 다음과 같이 번역한다: "그는 마을 또는 사람들이라는 생각에 동반되는 동요가 이 개념에 없다는 것을 분명히 안다. 하지만 숲이라는 생각에 동반되

는 고독의 동요가 있다." 여기서는 "'문제'나 '방해', 또는 '괴로움'은 이 경전에 분명히 적용되지 않는 해석들이다."라고 한 점을 주목하자. Wayman 1997, 279은 대신 '개구부*embrasure*'라는 개념을 제안하여, 이 가르침의 마지막 부분을 다음과 같이 제시한다. 숲이라는 "생각에 의존한 합일, 오직 이 정도의 개구부만이 있을 뿐이다." Rossi 2010, 195는 "신경 씀*care*"이라는 번역을 선택해서 다음과 같이 해석한다. "마음이라는 인식에 의존한 신경 씀은 더 이상 없다. 사람들이라는 인식에 의존한 신경 씀은 더 이상 없다. 유일한 신경 씀은, 황야라는 인식에 기반한 합일에 의존한 신경 씀, 이것뿐이다." 이들 중 어떤 흥미로운 시도도 나에게는 채택할 만한 충분히 설득력이 있어 보이지 않았다.

45. 더 자세히는 Anālayo 2022a. 참고.
46. Anālayo 2013b, 142-45. 참고.
47. MN I 369,36의 MN 55(Ñāṇamoli 역 1995/2005, 102). MN 55는 대응되는 산스크리트어 단편 버전에는 없는 것으로 보인다. see Anālayo 2011a, 320. 참고.
48. Dhp 99: *ramaṇīyāni araññāni, yattha na ramatī jano; vītarāgā ramissanti, na te kāmagavesino*, 인도어 대응본은 Patna *Dharmapada* 155, Cone 1989, 143, 그리고 *Udānavarga* 29.17, Bernhard 1965, 375(Anālayo 역 2019a, 47).
49. MN III 105,3의 MN 121: *puna ca paraṃ, ānanda, bhikkhu amanasikaritvā manussasaññaṃ, amanasikaritvā araññasaññaṃ, paṭhavīsaññaṃ*(Bethroughout*pathavī°*; Cethroughout*paṭhavi°*) *paṭicca manasikaroti ekattaṃ. tassa paṭhavīsaññāya cittaṃ pakkhandati pasīdati santiṭṭhati adhimuccati*(Ee: *vimuccati*). *seyyathā pi, ānanda, āsabhacammaṃ*(Ee: *usabhacammaṃ*) *saṅkusatena*(Ee: *saṃkusatena*) *suvihataṃ vigatavalikaṃ*(Ee: *vigatavasikaṃ*), *evam eva kho, ānanda, bhikkhu yaṃ imissā paṭhaviyā ukkūlavikkūlaṃ*(Se: *ukkulavikulaṃ*) *nadīviduggaṃ khāṇukaṇṭakaṭṭhānaṃ*(Ee: *khāṇukaṇṭakādhāraṃ*; CeandSe: *khāṇukaṇṭakadhānaṃ*) *pabbatavisamaṃ, taṃ sabbaṃ amanasikaritvā paṭhavīsaññaṃ paṭicca manasikaroti ekattaṃ. tassa paṭhavīsaññāya*(Se: *paṭhavīsaññā*) *cittaṃ pakkhandati pasīdati santiṭṭhati adhimuccati*(Ee: *vimuccati*). *so evaṃ pajānāti: ye assu darathā manussasaññaṃ paṭicca te 'dha na santi, ye assu darathā*

araññasaññaṃ paṭicca te 'dha na santi, atthi c' evāyaṃ darathamattā yadidaṃ paṭhavīsaññaṃ paṭicca ekattan ti. so suññam idaṃ saññāgataṃ manussasaññāyā ti pajānāti, suññam idaṃ saññāgataṃ araññasaññāyā ti pajānāti, atthi c' ev' idaṃ asuññataṃ yadidaṃ paṭhavīsaññaṃ paṭicca ekattan ti. iti yaṃ hi kho tattha na hoti, tena taṃ suññaṃ samanupassati, yaṃ(Ee: *yam*) *pana tattha avasiṭṭhaṃ hoti, taṃ santaṃ*(Be and Ce: *santam*) *idaṃ atthī ti pajānāti. evam pi 'ssa esā, ānanda, yathābhuccā avipallatthā parisuddhā suññatāvakkanti bhavati.*

50. Wayman 1997, 280는 이 단계에 대해 다음과 같이 논평한다. "그는 마음…에서 땅의 '표상'을 붙잡는다. 이 표상이 땅의 어떤 특정한 땅의 양식으로 변형되는 것을 허용하지 않으면서. 이것은 어떠한 땅의 특징도 비어있는 순수한 땅을 향한 일종의 '비어있음'이다."

51. Ps IV 153,19: *paṭhavīsaññaṃ paṭicca manasikaroti ekattan ti kasiṇapaṭhavīsaññaṃ yeva paṭicca sambhūtaṃ ekaṃ saññaṃ manasikaroti.*

52. AN V 46,3의 AN 10.25(Bodhi 역 2012 1370). 여덟*abhibhāyatanas*에 대한 열거항목에서, 처음 세 가지 색깔들은 MN II 13,29의 MN 77(Ñāṇamoli 역 1995/2005, 639)에서 파란 아마꽃(Linum usitatissimum), 노란 바유르 나무 꽃(Pterospermum acerifolium), 그리고 붉은 히비스커스 꽃(Pentapetes phoenicea)으로 예시되어 있다. 그다음 하얀색은 샛별로 예시된다.

53. DN II 144,17의 DN 16 (Walshe 역 1987, 265), 산스크리트어 단편에도 비슷하게 나타난다, Waldschmidt 1951, 298,7, 그리고 DĀ 2 at T 1.1.25c9.

54. 예를 들어, 땅에 대한 인식을 불러일으키기 위한 외부의 장치를 언급한 것에 대해 Vism 123,28: *kasiṇaṃ kātabbaṃ*(Ñāṇamoli 역 1991, 123: "그는 까시나를 만들어야 한다") 참고.

55. Vism 172,9(Ñāṇamoli 역 1991, 167).

56. Vism 174,19(Ñāṇamoli 역 1991, 169).

57. 더 자세히는 Anālayo 2022c, 59-115. 참고.

58. T 29.1559.303b18(Paramārtha; Pruden 역 1990, 1278), 반면 산스크리트어 버전, Abhidh-k 8.36, Pradhan 1967, 458,3와 그 외 중국어 번역 T

29.1558.151c28(Xuánzàng)은 바람 요소가 촉각적 대상이라는 의견만을 언급한다.

59. T 1.26.737a23의 MĀ 190(Anālayo 역 2012a, 28 또는 2015, 177)과 Skilling 1994, 156,10.

60. MN I 185,20의 MN 28(Ñāṇamoli 역 1995/2005, 279)와 이의 대응 경전인 T 1.26.464c7의 MĀ 30(Bingenheimer, Anālayo, and Bucknell 역 2013, 219).

61. AN III 341,1의 AN 6.41(Bodhi 역 2012, 904), 그리고 대응 경전인 T 2.99.128c25의 SĀ 494와 D 4094 *ju* 58a7의 Up 2020, 또는 P 5595 *tu* 64a4. Vism 364,10(Ñāṇamoli 역 1991, 358)는 이 관점을 인간 몸의 해부적 부분들에 명시적으로 적용시키며, 이 부분들이 사대요소들이 합으로 구성되어 있다고 설명한다.

62. DN II 294,17의 DN 22(Walshe 역 1987, 338), MN I 57,20의 MN 10(Ñāṇamoli 역 1995/2005, 148), T 1.26.583b19의 MĀ 98(Anālayo 역 2013b, 275), 그리고 T 2.125.568a26의 EĀ 12.1(Anālayo 역 2013b, 288). 또한 *Śikṣāsamuccaya*, Bendall 1902/1970, 210,4(Bendall and Rouse 역 1922/1990, 202)을 참고.

63. Ps I 272,1(translated by Soma 1941/1981, 103).

64. MN III 31,23의 MN 112(Ñāṇamoli 역 1995/2005, 905)와 T 1.26.733a2의 MĀ 187(Anālayo 역 2008, 250). 이 두 버전 모두 총 여섯 요소들을 말하는데, 이는 사대요소에 공간과 의식을 더한 것이다.

65. DN II 107,23의 DN 16(Walshe 역 1987, 248), Waldschmidt 1951, 212,25, T 1.1.15c29의 DĀ 2, T 1.5.165a28(공간에 대한 언급 없이), T 1.6.180c15와 T 1.7.191c23.

66. AN IV 100,5의 AN 7.62(Bodhi 역 2012, 1071), Dietz 2007(산스크리트 단편), T 1.26.428c9의 MĀ 8, T 1.30.811c24, T 2.125.736b1의 EĀ 40.1(Anālayo 역 2019a, 120), Up 3008(Dietz 편집 및 번역 2007), 그리고 D 4094 *ju* 187b3의 Up 3094 또는 P 5595 *tu* 214b1. 또한 Anālayo 2019a, 120-27 참고.

67. AN II 157,4의 AN 4.170(Bodhi 역 2012, 535)와 대응 경전인 T 2.99.146c24의 SĀ 560(Anālayo 역 2009, 192n56).

68. 더 자세히는 Anālayo 2009 참고.

69. Dhp 81: *selo yathā ekaghano, vātena na samīrati, evaṃ nindāpasaṃsāsu, na samiñjanti*(Se: *sammiñjanti*) *paṇḍitā*, 인도어 대응 경전은 Gāndhārī *Dharmapada* 239, Brough 1962/2001, 157, the Patna *Dharmapada* 93, Cone 1989, 128, 그리고 *Udānavarga* 29.49, Bernhard 1965, 387. 똑같은 이미지가 Mūlasarvāstivāda *Vinaya*, Gnoli 1978, 147,1. 의 구절에도 나온다.

70. 바디스캔 기법의 예상되는 기원에 대해서는 Anālayo 2020b를 참고.

71. MN III 105,25의 MN 121: *puna ca paraṃ, ānanda, bhikkhu amanasikaritvā araññasaññaṃ, amanasikaritvā paṭhavīsaññaṃ*(Beth roughout*pathavī°*; Cethroughout*paṭhavi°*), *ākāsānañcāyatanasaññaṃ paṭicca manasikaroti ekattaṃ. tassa ākāsānañcāyatanasaññāya cittaṃ pakkhandati pasīdati santiṭṭhati adhimuccati*(Ee: *vimuccati*). *so evaṃ pajānāti: ye assu darathā araññasaññaṃ paṭicca te 'dha na santi, ye assu darathā paṭhavīsaññaṃ paṭicca te 'dha na santi, atthi c' evāyaṃ darathamattā yadidaṃ ākāsānañcāyatanasaññaṃ paṭicca ekattan ti. so suññam idaṃ saññāgataṃ araññasaññāyā ti pajānāti, suññam idaṃ saññāgataṃ paṭhavīsaññāyā ti pajānāti, atthi c' ev' idaṃ asuññataṃ yadidaṃ ākāsānañcāyatanasaññaṃ paṭicca ekattan ti. iti yaṃ hi kho tattha na hoti, tena taṃ suññaṃ samanupassati, yaṃ*(Ee: *yam*) *pana tattha avasiṭṭhaṃ hoti, taṃ santaṃ*(Be and Ce: *santam*) *idaṃ atthī ti pajānāti. evam pi 'ssa esā, ānanda, yathābhuccā avipallatthā parisuddhā suññatāvakkanti bhavati.*

72. DN III 265,18의 DN 33와 DN III 290,3의 DN 34(Walshe 역 1987, 507,520)은 이 연속이 *anupubbavihārā*라고 소개한다. DN 34의 대응 경전인 T 1.13.240a5는 이를 두고 次定라 한다(산스크리트어 단편 대응 경전은 이 연속항목 중 일부만 보존하고 있어서, Schlingloff 1962, 22는 관련 용어인 *anupūrvavihārāḥ*를 재구성했다). 또 다른 팔리어 경전으로는 AN IV 410,1의 AN 9.32(Bodhi 역 2012, 1287)가 있는데, 이의 대응 경전은 Up 2039 at D 4094 *ju* 70a4 or P 5595 *tu* 78b3에 보존되어 있고, 여기서는 이를 두고 *mthar gyis gnas pa'i snyoms par 'jug pa*라 한다. 이 다른 버전들은, 네 가지 선정을 진행하고 네 가지 무색계를 진행하여 소멸의 증득에 이르는 데에는, 연속적이거나 단계적인 진행이 필요하다고 동의한다.

73. MN I 455,20의 MN 66(Ñāṇamoli 역 1995/2005, 558)와 T 1.26.743b27의 MĀ 192.

74. AN I 267,9의 AN 3.114(Bodhi 역 2012, 347, 경전116).

75. SN II 181,24의 SN 15.5(Bodhi 역 2000, 654)와 대응 경전인 T 2.99.242c7의 SĀ 949, T 2.100.487c26의 SĀ2 342, 그리고 T 2.125.825c12의 EĀ 52.4.

76. 더 자세히는 Anālayo 2017a, 109-75와 2022c, 117-209 참고. 선정의 증득을 재해석하게 했던 동기로 보이는 것에 대한 학문적 탐구는 Anālayo 2022f 참고.

77. T 1.26.737b6의 MĀ 190: 當數念一無量空處想(Anālayo 역 2012a, 28 또는 2015, 178), 그리고 Skilling 1994, 160,16: *nam mkha' mtha' yas skye mched du 'du shes pa 'am, de las kha cig yid la bya'o*.

78. MN I 190,15의 MN 28(Ñāṇamoli 역 1995/2005, 283), 그리고 대응 경전인 T 1.26.466c29의 MĀ 30(Bingenheimer, Anālayo, and Bucknell 역 2013, 232).

79. MN I 424,22의 MN 62: *seyyathā pi, rāhula, ākāso na katthaci patiṭṭhito. evam eva kho tvaṃ, rāhula, ākāsasamaṃ bhāvanaṃ bhāvehi. ākāsasamaṃ*(Se: *ākāsasamañ*) *hi te, rāhula, bhāvanaṃ bhāvayato uppannā manāpāmanāpā phassā cittaṃ na pariyādāya ṭhassanti*. 이 부분의 대응 경전들의 상황은 다소 복잡하다. 이 경전의 다른 부분에 대응되는 EĀ 17.1은 사대요소와 공간을 다루지 않는다. Anālayo 2011a, 348 참고. 그러나 이는 중국에서 이 경전 전집의 자료 재비치가 있었고, 이로 인해 문헌이 손실된 결과일 수 있다. Anālayo 2014/2015, 75-77 참고.

80. MN III 299,6의 MN 152(Ñāṇamoli 역 1995/2005, 1148), 이는 또한 "최고"라고도 언급된다. 그러나 이의 대응 경전인 T 2.99.78b21의 SĀ 282는 "감각 기능의 계발"인 賢聖修根에 "숭고한"이라는 표현을 쓴다.

81. 대응 경전들끼리의 작은 차이점들에 대해서는 Anālayo 2011a, 850-51를 참고.

82. MN I 127,30의 MN 21(Ñāṇamoli 역 1995/2005, 221)와 T 1.26.745c11의 MĀ 193.

83. MN I 128,4의 MN 21: *ākāsasamena cetasā … viharissāmā*와 T 1.26.745c25의 MĀ 193: 心行如虛空.

84. Th 1155와 1156(Norman 역 1969, 106).

85. SN V 121,25의 SN 46.55(Bodhi 역 2000, 1611)와 AN III 230,25의 AN 5.193(Bodhi 역 2012, 807), 그리고 산스크리트어 단편 버전의 은유는 Tripāṭhī 1995, 127-32.

86. Ud 80,15의 Ud 8.1: *appatiṭṭhaṃ*(Ireland 역 1990, 108).

87. 참고문헌들에 대한 연구는 Anālayo 2023b, 48-49 참고.

88. 다양한 대응 경전들에 대한 비교 연구와 이 에피소드의 의미에 대한 토론에 관해서는 Anālayo 2014a 참고.

89. MN III 17,15의 MN 109(Ñāṇamoli 역 1995/2005, 888), SN III 101,32의 SN 22.82(Bodhi 역 2000, 925), T 2.99.14c11의 SĀ 58(Anālayo 역 2014b, 63), 그리고 D 4094 *nyu* 55a5의 Up 7006 또는 P 5595 *thu* 96b5(Dhammadinnā 역 2014, 117)는 첫 번째 온이 사대요소에 의존하는 반면, 그 다음의 세 가지 정신적 온들은 촉에 의존하고, 의식은 명색에 의존한다고 제시한다.

90. Dhp 254: *ākāse va*(Ce;Ee: *ca*에는 없음) *padaṃ n' atthi … papañcābhiratā pajā, nippapañcā tathāgatā*, 이의 인도어 대응 경전은 *Udānavarga* 29.38, Bernhard 1965, 382.

91. MN III 106,11의 MN 121: *puna ca paraṃ, ānanda, bhikkhu amanasikaritvā paṭhavīsaññaṃ*(Bethroughout*pathavī°*; Cethroughout*paṭhavi°*), *amanasikaritvā ākāsānañcāyatanasaññaṃ, viññāṇañcāyatanasaññaṃ paṭicca manasikaroti ekattaṃ. tassa viññāṇañcāyatanasaññāya cittaṃ pakkhandati pasīdati santiṭṭhati adhimuccati*(Ee: *vimuccati*). *so evaṃ pajānāti: ye assu darathā paṭhavīsaññaṃ paṭicca te 'dha na santi, ye assu darathā ākāsānañcāyatanasaññaṃ paṭicca te 'dha na santi, atthi c' evāyaṃ darathamattā yadidaṃ viññāṇañcāyatanasaññaṃ paṭicca ekattan ti. so suññam idaṃ saññāgataṃ paṭhavīsaññāyā ti pajānāti, suññam idaṃ saññāgataṃ ākāsānañcāyatanasaññāyā ti pajānāti, atthi c' ev' idaṃ asuññataṃ yadidaṃ viññāṇañcāyatanasaññaṃ paṭicca ekattan ti. iti yaṃ hi kho tattha na hoti, tena taṃ suññaṃ samanupassati, yaṃ*(Ee: *yam*) *pana tattha avasiṭṭhaṃ hoti, taṃ santaṃ*(Be and Ce: *santam*) *idaṃ atthī ti pajānāti. evam pi 'ssa esā, ānanda, yathābhuccā*(Ee: *yathābhaccā*) *avipallatthā parisuddhā suññatāvakkanti bhavati.*

92. 예를 들어, SN II 94,13의 SN 12.61(Bodhi 역 2000, 595), 이의 대응 경전인 산스크리트어 단편 Chung and Fukita 2020, 113,1, 그리고 T 2.99.81c7의 SĀ 289를 참고. 이 세 용어들에 대한 논의에 대해서는 또한 Johansson 1965, Hamilton 1996, 82-114, Somaratne 2005와 Brahmāli 2009, 49-54를 참고.

93. 위의 64 참고.

94. 첫 번째 경우는 MN I 292,25의 MN 43(Ñāṇamoli 역 1995/2005, 388)인데, 여기서는 의식을 세 가지 느낌을 인식하는 것을 통해 정의한다. 그러나 대응 경전인 T 1.26.790c6의 MĀ 211와 D 4094 *nyu* 81a7의 Up 9008 또는 P 5595 *thu* 127a7는 의식이 여섯 감각들을 통해 인식하는 것이라 말한다. MN 43의 방식은 MN III 242,11의 MN 140(Ñāṇamoli 역 1995/2005, 1091)에서도 발견되는 같은 구절의 전승 오류 때문일 수 있는데, 이 구절은 의식의 일반적인 정의를 다루기보다는, 이전 명상 궤도의 훈련 결과 생겨난 구체적인 경험을 설명하고 있는 맥락에 자리하고 있다. 두 번째 경우는 SN III 87,17의 SN 22.79(Bodhi 역 2000, 915)인데, 여기서는 의식을 다른 맛을 인식하는 것을 통해 정의한다. 하지만 이의 대응 경전들은 이 대신, 의식의 정의에 또 다시 여섯 감각과 그 대상들을 언급한다. 이에 대해서는 T 2.99.11c9의 SĀ 46(Anālayo 역 2014b, 38)와 D 4094 *ju* 16b4의 Up 1014 또는 P 5595 *tu* 18b1(Dhammadinnā 역 2014, 97)을 참고. 그러나 MN 43와 SN 22.79의 정의는 그렇게 틀린 것이 아닌데, 의식은 마음에 일어난 무엇이든 인식하므로, 느낌(MN 43)이나 인식(SN 22.79)에 의해 제공된 입력도 이에 포함되기 때문이다. Hamilton 1996, 92이 말하듯이, 의식은 "구체적으로 분별을 하지는 않고, 오히려 우리가 이를 통해 인식의 모든 과정적(분별의 과정도 포함하여) 단계들을 경험하게 되는 알아차림에 가깝다." 그러므로 MN 43와 SN 22.79이 보이는 문제는 단지 인식의 역할에 대한 잠재적인 혼돈이며, 이 문제는 이 두 경전들의 대응 경전들에서는 보이지 않는다.

95. SN III 148,18의 SN 22.97(Bodhi 역 2000, 956)와 대응 경전인 T 2.125.617b12의 EĀ 24.4.

96. SN III 142,10의 SN 22.95(Bodhi 역 2000, 952), 대응 경전인 T 2.99.69a7의 SĀ 265(Anālayo 역 2013a, 37), T 1.105.501b9, T 1.106.502a17, 그리고 D 4094 *ju* 240a4의 Up 4084 또는 P 5595 *tu* 274a8(Dhammadinnā 역 2013, 77). 또한 Ñāṇananda 1974/1985, 5-7를 참고. SĀ 265, T 105와 Up 4084에 의하면, 이 마술적 환상은 코끼리 부대, 기병대, 전차 부대, 보병과 같은 다양한 유형의 군사 부대가 나타나게 하는 것으로 구성된다.

97. DN II 56,31의 DN 15(Walshe 역 1987, 223), T 1.1.61b20의 DĀ 13(Anālayo 역 2018a, 10), T 1.26.580a1의 MĀ 97(Anālayo 역 2015, 108), T 1.14.243c2, 그리고 T 1.52.845b11.

98. SN II 3,34의 SN 12.2(Bodhi 역 2000, 535)와 T 2.125.797b28의 EĀ 49.5(Anālayo 역 2020a, 1132).

99. Ñāṇavīra 1987/2001, 73는 다음과 같이 설명한다: "어떤 경험에서든(arūpa를 제외하고는) 현존하는 현상(즉, 인식되는)이 있다. 현상의 현존 또는 인식 또는 의식이 윈냐나이다 … 현상의 지칭이 nāma('명')이며, 이는 또한 현상의 나타남을 통해 보일 수 있다."

100. SN II 114,17의 SN 12.67(Bodhi 역 2000, 608), 산스크리트어 대응 경전은 Chung and Fukita 2020, 109,1, T 2.99.81b5의 SĀ 288 그리고 D 4094 *nyu* 70a5의 Up 8005 또는 P 5595 *thu* 114b2.

101. Ñāṇananda 1974/1985, 27 이유: "이 둘 간의 상호작용 속에서, 의식은 실현성을 나타내고, 명색은 잠재성을 나타내는 것으로 보인다."

102. 나의 이 설명에 대한 기본 생각은 Ñāṇananda 2016, 17에게 빚을 지고 있다. 더 자세한 설명에 대해서는 Anālayo 2020c 참고.

103. 더 자세히는 Dhammadinnā 2017, 153n9 참고.

104. MN III 93,10의 MN 119(Ñāṇamoli 역 1995/2005, 953): 대응 경전인 T 1.26.555b29의 MĀ 81(Anālayo 역 2017a, 57)는 단지 사방의 유입이 없이 솟아나는 산속 샘물에 대해서만 말하고 있다. 샘물이 사방에서 유입된다는 것이 오히려 이상하므로, 이는 원래 이 샘물로부터 물이 유입되던 호수에 대한 언급이 빠진 것일 수 있겠다.

105. Dhp 1: *manopubbaṅgamā dhammā, manoseṭṭhā manomayā*, 인도어 대응 경전은 Gāndhārī *Dharmapada* 201, Brough 1962/2001, 151, the Patna *Dharmapada* 1, Cone 1989, 104, 그리고 산스크리트어 *Udānavarga* 31.23, Bernhard 1965, 415. 더 자세한 논의는 Palihawadana 1984, Skilling 2007, 그리고 Agostini 2010 참고.

106. 초기 경전에서 마음의 통일(*ekagga/ekāgra*)은 선정의 증득에만 한정되어 쓰이지 않는다. 더 자세한 설명은 Anālayo 2022g 참고.

107. MN III 106,27의 MN 121: *puna ca paraṃ, ānanda, bhikkhu amanasikaritvā ākāsānañcāyatanasaññaṃ, amanasikaritvā*

viññāṇañcāyatanasaññaṃ, ākiñcaññāyatanasaññaṃ paṭicca manasikaroti ekattaṃ. tassa ākiñcaññāyatanasaññāya cittaṃ pakkhandati pasīdati santiṭṭhati adhimuccati(Ee: *vimuccati*). *so evaṃ pajānāti: ye assu darathā ākāsānañcāyatanasaññaṃ paṭicca te 'dha na santi, ye assu darathā viññāṇañcāyatanasaññaṃ paṭicca te 'dha na santi, atthi c' evāyaṃ darathamattā yadidaṃ ākiñcaññāyatanasaññaṃ paṭicca ekattan ti. so suññam idaṃ saññāgataṃ ākāsānañcāyatanasaññāyā ti pajānāti, suññam idaṃ saññāgataṃ viññāṇañcāyatanasaññāyā ti pajānāti, atthi c' ev' idaṃ asuññataṃ yadidaṃ ākiñcaññāyatanasaññaṃ paṭicca ekattan ti. iti yaṃ hi kho tattha na hoti, tena taṃ suññaṃ samanupassati, yaṃ pana*(Ee: *yam pi*) *tattha avasiṭṭhaṃ hoti, taṃ santaṃ*(Be and Ce: *santam*) *idaṃ atthī ti pajānāti. evam pi 'ssa esā, ānanda, yathābhuccā avipallatthā parisuddhā suññatāvakkanti bhavati.*

108. Anālayo 2015, 126, 그리고 p.175 〈CR to verse beginning with "Having nothing"〉 참고.

109. MN I 165,10의 MN 26(Ñāṇamoli 역 1995/2005, 258), 산스크리트어 단편 대응 경전은 folio 331v8, Liu 2010, 155, 그리고 T 1.26.776c1의 MĀ 204(Anālayo 역 2017c, 44).

110. 이 세 가지 방법들에 대한 조사는 Anālayo 2011a, 615-16 참고.

111. MN II 263,26의 MN 106: *suññam*(Ee: *saññaṃ*) *idaṃ attena vā attaniyena vā ti*.

112. T 1.26.542c18의 MĀ 75: 此世空, 空於神, 神所有, 空有常, 空有恒, 空長存, 空不變易(Anālayo 역 2009, 185), D 4094 *ju* 228b6의 Up 4058 또는 P 5595 *tu* 261a6: *'jig rten ni stong pa'o … rtag pa dang brtan pa dang g.yung drung dang mi 'gyur ba'i chos can gyis stong zhing bdag dang bdag gi dang bral ba'o*(Anālayo 역 2009, 186n40).

113. 이는 Cousins 2022, 55에 의한 구절인데, 그는(p. 64): "명사 akiñcanatā는 '모든 것을 포기하는 자발적 가난'을 의미한다."라고 설명한다. … 나는 이를 두고 "'아무것도 가지지 않는' 기반, 또는 '소유한 것이 없는' 기반, 아니면 번역상 더 좋게는 '아무것도 소유되지 않는' 기반이라 하는 것이 더 좋을 것 같다."라고 설명한다.

114. 예로는 SN III 49,9의 SN 22.49(Bodhi 역 2000, 888), 그리고 이의 대응 경전들이 de La Vallée Poussin 1907, 376의 산스크리트어 단편과 T 2.99.6b8(Anālayo 역 2012b, 49)의 SĀ 30에 있다.

115. SN V 132,18(Bodhi 역 2000, 1620)의 SN 46.71-73, 대응 경전은 T 2.9.198a20의 SĀ 747. 이 두 버전 모두에서 이 세 가지 인식들은 경전 반복 시리즈에서 다양한 인식들을 나열하는 부분에 등장한다.

116. 더 자세히는 von Rospatt 1995을 참고. 그리고 초기 불교의 '시간'에 대한 차원에 대해서는 Anālayo 2019d.

117. T 2.125.607c15의 EĀ 22.5. 이의 대응 경전은 AN I 152,7(Bodhi 역 2012, 246)의 AN 3.47.

118. 이에 대한 예는 MN I 258,11(Ñāṇamoli 역 1995/2005, 350)의 MN 38. 대응 경전들은 SHT V 1114b1, Sander and Waldschmidt 1985, 109, 그리고 T 1.26.767a7(Anālayo 역 2015, 104)의 MĀ 201.

119. 이러한 깨달음을 포함하는 수다원에 대해서는 Anālayo 2023b, 63-64 참고.

120. Sn 231(Bodhi 역 2017, 194), 그리고 대응되는 부분은 *Mahāvastu*, Senart 1882, 291,23(Jones 역 1949/1973, 243).

121. SN III 48,12(Bodhi 역 2000, 887)의 SN 22.49. 대응 경전들은 산스크리트어 단편 de La Vallée Poussin 1907, 375와 T 2.99.6a28(Anālayo 역 2012b, 48)의 SĀ 30.

122. 이것이 영구적 자아라는 견해를 직접적으로 반박하는 사례가 되는 경우는 MN I 136,14(Ñāṇamoli 역 1995/2005, 230)의 MN 22, 이의 대응 경전은 T 1.26.764c25의 MĀ 200.

123. SN I 14,14(Bodhi 역 2000, 14)의 SN 1.25, 대응 경전들은 T 2.99.154b27의 SĀ 581와 T 2.100.435c26의 SĀ2 166.

124. MN II 178,25(Ñāṇamoli 역 1995/2005, 787)의 MN 96, 대응 경전은 T 1.26.661b1의 MĀ 150. 이는 더 나아지는 것을 더 나빠지기는 것과 비교하는 것이 아니라 그대로 머무는 것과 비교하는 것이다. 이렇게 해서 이 두 대응 경전들의 다른 점을 고려하면, 자만의 세 양상들에 해당하는 세 등급들을 다루게 된다.

125. AN IV 203,7(Bodhi 역 2012, 1144)의 AN 8.19, 그리고 Ud 56,2의 Ud 5.5와 Vin II 239,32 참고.

126. T 1.26.476c11의 MĀ 35, 그리고 T 2.125.753a28의 EĀ 42.4.

127. SN I 135,20(Bodhi 역 2000, 230)의 SN 5.10, T 2.99.327b9(Anālayo 역 2022b, 90)의 SĀ 1202, T 2.100.454c29(Bingenheimer 역 2011, 171)의 SĀ2 218, 그리고 D 4094 *nyu* 82a7의 Up 9014 또는 P 5595 *thu* 128b2(Dhammadinnā역 2020, 9).

128. 이러한 접근에 대한 케이스 스터디를 다룬 후대 팔리어 문헌은 Anālayo 2021a 참고.

129. 윤회와 무아에 대해서는 또한 Anālayo 2019c를 참고.

130. 더 자세히는 Anālayo 2017c, 96-114.

131. 예는 Anālayo 2021b, 125 참고.

132. SN III 105,14(Bodhi 역 2000, 928)의 SN 22.83, 대응 경전은 T 2.99.66a8의 SĀ 261; 더 자세히는 Anālayo 2023b, 147-48.

133. Sn 756: *anattani attamāniṃ*(Ee: *attamānaṃ*; Se: *attamānī*), *passa lokaṃ sadevakaṃ, niviṭṭhaṃ nāmarūpasmiṃ, idaṃ saccan ti maññati*.

134. MN III 107의 MN 121,26: *puna ca paraṃ, ānanda, bhikkhu amanasikaritvā ⟨viññāṇañcāyatanasaññaṃ⟩, amanasikaritvā ⟨ākiñcaññāyatanasaññaṃ⟩, animittaṃ cetosamādhiṃ paṭicca manasikaroti ekattaṃ. tassa animitte cetosamādhimhi cittaṃ pakkhandati pasīdati santiṭṭhati adhimuccati*(Ee: *vimuccati*). *so evaṃ pajānāti: ye assu darathā ⟨viññāṇañcāyatanasaññaṃ⟩ paṭicca te 'dha na santi, ye assu darathā ⟨ākiñcaññāyatanasaññaṃ⟩ paṭicca te 'dha na santi, atthi c' evāyaṃ darathamattā yadidaṃ ⟨animittaṃ cetosamādhiṃ⟩ paṭicca ekattan ti. so suññam idaṃ saññāgataṃ ⟨viññāṇañcāyatanasaññāyā⟩ ti pajānāti, suññam idaṃ saññāgataṃ ⟨ākiñcaññāyatanasaññāyā⟩ ti pajānāti, atthi c' ev' idaṃ asuññataṃ yadidaṃ ⟨animittaṃ cetosamādhiṃ⟩ paṭicca ekattan ti. iti yaṃ hi kho tattha na hoti, tena taṃ suññaṃ samanupassati, yaṃ pana*(Ee: *yam pi*) *tattha avasiṭṭhaṃ hoti, taṃ santaṃ*(Be and Ce: *santam*) *idaṃ atthī ti pajānāti. evam pi 'ssa esā, ānanda, yathābhuccā avipallatthā parisuddhā suññatāvakkanti bhavati*.

135. 더 자세한 토론은 Anālayo 2015, 134-36 참고.

136. 더 자세히는 Anālayo 2012a, 33-35.

137. Skilling 1994, 172,5: *mtshan ma med pa'i dbyings.*

138. 더 자세히는 Anālayo 2003a.

139. MN I 297,1의 MN 43: *sabbanimittānañ ca amanasikāro, animittāya ca dhātuyā manasikāro*, 대응 경전은 T 1.26.792b13(Anālayo 역 2023b, 31)의 MĀ 211.

140. 예를 들면, SN V 225,25의 SN 48.50: *vossaggārammaṇaṃ karitvā labhissati samādhiṃ, labhissati cittassa ekaggataṃ.*

141. 예를 들면, MN III 2,14(Ñāṇamoli 역 1995/2005, 875)의 MN 107, 대응 경전은 T 1.26.652b12의 MĀ 144. 더 자세한 토론은 Anālayo 2023b, 8-11 참고.

142. SN IV 297,24의 SN 41.7(Bodhi 역 2000, 1326), 대응 경전은 T 2.99.150a7의 SĀ 567.

143. Ud 8,4의 Ud 1.10: *tasmātiha te, bāhiya, evaṃ sikkhitabbaṃ: diṭṭhe diṭṭhamattaṃ bhavissati, sute sutamattaṃ bhavissati, mute mutamattaṃ bhavissati, viññāte viññātamattaṃ bhavissatī ti. evañ hi*(Ce: *evaṃ hi*) *te, bāhiya, sikkhitabbaṃ. yato kho te, bāhiya, diṭṭhe diṭṭhamattaṃ bhavissati, sute sutamattaṃ bhavissati, mute mutamattaṃ bhavissati, viññāte viññātamattaṃ bhavissati, tato tvaṃ, bāhiya, na tena; yato tvaṃ, bāhiya, na tena, tato tvaṃ, bāhiya, na tattha;yatotvaṃ, bāhiya, na tattha, tato tvaṃ, bāhiya, nev' idha na huraṃ na ubhayam antarena*(CeandSe: *ubhayam antare*). *es' ev' anto dukkhassā ti*(위에서 첫 번째와 세 번째 *tato tvaṃ* 사이의 구절은 Ee와 Se에서 잘못되어 있으며, Be와 Ce에 기반해서 복원되었다. 이 독해는 Ee와 Se를 포함하여, SN IV 73,11의 SN 35.95의 모든 편집본에 나오는 그 가르침의 해당 구절과 일치한다). muta를 내가 '감지된*sensed*'으로 번역한 이유는 Anālayo 2023b, 161n39를 참고.

144. MN I 134,30(Ñāṇamoli 역 1995/2005, 228)의 MN 22, 대응 경전은 T 1.26.764b19의 MĀ 200, T 2.125.760a13의 EĀ 43.5, 그리고 D 4094 *nyu* 74b6의 Up 8029 또는 P 5595 *thu* 119b7.

145. AN IV 428,4의 AN 9.37: *samādhi na cābhinato na cāpanato na ca sasaṅkhāraniggayhavāritagato*(Ce, Ee, and Se: *sasaṅkhāraniggayhavāritavato*), *vimuttattā ṭhito, ṭhitattā santusito, santusitattā no paritassati*, 대응 경전은 T 2.99.146a16(Anālayo 역 2023b, 40)의 SĀ 557. AN 9.37이 표상없음에 관한 것일 거라고 이미 Harvey 1986, 26가 제안했었다. 특히 그는 중국어 대응본에 접하지 않은 상태에서 이를 제안했었다.

146. Delhey 2009, 186.

147. Dhp 93(또한 Th 92): *suññato animitto ca, vimokkho*(Ee: *vimokho*) *yassa gocaro, ākāse va sakuntānaṃ, padaṃ*(Se: *padan*) *tassa durannayaṃ*, 인도어 대응본은 Patna *Dharmapada* 270, Cone 1989, 267, 그리고 산스크리트어 *Udānavarga* 29.31, Bernhard 1965, 381.

148. MN III 108,14의 MN 121: *so evaṃ pajānāti: ayam pi*(Se: *hi*) *kho animitto cetosamādhi abhisaṅkhato*(Ee: *abhisaṃkhato*) *abhisañcetayito*(Ce: *abhisañcetasiko*). *yaṃ kho pana kiñci abhisaṅkhataṃ*(Ee: *abhisaṃkhataṃ*) *abhisañcetayitaṃ*(Ce: *abhisañcetasikaṃ*) *tad aniccaṃ nirodhadhamman ti pajānāti. tassa evaṃ jānato evaṃ passato kāmāsavā pi cittaṃ vimuccati, bhavāsavā pi cittaṃ vimuccati, avijjāsavā pi cittaṃ vimuccati. vimuttasmiṃ vimuttam iti ñāṇaṃ hoti: khīṇā jāti, vusitaṃ brahmacariyaṃ, kataṃ karaṇīyaṃ, nāparaṃ itthattāyā ti pajānāti. so evaṃ pajānāti: ye assu darathā kāmāsavaṃ paṭicca te 'dha na santi, ye assu darathā bhavāsavaṃ paṭicca te 'dha na santi, ye assu darathā avijjāsavaṃ paṭicca te 'dha na santi, atthi c' evāyaṃ darathamattā yadidaṃ imam eva kāyaṃ paṭicca saḷāyatanikaṃ jīvitapaccayā ti. so suññam idaṃ saññāgataṃ kāmāsavenā ti pajānāti, suññam idaṃ saññāgataṃ bhavāsavenā ti pajānāti, suññam idaṃ saññāgataṃ avijjāsavenā ti pajānāti, atthi c' ev' idaṃ asuññataṃ yadidaṃ imam eva kāyaṃ paṭicca saḷāyatanikaṃ jīvitapaccayā ti. iti yaṃ hi kho tattha na hoti, tena taṃ suññaṃ samanupassati, yaṃ pana tattha avasiṭṭhaṃ hoti, taṃ santaṃ*(Be and Ce: *santam*) *idaṃ atthī ti pajānāti. evam assa*(Se: *pi 'ssa*) *esā, ānanda, yathābhuccā avipallatthā parisuddhā*

paramānuttarā suññatāvakkanti bhavati. ye pi(here and below, Eewithout *pi*) *hi keci, ānanda, atītamaddhānaṃ samaṇā vā brāhmaṇā vā parisuddhaṃ paramānuttaraṃ suññataṃ upasampajja vihariṃsu, sabbe te imaṃ yeva parisuddhaṃ paramānuttaraṃ suññataṃ upasampajja vihariṃsu. ye pi hi keci, ānanda, anāgatamaddhānaṃ samaṇā vā brāhmaṇā vā parisuddhaṃ paramānuttaraṃ suññataṃ upasampajja viharissanti, sabbe te imaṃ yeva parisuddhaṃ paramānuttaraṃ suññataṃ upasampajja viharissanti. ye pi hi keci, ānanda, etarahi samaṇā vā brāhmaṇā vā parisuddhaṃ paramānuttaraṃ suññataṃ upasampajja viharanti, sabbe te imaṃ yeva parisuddhaṃ paramānuttaraṃ suññataṃ upasampajja viharanti. tasmātiha, ānanda, parisuddhaṃ paramānuttaraṃ suññataṃ upasampajja viharissāmā*(Ee: *viharissāmī*) *ti evañ*(CeandEe: *evaṃ*) *hi vo, ānanda, sikkhitabban ti.*

149. 더 자세히는 Anālayo 2023b, 68-69.

150. 예를 들어, MN I 23,32(Ñāṇamoli 역 1995/2005, 107)의 MN 4, 대응 경전 T 2.125.666c22(Anālayo 역 2011b, 218f)의 EĀ 31.1, 그리고 토론은 Anālayo 2011a, 41.

151. T 1.26.737c21(Anālayo 역 2012a, 31 or 2015, 180)의 MĀ 190 그리고 Skilling 1994, 178,3.

152. Ps IV 154,16는 붓다들과 벽지불들, 그리고 붓다의 제자들을 열거한다.

153. 더 자세히는 Anālayo 2012c, 80-83.

154. MN III 289,7(Ñāṇamoli 역 1995/2005, 1138)의 MN 149, 대응 경전은 T 2.99.87c1(Anālayo 역 2022c, 134)의 SĀ 305 그리고 D 4094 *ju* 205a3의 Up 4006 또는 P 5595 *tu* 234a2; 마지막 것은 바른 말을 팔정도의 요소 중 명상 계발에 속한 것으로 분류하는데, 이는 아마도 문헌상의 오류에서 비롯된 설명일 것이다.

155. DN I 124,5(Walshe 역 1987, 131)의 DN 4, 그리고 T 1.1.96b18의 DĀ 22.

156. 더 자세히는 Anālayo 2022c, 117-72와 2022g 참고.

157. AN III 397,11(Bodhi 역 2012, 949)의 AN 6.60, 그리고 대응 경전인 T 1.26.559a21(Bingenheimer, Anālayo, and Bucknell 역 2013, **)의 MĀ 82는 한 수행승이 표상없음의 선정에 들고 나서, 이후 과도하게 사교적인 활동을 하다가 결국 환속하는 과정을 묘사한다. 고대 맥락에서 이러한 선택은 확고한 깨달음을 얻지 못했다는 것을 의미한다.

158. DN I 185,5의 DN 9: *tassa acetayato anabhisaṅkharoto*(EeandSe: *anabhisaṃkharoto*) *tā c' eva saññā nirujjhanti, aññā ca oḷārikā saññā na uppajjanti, so nirodhaṃ phusati*, 대응 경전은 Stuart 2013, 64와 T 1.1.110b29의 DĀ 28. 또한 Anālayo 2023b, 175n168 참고.

159. 더 자세히는 Anālayo 2018b, 171-95 and 2019b, 122-54.

160. Yinshun 2017, 76은 다음과 같이 설명한다: "어떤 상을 취하거나 붙잡지 않는 표상없음의 선정은 '소멸에 의존하고, 버림을 향하는' [방식으로 칠각지를] 계발하는 것이라 말할 수 있다."

161. SN I 54,4의 SN 2.17: *nāññatra*(Ee: *na aññatra*) *sabbanissaggā, sotthiṃ passāmi pāṇinan ti*; 대응 경전인 Enomoto 1989, 26,7와 T 2.99.159c29의 SĀ 596는 '해탈' 대신 '안전'을 언급한다. 또 다른 대응 경전인 T 2.100.439a17의 SĀ2 181는 다르게 진행된다.

162. Sn 1094: *akiñcanaṃ anādānaṃ, etaṃ dīpaṃ anāparaṃ, nibbānaṃ iti naṃ brūmi, jarāmaccuparikkhayaṃ*; 또한 Anālayo 2022a를 참고.

References
참고문헌

Agostini, Giulio. 2010. 'Preceded by Thought Are the Dhammas': The Ancient Exegesis on Dhp 1-2. In *Buddhist Asia 2. Papers Pom the Second Conference of Buddhist Studies Held in Naples in June 2004*, edited by Giacomella Orofino and Silvio Vita, 1-34. Kyoto: Italian School of East Asian Studies.

Anālayo, Bhikkhu. 2003a. "Nimitta." In *Encyclopaedia of Buddhism, Vol- ume 7*, edited by W. G. Weeraratne, 177-7y. Sri Lanka: Department of Buddhist Affairs.

______. 2003b. *Satipaṭṭhāna: The Direct Path to Realization.* Birmingham: Windhorse Publications.

______. 2008. "The Sixfold Purity of an Arahant According to the *Chabbi- sodhana-sutta* and Its Parallel. *Journal of Buddhist Ethics*, 15: 241-77.

______. 200y. "The *Āneñjasappāya-sutta* and Its Parallels on Imperturb- ability and on the Contribution of Insight to the Development of Tranquillity. *Buddhist Studies Review*, 26.2: 177-y5.

______. 2011a. *A Comparative Study of the Majjhima-nikāya*. Taipei: Dharma Drum Publishing Corporation.

______. 2011b. "Living in Seclusion and Facing Fear: The Ekottarika-āgama Counterpart to the Bhayabherava-sutta. In *Buddhism as a Strong- hold of Free Thinking? Social, Ethical and Philosophical Dimensions of Buddhism*, edited by Siegfried C. A. Fay and Ilse Maria Bruckner, 203-31. Germany, Nuesttal: Edition Ubuntu.

_______. 2011c. "Right View and the Scheme of the Four Truths in Early Buddhism: The Saṃyukta-āgama Parallel to the Sammādiṭṭhi-sutta and the Simile of the Four Skills of a Physician. *Canadian Journal of Buddhist Studies*, 7: 11-44.

_______. 2012a. "A Gradual Entry into Emptiness: Depicted in the Early Buddhist Discourses. *Thai International Journal of Buddhist Studies*, 3: 25-56.

_______. 2012b. "On the Five Aggregates (1): A Translation of *Saṃyukta- āgama* Discourses 1 to 32. *Dharma Drum Journal of Buddhist Studies*, 11: 1-61.

_______. 2012c. "Purification in Early Buddhist Discourse and Buddhist Ethics. *Bukkyō Kenkyū*, 40: 67-y7.

_______. 2013a. "On the Five Aggregates (2): A Translation of *Saṃyukta- āgama* Discourses 256 to 272. *Dharma Drum Journal of Buddhist Studies*, 12: 1-6y.

_______. 2013b. *Perspectives on Satipaṭṭhāna.* Cambridge: Windhorse Pub- lications.

_______. 2014a. "The Buddha's Last Meditation in the *Dīrgha-āgama*. *Indian International Journal of Buddhist Studies*, 15: 1-43.

_______. 2014b. "On the Five Aggregates (4): A Translation of *Saṃyukta- āgama* Discourses 33 to 58. *Dharma Drum Journal of Buddhist Stud- ies*, 14: 1-71.

_______. 2014/2015. "Discourse Merger in the *Ekottarika-āgama* (2): The Parallels to the *Kakacūpama-sutta* and the *Alagaddūpama-sutta*. *Journal of Buddhist Studies*, 12: 63-y0.

_______. 2015. *Compassion and Emptiness in Early Buddhist Meditation.*
Cambridge: Windhorse Publications.

_______. 2016a. "The Gradual Path of Training in the *Dīrgha-āgama*, From Sense-Restraint to Imperturbability. *Indian International Journal of Buddhist Studies*, 17: 1-24.

_______. 2016b. *Mindfully Facing Disease and Death: Compassionate Advice Pom Early Buddhist Texts.* Cambridge: Windhorse Publications.

_______. 2017a. *Early Buddhist Meditation Studies*. Barre, MA: Barre Cen- ter for Buddhist Studies.

_______. 2017b. "How Compassion Became Painful. *Journal of Buddhist Studies* 14: 85-113.

_______. 2017c. *A Meditator's Life of the Buddha: Based on the Early Dis- courses*. Cambridge: Windhorse Publications.

_______. 2018a. *Rebirth in Early Buddhism and Current Research*. Somer- ville, MA: Wisdom Publications.

_______. 2018b. *Satipaṭṭhāna Meditation: A Practice Guide*. Cambridge: Windhorse Publications.

_______. 201ya. *Mindfully Facing Climate Change.* Barre, MA: Barre Cen- ter for Buddhist Studies.

_______. 201yb. *Mindfulness of Breathing: A Practice Guide and Transla- tions.* Cambridge: Windhorse Publications.

_______. 201yc. "On Time. *Insight Journal*, 45: 11-20.

_______. 201yd. "Rebirth and the West. *Insight Journal*, 45: 55-64.

_______. 2020a. "Attention and Mindfulness. *Mindfulness*, 11.5: 1131-38.

_______. 2020b. "Buddhist Antecedents to the Body Scan Meditation.

Mindfulness, 11.1: 1y4-202.

_______. 2020c. "The Five 'Fingers' of Name. *Insight Journal*, 46: 27-36.

_______. 2021a. "The Opening Debate in the *Milindapañha*. *Sri Lanka International Journal of Buddhist Studies*, 7.2: 15-27.

_______. 2021b. *Superiority Conceit in Buddhist Traditions: A Historical Perspective.* Somerville, MA: Wisdom Publications.

_______. 2022a. "Being Mindful of What Is Absent. *Mindfulness*, 13.7: 1671-78.

_______. 2022b. *Daughters of the Buddha: Teachings by Ancient Indian Women*. Somerville, MA: Wisdom Publications.

_______. 2022c. *Developments in Buddhist Meditation Traditions: The Interplay Between Theory and Practice.* Barre, MA: Barre Center for Buddhist Studies.

_______. 2022d. *Early Buddhist Oral Tradition: Textual Formation and Transmission.* Somerville, MA: Wisdom Publications.

_______. 2022e. "Education and Mindfulness: An Early Buddhist Contribution to the Ongoing Dialog. *Mindfulness*, 13.10: 2413-1y.

_______. 2022f. "Reinterpreting Absorption: A Critical Examination of a Trend in Buddhist Studies. *Journal of Buddhist Studies*, 1y: 121-4y.

_______. 2022g. "The Role of Absorption for Entering the Stream. *Journal of Buddhist Studies*, 1y: 1-26.

_______. 2023a. "Early Buddhism. *Insight Journal*, 4y: 23-34.

_______. 2023b. *The Signless and the Deathless: On the Realization of Nir- vana*. Somerville, MA: Wisdom Publications.

Anālayo, Bhikkhu and Roderick S. Bucknell. 2020. *The Madhyama Āgama (Middle Length Discourses), Volume II*. Berkeley, CA: Numata Center for Buddhist Translation and Research.

Bendall, Cecil. 1y02/1y70. *Çikshāsamuccaya: A Compendium of Buddhis- tic Teaching Compiled by āntideva, Chiefly Pom Earlier Mahāyāna- Sūtras*. Osnabrück: Biblio Verlag.

Bendall, Cecil and W. H. D. Rouse. 1y22/1yy0. *Śikṣā Samuccaya: A Com- pendium of Buddhist Doctrine, Compiled by Śāntideva, Chiefly Pom Earlier Mahāyāna-Sūtras, Translated Pom the Sanskrit*. Delhi: Moti- lal Banarsidass.

Bernhard, Franz. 1y65. *Udānavarga, Band 1*. Göttingen: Vandenhoeck & Ruprecht.

Bingenheimer, Marcus. 2011. *Studies in Āgama Literature: With Special Reference to the Shorter Chinese Saṃyuktāgama*. Taipei: Shin Weng Feng Print Co.

Bingenheimer, Marcus, Bhikkhu Anālayo, and Roderick S. Bucknell. 2013. *The Madhyama Āgama (Middle Length Discourses), Volume I*. Berkeley, CA: Numata Center for Buddhist Translation and Research. Bodhi, Bhikkhu. 2000. *The Connected Discourses of the Buddha: A New Translation of the Saṃyutta Nikāya*. Somerville, MA: Wisdom Pub-

lications.

_______. 2012. *The Numerical Discourses of the Buddha: A Translation of the Aṅguttara Nikāya*. Somerville, MA: Wisdom Publications.

_______. 2017. *The Suttanipāta: An Ancient Collection of the Buddha's Dis- courses, Together with Its Commentaries—Paramatthajotikā II and Excerpts Pom the Niddesa*. Somerville, MA: Wisdom Publications.

Brahmāli, Bhikkhu. 200y: "What the Nikāyas Say and Do Not Say about Nibbāna." *Buddhist Studies Review*, 26.1: 33-66.

Brough, John. 1y62/2001. *The Gāndhārī Dharmapada: Edited with an Introduction and Commentary*. Delhi: Motilal Banarsidass.

Chalmers, Robert. 1y27. *Further Dialogues of the Buddha: Translated Pom the Pali of the Majjhima Nikāya, Volume II*. London: Oxford University Press.

Chung Jin-il and Fukita Takamichi. 2020. *A New Edition of the First 2/ Sūtras of the Nidānasaṃyukta*. Tokyo: Sankibo Press.

Cone, Margaret. 1y8y. "Patna Dharmapada. *Journal of the Pali Text Soci- ety*, 13: 101-217.

Cousins, L. S. 2022. *Meditations of the Pali Tradition, Illuminating Bud- dhist Doctrine, History, and Practice*. Boulder: Shambhala Publica- tions.

de La Vallée Poussin, Louis. 1y07. "Mss. Cecil Bendall. *Journal of the Royal Asiatic Society*, 375-7y.

Delhey, Martin. 200y. *Samāhitā Bhūmiḥ: das Kapitel über die meditative Versenkung im Grundteil der Yogācārabhūmi*. Wien: Arbeitskreis für Tibetische und Buddhistische Studien, Universität Wien.

Dhammadinnā, Bhikkhunī. 2013: "A Translation of the Quotation in Śamathadeva's Abhidharmakośopāyikā-ṭīkā Parallel to the Chinese Saṃyukta-āgama Discourse 265. *Dharma Drum Journal of Buddhist Studies*, 12: 71-84.

_______. 2014. "A Translation of a Discourse Quotation in the Tibetan Translation of the Mūlasarvāstivāda Vinaya Parallel to Chinese Saṃyukta-āgama Discourse 36 and of the Discourse Quotations in Śamathadeva's Abhidharmakośopāyikā-ṭīkā Parallel to Chinese Saṃyukta-āgama Discourses 3y, 42, 45, 46, 55, 56, 57 and 58. *Dharma Drum Journal of Buddhist Studies*, 14: 73-128.

_______. 2017. "Bhikkhu āṇananda's Concept and Reality: A Reply to Stephen Evans. *Buddhist Studies Review*, 34.2: 151-80.

_______. 2020. "Bhikṣuṇī Śailā's Rebuttal of Māra's Substantialist

View: The Chariot Simile in a Sūtra Quotation in the Abhidharmakośopāyikā- ṭīkā." *Indian International Journal of Buddhist Studies*, 21: 1-33.

Dietz, Siglinde. 2007. "The Saptasūryodayasūtra." In *Indica et Tibetica 6/: Festschrifi für Michael Hahn zum 6/. Geburtstag von Freunden und Schülern überreicht*, edited by Konrad Klaus and Jens-Uwe Hart- mann, y3-112. Wien: Arbeitskreis für tibetische und buddhistische Studien, Universität Wien.

Enomoto Fumio. 1y8y. "Śarīrārthagāthā: A Collection of Canonical Verses in the Yogācārabhūmi." In *Sanskrit-Texte aus dem Buddhistischen Kanon: Neuentdeckungen und Neueditionen Folge 1*, edited by

Enomoto Fumio, Jens-Uwe Hartmann, and Matsumura Hisashi, 1: 17-35. Göttingen: Vandenhoeck & Ruprecht.

Gethin, Rupert. 1yy7. "Cosmology and Meditation: From the Aggañña-Sutta to the Mahāyāna." *History of Religions*, 36: 183-217.

Gnoli, Raniero. 1y78. *The Gilgit Manuscript of the Saṅghabhedavastu: Being the 17th and Last Section of the Vinaya of the Mūlasarvāstivā- din, Part II*. Rome: Istituto Italiano per il Medio ed Estremo Oriente. Hamilton, Sue. 1yy6. *Identity and Experience: The Constitution of the Human Being According to Early Buddhism*. London: Luzac Oriental.

Harvey, Peter. 1y86. 'Signless' Meditations in Pāli Buddhism." *Journal of the International Association of Buddhist Studies*, y.1: 25-52.

Ireland, John D. 1yy0. *The Udāna: Inspired Utterances of the Buddha*.

Kandy: Buddhist Publication Society.

Johansson, Rune E. A. 1y65. "Citta, Mano, Viññāṇa: A Psychosemantic Investigation. *University of Ceylon Review*, 23.1/2: 165-215.

Johnston, E. H. 1y28. *The Saundarananda of Aśvaghoṣa: Critically*

Edited with Notes. London: Humphrey Milford.

______. 1y32. *The Saundarananda or Nanda the Fair: Translated Pom the Original Sanskrit of Aśvaghoṣa.* London: Humphrey Milford.

Jones, J. J. 1y4y/1y73. *The Mahāvastu, Volume I: Translated Pom the Bud- dhist Sanskrit*. London: Pali Text Society.

Liu Zhen. 2010. *Dhyānāni tapaś ca*, 禅定与苦修. Shanghai: 古籍出版社. Magee, Rhonda V. 201y. *The Inner Work of Racial Justice: Healing Ourselves and Transforming Our Communities Through Mindfulness*. New York: Tarcher Perigree.

āṇamoli, Bhikkhu. 1yy1. *The Path of Purification (Visuddhimagga) by Bhadantācariya Buddhaghosa*. Kandy: Buddhist Publication Society.

______. 1yy5/2005. *The Middle Length Discourses of the Buddha: A Trans- lation of the Majjhima Nikāya*, edited by Bhikkhu Bodhi. Somerville, MA: Wisdom Publications.

āṇananda, Bhikkhu. 1y74/1y85: *The Magic of the Mind: An Exposition of the Kālakārāma Sutta.* Kandy: Buddhist Publication Society.

______. 2016. *The Law of Dependent Arising (Paṭicca Samuppāda): The Secret of Bondage and Release, Library Edition*. Sri Lanka: Kaṭuku- runde ānananda Sadaham Senasun Bhāraya.

āṇavīra Thera. 1y87/2001. *Clearing the Path: Writings of ānavīra Thera (1960-196/), Volume I, Notes on Dhamma*. Dehiwala, Sri Lanka: Buddhist Cultural Centre.

Norman, K. R. 1y6y. *The Elders' Verses I: Theragāthā, Translated with an Introduction and Notes*. London: Pali Text Society.

Palihawadana, Mahinda. 1y84. "Dhammapada 1 and 2 and Their Com- mentaries. In *Buddhist Studies in Honor of Hammalava Saddhatissa*, edited by Gatare Dhammapāla, Richard Gombrich, and K. R. Nor- man, 18y-202. Nugegoda, Sri Lanka: University of Jayewardenepura. PloLer, Kim. 200y. *Mathematics in India*. Princeton, NJ: Princeton University Press.

Pradhan, P. 1y67. *Abhidharmakośabhāṣya of Vasubandhu*. Patna: Kashi Prasad Jayaswal Research Institute.

Pruden, Leo M. 1yy0. *Abhidharmakośabhāṣyam by Louis de la Vallée Poussin, Volume IV*. Berkeley, CA: Asian Humanity Press.

Rossi, Paola M. 2010. "Forest of Desires and Desire of Forests: A Way to the Buddhist Ethics. *Res Antiquitatis, Journal of Ancient History*, 1: 181-214.

Sander, Lore and Ernst Waldschmidt. 1y85. *Sanskrithandschrifien aus den Turfanfunden, Teil /*. Stuttgart: Franz Steiner.

Schlingloff, Dieter. 1y62. *Dogmatische Begriffsreihen im älteren Buddhis- mus. Ia: Daśottarasūtra IX-X*. Berlin: Akademie Verlag.

Schmithausen, Lambert. 1y81. "On Some Aspects of Descriptions or The- ories of 'Liberating Insight' and 'Enlightenment' in Early Buddhism. In *Studien zum Jainismus und Buddhismus, Gedenkschrifi für Ludwig Alsdorf*, edited by Klaus Bruhn and Albert Wezler, 1yy-250. Wies- baden: Franz Steiner.

Senart, Émile. 1882. *Le Mahāvastu: Texte sanscrit publié pour la première fois et accompagn d' introductions et d'un commentaire, Tome premier*. Paris: Imprimerie Nationale.

Skilling, Peter. 1yy4. *Mahāsūtras: Great Discourses of the Buddha, Volume I: Texts*. Oxford: Pali Text Society.

______. 1yy7. *Mahāsūtras: Great Discourses of the Buddha, Volume II*. Oxford: Pali Text Society.

______. 2007. 'Dhammas Are as Swift as Thought ...' A Note on

Dhammapada 1 and 2 and Their Parallels. *Journal of the Centre for Buddhist Studies*, 5: 23-50.

Soma Thera. 1y41/1y81. *The Way of Mindfulness: The Satipaṭṭhāna*

Sutta Commentary. Kandy: Buddhist Publication Society.

Somaratne, G. A. 2005. "Citta, Manas and Viññāṇa: Aspects of Mind as Presented in Early Buddhist Pali Discourses. In *Dhamma-Vinaya, Essays in Honour of Venerable Professor Dhammavihari (Jotiya Dhi- rasekera)*, edited by Asaṅga Tilakaratne, Endo Tochiichi, and G. A. Somaratne, 16y-202. Colombo: Sri Lanka Association for Buddhist Studies.

Śrāvakabhūmi Study Group. 1yy8. *Śrāvakabhūmi: Revised Sanskrit Text and Japanese Translation, The First Chapter*. Tokyo: Sankibo.

Stache-Rosen, Valentina. 1y68. *Dogmatische Begriffsreihen im älteren Buddhismus II: Das Saṅgītisūtra und sein Kommentar Saṅgītipa- ryāya*. Berlin: Akademie Verlag.

Stuart, Daniel M. 2013. *Thinking about Cessation: The Pṛṣṭhapālasūtra of the Dīrghāgama in Context*. Wien: Arbeitskreis für Tibetische und Buddhistische Studien, Universität Wien.

Treleaven, David A. 2018. *Trauma-Sensitive Mindfulness: Practices for Safe and Transformative Healing*. New York: W. W. Norton & Company. Tripāṭhī, Chandrabhal. 1yy5. *Ekottarāgama-Fragmente der Gilgit- Handschrifi*. Reinbek: Verlag für Orientalistische Fachpublikationen.

Visigalli, Paolo. 201y. "Chartering 'Wilderness' (araṇya) in Brahmanical and Buddhist Texts. *Indo-Iranian Journal*, 62: 162-8y.

von Rospatt, Alexander. 1yy5. *The Buddhist Doctrine of Momentariness: A Survey of the Origins and Early Phase of This Doctrine up to Vasu- bandhu*. Stuttgart: Franz Steiner Verlag.

Waldschmidt, Ernst. 1y51. *Das Mahāparinirvāṇasūtra: Text in Sanskrit und Tibetisch, verglichen mit dem Pāli nebst einer Übersetzung der chi- nesischen Entsprechung im Vinaya der Mūlasarvāstivādins, auf Grund von Turfan-Handschrifien herausgegeben und bearbeitet, Teil II: Text- bearbeitung*. Berlin: Akademie Verlag.

Walshe, Maurice. 1y87. *Thus Have I Heard: The Long Discourses of the Buddha*. London: Wisdom Publications.

Wayman, Alex. 1yy7. *Untying the Knots in Buddhism: Selected Essays*.

Delhi: Motilal Banarsidass Publishers.

Yinshun, Venerable. 2017. *An Investigation into Emptiness, Parts One & Two*. Translated by Shi Huifeng. Towaco, NJ: Noble Path Buddhist Education Fellowship.

Index
색인

ㄱ

가라앉히기 106-108
가슴을 열기 28, 184
갈애 16-17, 23, 33, 165, 166-170
감각 18, 79, 146
감각 제어 144-145, 149-150, 154
감각문 147-149
감각의 영향 18
감각적 쾌락(욕망) 22, 24, 50, 165
감정-마음 99
개념 69
개념적 확산 88, 159, 160
개의 비유 18-19
개인 127
개인주의 65
거꾸로 진행하는 명상 85
거만 28
거울의 비유 128
걷기명상 15, 19, 96, 139, 149
결혼 103-104
고요한 마음 82, 112
고요한 머무름 78, 89, 96, 144, 151, 180
고요함 54, 90, 108, 134, 183
고통 28, 44
공간 76-77
　무한한 공간 76-90
　공간과 같은 마음 79-81
　공간을 칠하지 않기 82-83
　공간에 대한 인식 76-78
　보이지 않는 공간 58
공간으로 용해 90-91
공간의 방향성 94
과거 생 127-128
관점의 전환 62
광고 145
구성하기 105, 132, 159, 160
귀의 감각문 107
균형 66, 71, 95, 151, 173-174, 179, 181
그것에 의해 있는/그것 안에 있는 148, 158
기능적 조합 130
기반 30, 34, 65, 68, 108
기쁨 25, 53, 115, 173-174, 179
　감각적 쾌락도 참고.
기억 143
까시나 58-59
깨달음 126, 173
깨달음의 요소들 173-175, 178-183

ㄴ

나-만들기 15, 18, 143
　에고도 참고

나의 것-만들기 15, 18, 124, 133
이기성도 참고
낙담 16-17, 33
내려놓음 48, 117, 144, 174-175, 181
내면의 빛 35
내용 101-102
내적인 비어있음 14
넘쳐나는 마음 14
노력 132-133, 152
바른 노력 24-25
노화 123
눈 53
눈 의식 106
눕기 15
느낌 100, 102
니미따 143

ㄷ

단단함
몸의 단단함 63
단단함으로서의 땅 59-61
대양의 비유 125-126
대화 19-21, 32, 33
더 높은 목표 33
도전적인 상황 96, 112, 134, 159, 185
문제도 참고
도축업자의 비유 62
독신주의 25
동기 37, 53, 116
열망이나 의도도 참고
동요 108, 181
동요 없는 165
둑카 23, 47, 122, 165-169, 184
뒤로 물러나기(줌-아웃) 66, 70
드라마 113-114, 118, 159, 160
듣기 32
듣는 107, 146
땅 55-74
원반으로서의 땅 58
요소로서의 땅 62-63
까시나로서의 땅 57-59
땅에 대한 인식 56-57
단단함으로서의 땅 59-61
뗏목의 비유 150
뜨거움 47

ㄹ

라훌라에게 준 가르침 80-81

ㅁ

마나스 99
마사지 52
마술사의 비유 101
마을 36, 40
마음 112-116
공간 같은 마음 81
감정-마음, 아는 마음, 확립되지 않은 마음도 참고.
마음의 통일 114
마음챙김
마음챙김의 깨달음의 요소 173-174, 178
대화 속 마음챙김 21
명상 속 마음챙김 87, 91, 167, 178-179

바른 마음챙김 24
체화된 마음챙김도 참고.
마차의 비유 126-127
만족함 43, 44, 151, 153
말하기 19-21
대화도 참고.
망상 101
맥락 81
머무름
표상없음에 머물기 149-153
붓다의 머무름이나 고요한 머무름도 참고
멈추기 33, 108
메따 25, 28, 49
명료함 108, 115, 183
명상적 경험 48-49, 184-185
직접 경험도 참고.
명색 101-105
모습 101
몸 78-79.
몸 전체에 대한 알아차림 31-33, 70-72, 91
무관심 28
무모한 28
무상 47, 122-125, 172, 177
무색계 76
무아 18
무아와 조건성 126-128
무지 165, 169
무한한 26, 27, 34, 35, 57, 83, 133
무한한 공간 75-98
무한한 의식 99-119
문제 43-45
도전적인 상황도 참고.
물의 비유 130
물의 요소 62-63, 67, 72
물질 86, 87, 92
미가라의 어머니의 장소 36
미각 74
미래 165

ㅂ

바디스캔 68-69, 90
바람 요소 58, 73
바른 견해 25
바른 노력 26
바른 마음챙김 24
바른 의도 24
바른 집중 24
바히야 147-149
밖의 비어있음 14
반복 116
반응 33, 81, 91, 92, 107, 144-145, 152
밝음 59, 183
방사 26
방해 (다라타) 43, 45-49, 64, 86, 161
방해물 (집중의) 35, 40, 41, 82-84, 94-95, 112, 134-135
백일몽 95, 112, 134
번뇌 28, 49, 81, 139-140, 145, 184-185
번뇌의 흐름 161-162
변화하는 123

분노 83
분명한 앎 16-17, 32
분열 65
불만족 123
  둑카도 참고.
불의 요소 58, 59
붓다가 되는 길 37, 164
붓다의 머무름 37-39, 164
붙잡는 145
브라흐마위하라 (사무량심, 신성한 머무름) 25-28, 79, 137, 185
비교 71
비난 66
비어있음 8, 14, 15, 45, 46
  안으로 밖으로 비어있음 14
  비어있음에 대한 깨달음, 최상의 비어있음도 참고.
비어있음에 대한 깨달음 163
빛 까시나 59

ㅅ

사람들 36, 41
사마디 144
사성제 23, 166-167
산란함과 걱정 90
상호연관성 65-66
색깔 56, 83
생각 22-28, 33, 82, 95, 110
생겨남 116, 123
생성(존재) 165
서 있기 16
선정 24, 77
  네 가지 선정들 76, 77
소리 45, 106-107, 146
소멸 123, 174, 183
소외 65
소유권 19, 86, 125
소유욕 15
속박 18
속성 62, 64
손의 비유 102-105
순간의 끝남 172-173
순전한 알아차림 146-149
순환적인 명상의 진보 137, 185
숲에 대한 인식 36, 40-41, 50
습관 116
승가 37, 40, 43
시각적 대상 58-59
시원함 47
신체 부분들 61
신체언어 32

ㅇ

아는 100-101
아는 마음 110-111, 118
아라한 37, 93, 99, 164
아무것도 없음 120-121, 174-175
안거 수행 41
애착(집착) 48, 117, 125
업 104, 106, 127-128, 165
없음(부재) 15, 39, 45-46, 49, 54, 155, 156
에고 15, 131, 135-139
  나-만들기도 참고.
에너지 173, 180, 181

여는 34-35
연결감 93
연기 101, 168-170
연상 92
열등감 124
열망 33
의도나 동기도 참고.
열반 38, 84-85, 162-185
열반으로의 돌파 172, 173, 182
영감 37
영속성 147
무상도 참고.
영양분 48
예류과 124
오온 125, 127
오장애 42
온도 63, 72
요소 56-59, 61, 62-63, 72, 80
우월감 124
움직임(바람 요소의) 58, 63, 65, 73
원반(땅) 58
윈냐나 99
윤리 167-168
윤회 77, 127, 165
은둔 37-55, 65, 163, 174
정신적 은둔 42-44
음식 48, 70
응집력(물의) 61-63, 67, 72
의도 102, 161, 171, 176
의식
까시나로서의 의식 56, 58-59
의식의 성질 99-101
무한한 의식도 참고
이기성 15, 53
나의 것-만들기도 참고.
이완 52-53
이중성 71, 74, 93, 114
이타성 53, 117
인내 44
인식 76-78, 100, 102-104, 142-144, 146-147, 149
일상생활 14-35, 117, 134, 138-139, 185

ㅈ

자기중심성 139
자기화 18, 124-126, 132-135, 137, 169, 171
자동 조종 상태 178, 179
자만 15, 71
자만과 자기동일시 124-126, 171
자비 25, 28, 34
자세 15-19
자아(가 비어있음) 120-141
자애로움 25
메따도 참고.
자유
속박으로부터의 자유 18-19
독카로부터의 자유 23, 25
자제 25
잠재성 92, 102
저항 60, 61, 86
적의 22-25, 34, 49
전쟁 86
정규 명상 15, 37, 39-41, 149
정보 21

정신의 흐름 33
정신적 온 100
정신적 은둔 42-45
정신적 태도 34
조건성
요소들의 조건성 62
조건성에 대한 명상 170-171
조건성과 무아 126-128, 131
조건성과 표상없음 171-173
조건지어지지 않은 171-172
조사 116, 178
존재 104
존재함 34
졸음 40
좁은 마음 135
좋음과 싫음 33, 81, 103, 139, 144
좌선 15, 52-54
정규 명상도 참고.
주관성 87, 104, 131
주의 65, 143, 159
주체와 객체 111, 116, 156
죽음 28-29
중력 70, 73
중립적 느낌 103
지루함 35
지성-마음 99
지웨카의 선언 49-50
지진 62
지혜 136, 167
직접 경험 67
집의 비유 78-79
집중 40, 77, 143-144, 150-151, 172-173
바른 집중 24, 168
집착 125, 151, 152
찟따 99

ㅊ

착취 86
찰나성 123, 182
체화된 마음챙김 16-19
체화된 태도 34-35
초점 65
촉 102, 103
촉각적 대상 59
촉감 59
최상의 비어있음 162-165
칭찬 66

ㅋ

카루나 25
자비도 참고
커튼의 비유 35
콧구멍을 번갈아 가며 하는 호흡 52
쾌락주의 34

ㅌ

타타가타 164
탐욕의 여읨 174
태도 34
태양열 63
통일된 경험 65
합일도 참고.
통증 45

통찰 주제　174
통찰과 평온　64-65, 120-121
투사　104

ㅍ

팔정도　23, 166-168
편견　103, 159
평가　118, 158
평온　77-78, 107, 114, 173-174, 181
평온과 통찰　64-65, 120-121
평정　27, 80, 81, 183
포기　22, 24-25, 26, 34
표상　143
표상없음　142-161, 169, 171, 173-174
피로　47
　방해도 참고.

ㅎ

하늘을 바라보기　78, 157
합일　39, 40, 55-56, 64
　마음의 통일도 참고
해로운　18, 24, 33
해로운 상태　16-17, 33
해방　161
　열반도 참고
해태와 혼침　83
현실화　102
호기심 179-180
호수의 비유 107-108
호흡에 대한 알아차림　30-31, 35, 70-73, 95-96, 113, 135
확립되지 않은 마음　84-87, 96
환영　101
황소 가죽의 비유　55-56, 60
흔적(궤적)없는　88, 153
흥미　103, 178